W0473205

AtV

Iring Fetscher, geb. 1922, war bis 1988 Professor für Politische Wissenschaft an der Universität Frankfurt am Main, veröffentlichte zahlreiche Standard-Publikationen zur Theorie und Geschichte des Marxismus, zur politischen Philosophie und eine Karl-Marx-Biographie.

»Man kann Iring Fetscher in der Auswahl der Texte, die er in seiner Marx/Engels-Studienausgabe getroffen hat, eine durchaus glückliche Hand bescheinigen«, konstatierte ein Rezensent nach der Lektüre der Bände I bis IV.

Für den erstmals erscheinenden Band V hat Fetscher Auszüge aus den »Grundrissen der Kritik der politischen Ökonomie«, den »Theorien über den Mehrwert« und der Arbeit »Resultate des unmittelbaren Produktionsprozesses« zusammengestellt. Die Texte zeigen, daß Marx die große Dynamik des kapitalistischen Produktionsprozesses als notwendige Voraussetzung für eine Transformation der globalisierten Gesellschaft bewundert, aber ihren Reifegrad erheblich überschätzt hat, auch wenn er in einem Brief Skepsis angesichts der Zurückgebliebenheit der außereuropäischen Wirtschaften andeutet. Seine Untersuchungen und Überlegungen fügen sich nicht zu einer geschlossenen »Weltanschauung« (»Marxismus«), sie enthalten aber hellsichtige Gedanken und utopische Erwartungen, die zu kritischen Reflexionen anläßlich der heutigen Weltlage anregen können.

Karl Marx • Friedrich Engels

# Studienausgabe in 5 Bänden

## Band V
## Prognose und Utopie

*Herausgegeben von Iring Fetscher*

Aufbau Taschenbuch Verlag

ISBN 3-7466-8129-4

1. Auflage 2004
© Aufbau Taschenbuch Verlag GmbH, Berlin 2004
Umschlaggestaltung gold, Anke Fesel und Kai Dieterich
Druck Oldenbourg Taschenbuch GmbH, Plzeň
Printed in Czech Republic

www.aufbau-taschenbuch.de

# INHALT

## B
## Prognose und Utopie



## C
## Ökologisches Problembewusstsein bei Marx und Engels

# VORWORT

Im fünften Band der »Studienausgabe« der Arbeiten von Marx und Engels war ich genötigt, von meinem Vorsatz abzuweichen, nur vollständige Texte oder wenigstens ganze Kapitel wiederzugeben. Die beiden wichtigsten Quellen, auf die sich dieser Band stützt, sind so umfangreich, daß nur eine Auswahl von relevanten Passagen möglich war. Die »Grundrisse der Kritik der politischen Ökonomie« (1953) umfassen 980 Seiten, die »Theorien über den Mehrwert« über 1500 Seiten. Dabei mußte ich oft schmerzliche Kürzungen in Kauf nehmen. Ausgewählt wurden Abschnitte, die besonders aufschlußreich für das Verständnis der »Kritik der politischen Ökonomie« von Marx sind und zuweilen anschaulichere Formulierungen bieten als die drei Bände des »Kapital«.

Da Marx in diesen beiden nachgelassenen Texten weniger abstrakt und prinzipiell argumentiert und zuweilen eher ins Konzept denkt, läßt sich sein Gedankengang hier oft leichter nachvollziehen. Darüber hinaus erlaubt er sich zuweilen kühne (utopische) Prognosen, die über seine (sonst eher uneingestandenen) Hoffnungen Auskunft geben. Bei meiner Auswahl habe ich einerseits Passagen berücksichtigt, die Marx' Faszination von der Dynamik der kapitalistischen Produktionsweise und seiner Überzeugung Ausdruck geben, daß nur diese Gesellschaftsformation die Grundlagen für eine künftige, freie Gesellschaft sozial entwickelter Individuen schaffen kann. Andererseits wurden die – wenigen – Stellen herausgezogen, an denen Marx kühn die Grundzüge einer emanzipierten Gesellschaft skizziert.

Im letzten Teil habe ich die Passagen aus den Arbeiten von Marx und Engels zusammengestellt, in denen die beiden nachdrücklich auf die ökologischen Schäden hinweisen, die nicht allein die kapitalistische

Produktionsweise, sondern alle bisherigen Zivilisationen bewirkt haben. Diese oft übersehenen Einsichten ergänzen die Erkenntnis, daß die ideale Zukunftsgesellschaft in den Augen von Marx und Engels kein Paradies von grenzenlos wachsendem Konsum ist, sondern ein Zustand, der befriedigende »attraktive« Tätigkeit aller ermöglicht. Einer Art der Produktion, die zugleich dafür sorgt, daß »nachfolgende Generationen« die Erde verbessert vorfinden, statt verunreinigtes Wasser, unfruchtbare Wüsten und verpestete Luft aushalten zu müssen.

Sowohl die »Grundrisse« als auch die »Theorien über den Mehrwert« gehen auf nachgelassene Manuskripte von Karl Marx zurück, die erst Jahre nach seinem Tod veröffentlicht wurden. Die »Theorien über den Mehrwert« beabsichtigte Friedrich Engels als 4. Band des »Kapital« herauszugeben, er starb jedoch, bevor er den Plan realisieren konnte. Dafür hat Karl Kautsky zwischen 1905 und 1910 erstmals diesen Text veröffentlicht. Unter den ersten Lesern war auch Lenin, der sich insbesondere für die Ausführungen zur Grundrente interessierte. Umstellungen, Kürzungen und einige fehlerhafte Entzifferungen durch Kautsky veranlaßten das Institut für Marxismus-Leninismus in Moskau, zwischen 1954 und 1961 eine Neuausgabe dieses Manuskripts vorzunehmen, deren Text den drei Bänden der Marx-Engels-Werke (Bd. 26,1–26,3) zugrunde liegt. In dem informativen Vorwort zu Bd. 26,1 fällt allerdings die wiederholt benützte Formulierung »marxistische politische Ökonomie« auf. Die Tatsache, daß es bei Marx um eine Kritik der politischen Ökonomie in doppeltem Sinne geht, wird dabei verkannt. Es handelt sich sowohl um eine Kritik des Gesamtprozesses der politischen Ökonomie als auch um eine Auseinandersetzung mit dessen theoretischen Reflexionen in den Arbeiten der Ökonomen. Marx stellt keine eigene politische Ökonomie der bürgerlichen gegenüber, sondern sucht mit seiner Kritik zugleich den realen ökonomischen Prozeß der kapitalistischen Produktionsweise zu erfassen und dessen Widerspiegelung in Theorien, die den Prozeß ergänzen und rechtfertigen. Das kritische dialektische Denken vollzieht zugleich die realen Bewegungen der kapitalistischen Produktionsweise auf angemessene Weise nach.

Noch später als die »Theorien über den Mehrwert« ist das umfangreiche Manuskript »Grundrisse der Kritik der politischen Ökonomie« aus dem Nachlaß publiziert worden. Diese im wesentlichen zur Selbstverständigung dienenden Ausführungen von Marx stammen aus den Jahren 1857, während die »Theorien über den Mehrwert« erst zwischen 1862 und 1863 entworfen wurden. Die Erstausgaben wurden in Moskau veröffentlicht; die »Theorien über den Mehrwert« erschienen 1939, die »Grundrisse« 1941. Das war für die Rezeption dieser informativen Texte außerordentlich ungünstig. Beide Bände wurden außerhalb der Sowjetunion zunächst kaum wahrgenommen und angesichts der Kriegsnöte bald ebensowenig diskutiert. Erst die 1953 in Berlin erschienene einbändige Ausgabe fand aufgeschlossene und interessierte Leser, anfangs in Deutschland, später auch in der englischsprachigen Welt, nachdem Martin Nicolaus den Band übersetzt hatte (London 1973).

Jorge Semprun hat in einem 1997 in Berlin gehaltenen Vortrag über »Kunst – Macht – Markt. Die Kunst im Zeitalter der Globalisierung« auf die »Grundrisse« aufmerksam gemacht und sie als »in einigen Aspekten sogar geniales Werk« bezeichnet. »Das Problem ist, daß die Geschichte die globalen, abstrakten Analysen von Marx, wie sie sich im ›Kapital‹ finden, im allgemeinen bestätigt hat, daß sich aber die Prophezeiungen oder Perspektiven über die Unvermeidlichkeit der Revolution als gänzlich falsch erwiesen haben.« In den »Grundrissen« wie in den »Theorien über den Mehrwert« ist aber von der proletarischen Revolution kaum je die Rede. Es geht ausschließlich um die Kritik der politischen Ökonomie und um eine Auseinandersetzung nicht nur mit den bedeutenden Theorien der Klassiker Adam Smith und David Ricardo, sondern auch um die mit »linken« Ricardianern und apologetischen Vulgärökonomen, die, an der Oberfläche bleibend, eine »krisenfreie« kapitalistische Marktwirtschaft behaupten.

Theoretische Anregungen namentlich der »Grundrisse« haben in Deutschland vor allem Hans Georg Backhaus, Helmut Reichelt und Helmut Reinicke aufgegriffen. In England und den USA sind in erster Linie Arbeiten von Martin Nicolaus, Moishe Postone und Thomas M. Kemple zu erwähnen, in Frankreich die von André Gorz. Zentrale Bedeutung gewinnen die Texte der »Grundrisse« für Moishe Postones

»Time, labor, and social domination« (Cambridge University Press 1993). Ihm gelingt es nachzuweisen, daß der »traditionelle Marxismus« mit seiner Marxinterpretation an zentralen Einsichten von dessen Kritik der politischen Ökonomie vorbeigeht. Dabei spielt die Unterscheidung zwischen Wert als einer für die kapitalistische Produktionsweise allein zutreffenden Kategorie und realem Reichtum der Gesellschaft eine Schlüsselrolle. Nachdrücklich hebt Postone den Unterschied zwischen einer – alle historischen Unterschiede übersehenden – Auffassung von Arbeit und dem Charakteristikum der Arbeit unter den Bedingungen der kapitalistischen Produktionsweise hervor. Die Aufhebung dieser Produktionsweise verwirklicht sich vor allem in der Aufhebung dieser historischen Form von Arbeit. Abstrakt allgemeine Arbeit als Wertmesser der Warenproduktion kann auf der Basis der gewaltig gewachsenen Produktivität der schließlich automatischen Fabrik aufgehoben werden. Dann wird die Arbeitszeit nicht mehr der allgemeine Wertmesser, sondern der reale Reichtum der befreiten assoziierten Produzenten, für die freie Zeit die Voraussetzung zur Entwicklung ihrer vielfältigen (unterschiedlichen) Fähigkeiten ist. Zum Verständnis dieser Marxinterpretation ist die Einsicht in den Doppelcharakter der Arbeit als Produzentin von Wert (im Kapitalismus) und als Herstellerin von Gebrauchswert (in allen Sozialformationen) entscheidend. Nur unter diesem Gesichtspunkt kann Arbeit – nämlich im Sinne von wertschaffender Tätigkeit – »aufgehoben« werden. An die Stelle von Tätigkeiten, die durch die soziale Zwangslage der eigentumslosen Produzenten bedingt sind, kann »attraktive Arbeit« treten, wenn die Individuen die Bedingungen ihrer gesellschaftlichen Beziehungen und die in Maschinen (und Automaten) vergegenständlichte Wissenschaft in ihre bewußte eigene Organisationsstruktur bzw. ihr eigenes verstehendes Bewußtsein aufgenommen haben. Die Lektüre ausgewählter Passagen aus den »Grundrissen« und den »Theorien über den Mehrwert« kann zu einem anderen Verständnis von Marx beitragen, als es der »traditionelle Marxismus« anbietet. Damit werden Irrtümer hinsichtlich der Prognose der als unmittelbar bevorstehend unterstellten Revolution nicht aufgehoben. Ganz eindeutig haben Marx und Engels den Grad der »Reife«, der Vollendung der zum Weltmarkt und zur Anpassung der kapitalistischen Produktionsverhältnisse weltweit führenden Entwicklung überschätzt. Wie an einigen Stellen dieser beiden Manuskripte aus dem Nachlaß erkennbar wird, war sich Marx der Tatsache durchaus bewußt, daß es gegenläufige Entwicklungen gibt, die z. B. die Polarisierung der Gesellschaft in eine winzige Minderheit von »Kapitalmagnaten« und eine große Mehrheit von Proletariern aufhalten oder korrigieren. In seinem starken Willen, die deutlichen negativen Seiten der kapitalistischen Produktionsweise mit ihrer Zerstörung »der Springquellen alles Reichtums der Erde und der Arbeiter« zu überwinden, hat Marx die Bedeutung der von ihm selbst bemerkten korrigierenden Tendenzen unterschätzt oder auch vergessen. Dennoch bleibt der Satz von Jorge Semprun in dem erwähnten Vortrag zutreffend: »Man könnte sagen, daß die theoretische Gültigkeit einiger Konzepte heute größer ist als vor einem Jahrhundert.«

# A.
# AUSZÜGE AUS DEN »GRUNDRISSEN DER KRITIK DER POLITISCHEN ÖKONOMIE« UND DEN »THEORIEN ÜBER DEN MEHRWERT«

## *Einführung und Gliederung zu Marx' Einleitung in die »Grundrisse der Kritik der politischen Ökonomie«*

*Diese Seiten sind das einzige, länger zusammenhängende Stück aus den »Grundrissen« in dieser Exzerpt-Sammlung. Marx geht es hier darum, die Art, wie er zentrale ökonomische Begriffe auffaßt, im Unterschied zu den gängigen Vorstellungen zu präzisieren. Von großer Bedeutung ist dabei, daß er die Produktion und die Produktionsweise als das umfassende Subjekt der wirtschaftlichen Gesamtheit und deren Entwicklung versteht, nicht die Distribution, die selbst für die bedeutenden Klassiker Smith und Ricardo im Mittelpunkt steht. Kurz werden zeitbedingte Konzeptionen des Merkantilismus, der Physiokraten und der Klassiker erwähnt. Wiederholt nennt Marx auch Hegel, um sich zugleich von dessen Bewußtseins-Dialektik abzugrenzen.*

*Entscheidender Vorwurf gegenüber Ricardo, dem von ihm am höchsten geschätzten Ökonomen, ist die unbewußt unterstellte Ewigkeit von Kategorien wie Arbeit, Kapital usw., die in Wirklichkeit erst ihre Form in der bürgerlichen (kapitalistischen) Gesellschaft finden. Dennoch können im Rückblick von der voll entwickelten Form dieser Produktionsweise auch vergangene Produktionsweisen erst angemessen erkannt und verstanden werden. Genauso wird der Schlüssel zum Verständnis der Anatomie des Affen in der des Menschen gefunden.*

*Ausführlich beschreibt Marx die Einheit von Produktion und Konsum und ihre Vermittlung durch Zirkulation und Austausch. Dabei verwendet er dialektische Formulierungen, in denen die reale Bewegung der Sache selbst zum Ausdruck kommt, die also nicht der äußeren Wirklichkeit übergestülpt worden sind. Wie in anderen Fällen knüpft Marx hier an die Klassiker an.*

*Als Grundzug dieser Einführungsthesen kann man die anschauliche Historisierung der von modernen Zeitgenossen ahistorisch mißverstandenen*

*Begriffe ansehen. Das beginnt schon mit der Unterstellung der Existenz bewußt vereinzelter Individuen in vorbürgerlichen Gesellschaften, während doch in Wirklichkeit erst die bürgerliche Marktwirtschaft zur Herausbildung vereinzelter Individuen führt. In »Robinsonaden« die irrtümlich als Abbilder primitiver Gesellschaften galten, wurden dann auch einfache Werkzeuge als »Kapital« mißverstanden.*

*Abschließend deutet Marx die Ungleichzeitigkeit von wirtschaftlicher Entwicklung und Kunst an. Dabei bemüht er sich darum, die bleibende Faszination antiker Kunst sowie der Dramen Shakespeares für die Gegenwart zu erklären. »Normale Kinder waren die Griechen. Der Reiz ihrer Kunst für uns steht nicht im Widerspruch zu der unentwickelten Gesellschaftsstufe, worauf sie aufwuchs«, erklärt Marx. Ein Epos wie die Ilias oder die Odyssee läßt sich aber auf dem Boden einer Kultur, die die Naturbeherrschung an die Stelle mythischen Umgangs mit der Wirklichkeit gesetzt hat, nicht mehr schreiben. Mit etwas Phantasie kann man aus solchen Sätzen auch einen Hinweis auf die mögliche Wiederkunft klassischer Kunst auf einer höheren Ebene entnehmen. Wer von Hegels Gedankenform der »dialektischen Aufhebung« herkommt, kann hier vielleicht etwas Derartiges annehmen.*

*Gliederung der Einleitung:*

*I. Produktion, Konsumtion, Distribution,*
*Austausch (Zirkulation)*

*1)*
*Produktion*

*Selbständige Individuen – 18.-Jahrhundert-Ideen*
*Verewigung historischer Produktionsverhältnisse – Produktion und Distribution im Allgemeinen – Eigentum*

*2)*
*Das allgemeine Verhältnis der Produktion zu Distribution, Austausch, Konsumtion*

*[Konsumtion und Produktion]*
*Produktion und Distribution*
*c) Austausch endlich und Zirkulation – Austausch und Produktion*

*3)*
*Die Methode der politischen Ökonomie*

*4)*
*Produktion – Produktionsmittel und Produktionsverhältnisse – Produktionsverhältnisse und Verkehrsverhältnisse – Staats- und Bewußtseinsformen im Verhältnis zu den Produktions- und Verkehrsverhältnissen – Rechtsverhältnisse – Familienverhältnisse [unvollendet – I. F.]*

# 1.
# Einleitung

## I. Produktion, Konsumtion, Distribution, Austausch (Zirkulation)

### 1) Produktion

#### Selbständige Individuen – 18.-Jahrhundert-Ideen

a) Der vorliegende Gegenstand zunächst die materielle Produktion.

In Gesellschaft produzierende Individuen – daher gesellschaftlich bestimmte Produktion der Individuen ist natürlich der Ausgangspunkt. Der Einzelne und vereinzelte Jäger und Fischer, womit Smith und Ricardo beginnen, gehört zu den phantasielosen Einbildungen des 18. Jahrhunderts. Robinsonaden, die keineswegs, wie Kulturhistoriker sich einbilden, bloß einen Rückschlag gegen Überverfeinerung und Rückkehr zu einem mißverstandnen Naturleben ausdrücken. Sowenig wie Rousseaus contrat social, der die von Natur independenten Subjekte durch Vertrag in Verhältnis und Verbindung bringt, auf solchem Naturalismus beruht. Dies Schein und nur der ästhetische Schein der kleinen und großen Robinsonaden. Es ist vielmehr die Vorwegnahme der »bürgerlichen Gesellschaft«, die seit dem 16. Jahrhundert sich vorbereitete und im 18. Riesenschritte zu ihrer Reife machte. In dieser Gesellschaft der freien Konkurrenz erscheint der Einzelne losgelöst von den Naturbanden usw., die ihn in frühren Geschichtsepochen zum Zubehör eines bestimmten, begrenzten menschlichen Konglomerats machen. Den Propheten des 18. Jahrhunderts, auf deren Schultern Smith und Ricardo noch ganz stehn, schwebt dieses Individuum des 18. Jahrhunderts – das Produkt einerseits der Auflösung der feudalen Gesellschaftsformen, andrerseits der seit dem 16. Jahrhundert neuentwickelten Produktivkräfte – als Ideal vor, dessen Existenz eine vergangne sei. Nicht als ein historisches Resultat, sondern als Ausgangspunkt der Geschichte. Weil als das Naturgemäße Individuum, angemessen ihrer Vorstellung von der menschlichen Natur, nicht als ein geschichtlich entstehendes, sondern von der Natur gesetztes. Diese Täuschung ist jeder neuen Epoche bisher eigen gewesen. Steuart, der in mancher Hinsicht im Gegensatz zum 18. Jahrhundert und als Aristokrat mehr auf historischem Boden steht, hat diese Einfältigkeit vermieden.

Je tiefer wir in der Geschichte zurückgehen, je mehr erscheint das Individuum, daher auch das produzierende Individuum, als unselbständig, einem größren Ganzen angehörig: erst noch in ganz natürlicher Weise in der Familie und der zum Stamm erweiterten Familie; später in dem aus dem Gegensatz und Verschmelzung der Stämme hervorgehenden Gemeinwesen in seinen verschiednen Formen. Erst in dem 18. Jahrhundert, in der »bürgerlichen Gesellschaft«, treten die verschiednen Formen des gesellschaftlichen Zusammenhangs dem Einzelnen als bloßes Mittel für seine Privatzwecke entgegen, als äußerliche Notwendigkeit. Aber die Epoche, die diesen Standpunkt erzeugt, den des vereinzelten Einzelnen, ist grade die der bisher entwickeltsten gesellschaftlichen (allgemeinen von diesem Standpunkt aus) Verhältnisse. Der Mensch ist im wörtlichsten Sinn ein ξῷον πολιτικόν*, nicht nur ein geselliges Tier, sondern ein Tier, das nur in der Gesellschaft sich vereinzeln kann. Die Produktion des vereinzelten Einzelnen außerhalb der Gesellschaft – eine Rarität, die einem durch Zufall in die Wildnis verschlagnen Zivilisierten wohl vorkommen kann, der in sich dynamisch schon die Gesellschaftskräfte besitzt – ist ein ebensolches Unding als Sprachentwicklung ohne *zusammen* lebende und zusammen sprechende Individuen. Es ist sich dabei nicht länger aufzuhalten. Der Punkt wäre gar nicht zu berühren, wenn die Fadaise, die bei den Leuten des 18. Jahrhunderts Sinn und Verstand hatte, von Bastiat, Carey, Proudhon etc. nicht wieder ernsthaft mitten in die modernste Ökonomie hereingezogen würde. Für Proudhon u. a. ist es natürlich angenehm, den Ursprung eines ökonomischen Verhältnisses, dessen geschichtliche Entstehung er nicht kennt, dadurch geschichtsphilosophisch zu entwickeln, daß er mythologisiert, Adam oder Prometheus sei auf die Idee fix und fertig gefallen, dann sei sie eingeführt worden etc. Nichts ist langweilig trockener als der phantasierende locus communis**.

* Zoon politkon – d.i. politisches Tier

** Gemeinplatz

## Verewigung historischer Produktionsverhältnisse – Produktion und Distribution im Allgemeinen – Eigentum

Wenn also von Produktion die Rede ist, ist immer die Rede von Produktion auf einer bestimmten gesellschaftlichen Entwicklungsstufe – von der Produktion gesellschaftlicher Individuen. Es könnte daher scheinen, daß, um überhaupt von der Produktion zu sprechen, wir entweder den geschichtlichen Entwicklungsprozeß in seinen verschiednen Phasen verfolgen müssen oder von vornherein erklären, daß wir es mit einer bestimmten historischen Epoche zu tun haben, also z. B. mit der modernen bürgerlichen Produktion, die in der Tat unser eigentliches Thema ist. Allein alle Epochen der Produktion haben gewisse Merkmale gemein, gemeinsame Bestimmungen Die *Produktion im allgemeinen* ist eine Abstraktion, aber eine verständige Abstraktion, sofern sie wirklich das Gemeinsame hervorhebt, fixiert und uns daher die Wiederholung erspart. Indes dies *Allgemeine,* oder das durch Vergleichung herausgesonderte Gemeinsame, ist selbst ein vielfach Gegliedertes, in verschiedne Bestimmungen Auseinanderfahrendes. Einiges davon gehört allen Epochen; andres einigen gemeinsam. [Einige] Bestimmungen werden der modernsten Epoche mit der ältesten gemeinsam sein. Es wird sich keine Produktion ohne sie denken lassen; allein, wenn die entwickeltsten Sprachen Gesetze und Bestimmungen mit den unentwickeltsten gemein haben, so ist grade das, was ihre Entwicklung ausmacht, der Unterschied von diesem Allgemeinen und Gemeinsamen. Die Bestimmungen, die für die Produktion überhaupt gelten, müssen grade gesondert werden, damit* über der Einheit – die schon daraus hervorgeht, daß das Subjekt, die Menschheit, und das Objekt, die Natur, dieselben – die wesentliche Verschiedenheit nicht vergessen wird. In diesem Vergessen liegt z. B. die ganze Weisheit der modernen Ökonomen, die die Ewigkeit und Harmonie der bestehenden sozialen Verhältnisse beweisen. Zum Beispiel. Keine Produktion möglich ohne ein Produktionsinstrument, wäre dies Instrument auch nur die Hand. Keine möglich ohne vergangne, aufgehäufte Arbeit, wäre diese Arbeit auch nur die Fertigkeit, die in der Hand des Wilden durch wiederholte Übung angesam-

* In der Handschrift: um

melt und konzentriert ist. Das Kapital ist unter andrem auch Produktionsinstrument, auch vergangne, objektivierte Arbeit. Also ist das Kapital ein allgemeines, ewiges Naturverhältnis; d.h., wenn ich grade das Spezifische weglasse, was »Produktionsinstrument«, »aufgehäufte Arbeit« erst zum Kapital macht. Die ganze Geschichte der Produktionsverhältnisse erscheint daher z.B. bei Carey als eine durch die Regierungen böswillig veranlaßte Verfälschung.

Wenn es keine Produktion im allgemeinen gibt, so gibt es auch keine allgemeine Produktion. Die Produktion ist immer ein *besondrer* Produktionszweig – z.B. Agrikultur, Viehzucht, Manufaktur etc. – oder sie ist *Totalität.* Allein die politische Ökonomie ist nicht Technologie. Das Verhältnis der allgemeinen Bestimmungen der Produktion auf einer gegebnen gesellschaftlichen Stufe zu den besondren Produktionsformen anderswo zu entwickeln (später). Endlich ist die Produktion auch nicht nur besondre. Sondern es ist stets ein gewisser Gesellschaftskörper, ein gesellschaftliches Subjekt, das in einer größren oder dürftigren Totalität von Produktionszweigen tätig ist. Das Verhältnis, das die wissenschaftliche Darstellung zur reellen Bewegung hat, gehört ebenfalls noch nicht hierher. Produktion im allgemeinen. Besondre Produktionszweige. Totalität der Produktion.

Es ist Mode, der Ökonomie einen allgemeinen Teil vorherzuschicken – und es ist grade der, der unter dem Titel »Produktion« figuriert (siehe zum Beispiel J.St. Mill) –, worin die *allgemeinen Bedingungen* aller Produktion abgehandelt werden. Dieser allgemeine Teil besteht oder soll angeblich bestehn: 1) aus den Bedingungen, ohne welche Produktion nicht möglich ist. d.h. also in der Tat nichts als die wesentlichen Momente aller Produktion angeben. Es reduziert sich dies in der Tat aber, wie wir sehn werden, auf einige sehr einfache Bestimmungen, die in flachen Tautologien breitgeschlagen werden; 2) den Bedingungen, die mehr oder weniger die Produktion fördern, wie z.B. Adam Smiths fortschreitender und stagnanter Gesellschaftszustand. Um dies, was als Aperçu bei ihm seinen Wert hat, zu wissenschaftlicher Bedeutung zu erheben, wären Untersuchungen nötig über die Perioden der *Grade der Produktivität* in der Entwicklung einzelner Völker – eine Untersuchung, die außerhalb der eigentlichen

Grenzen des Themas liegt, soweit sie aber in dasselbe gehört, bei der Entwicklung der Konkurrenz, Akkumulation etc. anzubringen ist. In der allgemeinen Fassung läuft die Antwort auf das Allgemeine hinaus, daß ein industrielles Volk die Höhe seiner Produktion in dem Moment besitzt, worin es überhaupt seine geschichtliche Höhe einnimmt. In fact. Industrielle Höhe eines Volks, solange noch nicht der Gewinn, sondern das Gewinnen ihm Hauptsache ist. Sofern die Yankees über den Engländern. Oder aber: daß z.B. gewisse Racen, Anlagen, Klimate, Naturverhältnisse, wie Seelage, Fruchtbarkeit des Bodens etc. der Produktion günstiger sind als andre. Läuft auch wieder auf die Tautologie hinaus, daß der Reichtum in dem Grade leichter geschaffen wird, als subjektiv und objektiv seine Elemente in höherm Grad vorhanden sind.

Das ist es aber alles nicht, worum es den Ökonomen wirklich in diesem allgemeinen Teil sich handelt. Die Produktion soll vielmehr – siehe z.B. Mill – im Unterschied von der Distribution etc. als eingefaßt in von der Geschichte unabhängigen ewigen Naturgesetzen dargestellt werden, bei welcher Gelegenheit dann ganz unter der Hand *bürgerliche* Verhältnisse als unumstößliche Naturgesetze der Gesellschaft in abstracto untergeschoben werden. Dies ist der mehr oder minder bewußte Zweck des ganzen Verfahrens. Bei der Distribution dagegen sollen die Menschen in der Tat allerlei Willkür sich erlaubt haben. Ganz abgesehn von dem rohen Auseinanderreißen von Produktion und Distribution und ihrem wirklichen Verhältnis, muß soviel von vornherein einleuchten, daß, wie verschiedenartig die Distribution auf verschiednen Gesellschaftsstufen sein mag, es ebenso möglich sein muß, ebensogut wie in der Produktion, gemeinsame Bestimmungen herauszuheben, und ebenso möglich, alle historischen Unterschiede zu konfundieren oder auszulöschen in *allgemein menschlichen* Gesetzen. Zum Beispiel der Sklave, der Leibeigne, der Lohnarbeiter erhalten alle ein Quantum Nahrung, das ihnen möglich macht, als Sklave, als Leibeigner, als Lohnarbeiter zu existieren. Der Eroberer, der vom Tribut, oder der Beamte, der von der Steuer, oder der Grundeigentümer, der von der Rente, oder der Mönch, der vom Almosen, oder der Levit, der vom Zehnten lebt, erhalten alle ein Quotum der gesellschaftlichen Produktion, das nach andren Gesetzen bestimmt ist als das des Sklaven etc. Die beiden Hauptpunkte, die alle Ökonomen unter diese Rubrik stellen, sind: 1) Eigentum; 2) Sicherung desselben durch Justiz, Polizei etc. Es ist darauf sehr kurz zu antworten:

ad 1. Alle Produktion ist Aneignung der Natur von seiten des Individuums innerhalb und vermittelst einer bestimmten Gesellschaftsform. In diesem Sinn ist es Tautologie zu sagen, daß Eigentum (Aneignen) eine Bedingung der Produktion sei. Lächerlich aber ist es, hiervon einen Sprung auf eine bestimmte Form des Eigentums, z. B. des Privateigentums, zu machen. (Was dazu noch eine gegensätzliche Form, die *Nichteigentum* ebensowohl als Bedingung unterstellt.) Die Geschichte zeigt vielmehr Gemeineigentum (z. B. bei den Indern, Slawen, alten Celten etc.) als die ursprünglichere Form, eine Form, die unter der Gestalt des Gemeindeeigentums noch lange eine bedeutende Rolle spielt. Von der Frage, ob der Reichtum sich besser unter dieser oder jener Form des Eigentums entwickle, ist hier noch gar nicht die Rede. Daß aber von keiner Produktion, also auch von keiner Gesellschaft die Rede sein kann, wo keine Form des Eigentums existiert, ist eine Tautologie. Eine Aneignung, die sich nichts zu eigen macht, ist contradictio in subjecto.

ad 2. Sicherstellung des Erworbnen etc. Wenn diese Trivialitäten auf ihren wirklichen Gehalt reduziert werden, so sprechen sie mehr aus, als ihre Prediger wissen. Nämlich daß jede Form der Produktion ihre eignen Rechtsverhältnisse, Regierungsform etc. erzeugt. Die Roheit und Begriffslosigkeit liegt eben darin, das organisch Zusammengehörende zufällig aufeinander zu beziehn, in einen bloßen Reflexionszusammenhang zu bringen. Den bürgerlichen Ökonomen schwebt nur vor, daß sich mit der modernen Polizei besser produzieren lasse als z. B. im Faustrecht. Sie vergessen nur, daß auch das Faustrecht ein Recht ist und daß das Recht des Stärkeren unter andrer Form auch in ihrem »Rechtsstaat« fortlebt.

Wenn die einer bestimmten Stufe der Produktion entsprechenden gesellschaftlichen Zustände erst entstehn oder wenn sie schon vergehn, treten natürlich Störungen der Produktion ein, obgleich in verschiednem Grad und von verschiedner Wirkung.

Zu resümieren: Es gibt allen Produktionsstufen gemeinsame Bestimmungen, die vom Denken als allgemeine fixiert werden; aber die sog. *allgemeinen Bedingungen* aller Produktion sind nichts als diese abstrakten Momente, mit denen keine wirkliche geschichtliche Produktionsstufe begriffen ist.

## 2) Das allgemeine Verhältnis der Produktion zu Distribution, Austausch, Konsumtion

Ehe in eine weitre Analyse der Produktion eingegangen wird, ist es nötig, die verschiednen Rubriken, die die Ökonomen neben sie stellen, ins Aug zu fassen.

Die flach auf der Hand liegende Vorstellung: In der Produktion eignen (bringen hervor, gestalten) die Gesellschaftsglieder die Naturprodukte menschlichen Bedürfnissen an; die Distribution bestimmt das Verhältnis, worin der Einzelne teilnimmt an diesen Produkten; der Austausch führt ihm die besondren Produkte zu, in die er das ihm durch die Distribution zugefallne Quotum umsetzen will; endlich in der Konsumtion werden die Produkte* Gegenstände des Genusses, der individuellen Aneignung. Die Produktion bringt die den Bedürfnissen entsprechenden Gegenstände hervor; die Distribution verteilt sie nach gesellschaftlichen Gesetzen; der Austausch verteilt wieder das schon Verteilte nach dem einzelnen Bedürfnis; endlich in der Konsumtion tritt das Produkt aus dieser gesellschaftlichen Bewegung heraus, wird direkt Gegenstand und Diener des einzelnen Bedürfnisses und befriedigt es im Genuß. Produktion erscheint so als der Ausgangspunkt, Konsumtion als der Endpunkt, Distribution und Austausch als die Mitte, die selbst wieder doppelt ist, indem die Distribution als das von der Gesellschaft, der Austausch als das von den Individuen ausgehende Moment bestimmt ist. In der Produktion objektiviert sich die Person, in der Konsumtion** subjektiviert sich die Sache; in der Distribution übernimmt die Gesellschaft in der Form allgemeiner, herrschender Bestimmungen die Vermittlung zwischen der

* In der Handschrift: Produktion

** In der Handschrift: Person

Produktion und Konsumtion; in dem Austausch sind sie vermittelt durch die zufällige Bestimmtheit des Individuums.

Die Distribution bestimmt das Verhältnis (das Quantum), worin die Produkte an die Individuen fallen; der Austausch bestimmt die Produkte, worin das Individuum den ihm durch die Distribution zugewiesnen Anteil verlangt.

Produktion, Distribution, Austausch, Konsumtion bilden so einen regelrechten Schluß; Produktion die Allgemeinheit, Distribution und Austausch die Besonderheit, Konsumtion die Einzelnheit, worin sich das Ganze zusammenschließt. Dies ist allerdings ein Zusammenhang, aber ein flacher. Die Produktion ist durch allgemeine Naturgesetze bestimmt; die Distribution durch gesellschaftlichen Zufall, und sie kann daher mehr oder weniger befördernd auf die Produktion wirken; der Austausch liegt zwischen beiden als formalgesellschaftliche Bewegung, und der schließende Akt der Konsumtion, der nicht nur als Endziel, sondern auch als Endzweck gefaßt wird, liegt eigentlich außerhalb der Ökonomie, außer soweit er wieder zurückwirkt auf den Ausgangspunkt und den ganzen Vorgang von neuem einleitet.

Die Gegner der politischen Ökonomen – seien es Gegner innerhalb oder außerhalb ihres Berings –, die ihnen barbarische Auseinanderreißung des Zusammengehörigen vorwerfen, stehn entweder mit ihnen auf demselben Boden oder unter ihnen. Nichts gewöhnlicher als der Vorwurf, die politischen Ökonomen faßten die Produktion zu ausschließlich als Selbstzweck ins Auge. Es komme ebensosehr auf die Distribution an. Diesem Vorwurf liegt grade die ökonomische Vorstellung zugrunde, daß die Distribution als selbständige, unabhängige Sphäre neben der Produktion haust. Oder die Momente würden nicht in ihrer Einheit gefaßt. Als wenn das Auseinanderreißen nicht aus der Wirklichkeit in die Lehrbücher, sondern umgekehrt aus den Lehrbüchern in die Wirklichkeit gedrungen sei, und es sich hier um eine dialektische Ausgleichung von Begriffen handele und nicht um die Auffassung realer Verhältnisse!

$a_1$) Die Produktion ist unmittelbar auch Konsumtion. Doppelte Konsumtion, subjektive und objektive: das Individuum, das im Produzieren seine Fähigkeiten entwickelt, gibt sie auch aus, verzehrt sie im Akt der Produktion, ganz wie das natürliche Zeugen eine Konsumtion von Lebenskräften ist. Zweitens: Konsumtion der Produktionsmittel, die gebraucht und abgenutzt werden und zum Teil (wie z.B. bei der Feurung) in die allgemeinen Elemente wieder aufgelöst werden. Ebenso Konsumtion des Rohstoffs, der nicht in seiner natürlichen Gestalt und Beschaffenheit bleibt, die vielmehr aufgezehrt wird. Der Akt der Produktion selbst ist daher in allen seinen Momenten auch ein Akt der Konsumtion. Aber dies geben die Ökonomen zu. Die Produktion als unmittelbar identisch mit der Konsumtion, die Konsumtion als unmittelbar zusammenfallend mit der Produktion nennen sie *produktive Konsumtion.* Diese Identität von Produktion und Konsumtion kommt hinaus auf Spinozas Satz: determinatio est negatio*.

Aber diese Bestimmung der produktiven Konsumtion wird eben nur aufgestellt, um die mit der Produktion identische Konsumtion zu trennen von der eigentlichen Konsumtion, die vielmehr als vernichtender Gegensatz der Produktion gefaßt wird. Betrachten wir also die eigentliche Konsumtion.

Die Konsumtion ist unmittelbar auch Produktion, wie in der Natur die Konsumtion der Elemente und der chemischen Stoffe Produktion der Pflanze ist. Daß in der Nahrung z.B., einer Form der Konsumtion, der Mensch seinen eignen Leib produziert, ist klar. Es gilt dies aber von jeder andren Art der Konsumtion, die in einer oder der andren Art den Menschen nach einer Seite hin produziert. Konsumptive Produktion. Allein, sagt die Ökonomie, diese mit der Konsumtion identische Produktion ist eine zweite, aus der Vernichtung des ersten Produkts hervorgehende. In der ersten versachlichte sich der Produzent, in der zweiten personifiziert sich die von ihm geschaffne Sache. Also ist diese konsumtive Produktion – obgleich sie eine unmittelbare Einheit zwischen Produktion und Konsumtion ist – wesentlich

* Abgrenzung ist Verneinung.

verschieden von der eigentlichen Produktion. Die unmittelbare Einheit, worin die Produktion mit der Konsumtion und die Konsumtion mit der Produktion zusammenfällt, läßt ihre unmittelbare Zweiheit bestehn.

Die Produktion ist also unmittelbar Konsumtion, die Konsumtion ist unmittelbar Produktion. Jede ist unmittelbar ihr Gegenteil. Zugleich aber findet eine vermittelnde Bewegung zwischen beiden statt. Die Produktion vermittelt die Konsumtion, deren Material sie schafft, der ohne sie der Gegenstand fehlte. Aber die Konsumtion vermittelt auch die Produktion, indem sie den Produkten erst das Subjekt schafft, für das sie Produkte sind. Das Produkt erhält erst den letzten finish in der Konsumtion. Eine Eisenbahn, auf der nicht gefahren wird, die also nicht abgenutzt, nicht konsumiert wird, ist nur eine Eisenbahn δυνάμει*, nicht der Wirklichkeit nach. Ohne Produktion keine Konsumtion; aber auch ohne Konsumtion keine Produktion, da die Produktion so zwecklos wäre. Die Konsumtion produziert die Produktion doppelt, 1) indem erst in der Konsumtion das Produkt wirkliches Produkt wird. Z.B. ein Kleid wird erst wirklich Kleid durch den Akt des Tragens; ein Haus, das nicht bewohnt wird, ist in fact kein wirkliches Haus; also als Produkt im Unterschied von bloßem Naturgegenstand, bewährt sich, *wird* das Produkt erst in der Konsumtion. Die Konsumtion gibt, indem sie das Produkt auflöst, ihm erst den finishing stroke**; denn Produkt ist die Produktion nicht als*** versachlichte Tätigkeit, sondern auch nur als Gegenstand für das tätige Subjekt. 2) Indem die Konsumtion das Bedürfnis *neuer* Produktion schafft, also den idealen, innerlich treibenden Grund der Produktion, der ihre Voraussetzung ist. Die Konsumtion schafft den Trieb der Produktion; sie schafft auch den Gegenstand, der als zweckbestimmend in der Produktion tätig ist. Wenn es klar ist, daß die Produktion den Gegenstand der Konsumtion äußerlich darbietet, so ist daher ebenso klar, daß die Konsumtion den Gegenstand der Produktion *ideal setzt,* als innerliches Bild, als Bedürfnis, als Trieb und als Zweck. Sie schafft die Gegenstände der Produktion in noch

* dynamei – der Möglichkeit nach (potentiell)
** fertigstellender Handgriff
*** In der Handschrift: nicht nur als

subjektiver Form. Ohne Bedürfnis keine Produktion. Aber die Konsumtion reproduziert das Bedürfnis.

Dem entspricht von seiten der Produktion, daß sie 1) der Konsumtion* das Material, den Gegenstand liefert. Eine Konsumtion ohne Gegenstand ist keine Konsumtion; also schafft nach dieser Seite, produziert die Produktion die Konsumtion. 2) Aber es ist nicht nur der Gegenstand, den die Produktion der Konsumtion schafft. Sie gibt auch der Konsumtion ihre Bestimmtheit, ihren Charakter, ihren finish**. Ebenso wie die Konsumtion dem Produkt seinen finish als Produkt gab, gibt die Produktion den finish der Konsumtion. *Einmal* ist der Gegenstand kein Gegenstand überhaupt, sondern ein bestimmter Gegenstand, der in einer bestimmten, durch die Produktion selbst wieder vermittelten Art konsumiert werden muß. Hunger ist Hunger, aber Hunger, der sich durch gekochtes, mit Gabeln und Messer gegeßnes Fleisch befriedigt, ist ein andrer Hunger als der rohes Fleisch mit Hilfe von Hand, Nagel und Zahn verschlingt. Nicht nur der Gegenstand der Konsumtion, sondern auch die Weise der Konsumtion wird daher durch die Produktion produziert, nicht nur objektiv, sondern auch subjektiv. Die Produktion schafft also den Konsumenten. 3) Die Produktion liefert dem Bedürfnis nicht nur ein Material, sondern sie liefert dem Material auch ein Bedürfnis. Wenn die Konsumtion aus ihrer ersten Naturroheit und Unmittelbarkeit heraustritt – und das Verweilen in derselben wäre selbst noch das Resultat einer in der Naturroheit steckenden Produktion –, so ist sie selbst als Trieb vermittelt durch den Gegenstand. Das Bedürfnis, das sie nach ihm fühlt, ist durch die Wahrnehmung desselben geschaffen. Der Kunstgegenstand – ebenso jedes andre Produkt – schafft ein kunstsinniges und schönheitsgenußfähiges Publikum. Die Produktion produziert daher nicht nur einen Gegenstand für das Subjekt, sondern auch ein Subjekt für den Gegenstand. Die Produktion produziert die Konsumtion daher, 1) indem sie ihr das Material schafft; 2) indem sie die Weise der Konsumtion bestimmt; 3) indem sie die erst von ihr als Gegenstand gesetzten Produkte als Bedürfnis im Konsumenten erzeugt. Sie produziert daher Gegenstand der Konsumtion,

* In der Handschrift: Produktion

** Vollendung

Weise der Konsumtion, Trieb der Konsumtion. Ebenso produziert die Konsumtion die *Anlage* des Produzenten, indem sie ihn als zweckbestimmendes Bedürfnis sollizitiert.

Die Identitäten zwischen Konsumtion und Produktion erscheinen also dreifach:

1) *Unmittelbare Identität:* Die Produktion ist Konsumtion; die Konsumtion ist Produktion. Konsumtive Produktion. Produktive Konsumtion. Die Nationalökonomen nennen beides produktive Konsumtion. Machen aber noch einen Unterschied. Die erste figuriert als Reproduktion; die zweite als produktive Konsumtion. Alle Untersuchungen über die erste sind die über produktive oder unproduktive Arbeit; die über die zweite über produktive oder nicht produktive Konsumtion.

2) Daß jede als Mittel der andren erscheint; von ihr vermittelt wird; was als ihre wechselseitige Abhängigkeit ausgedrückt wird; eine Bewegung, wodurch sie aufeinander bezogen werden und sich wechselseitig unentbehrlich erscheinen, aber sich doch noch äußerlich bleiben. Die Produktion schafft das Material als äußerlichen Gegenstand für die Konsumtion; die Konsumtion schafft das Bedürfnis als innern Gegenstand, als Zweck für die Produktion. Ohne Produktion keine Konsumtion; ohne Konsumtion keine Produktion. Figuriert in der Ökonomie in vielen Formen.

3) Die Produktion ist nicht nur unmittelbar Konsumtion und die Konsumtion unmittelbar Produktion; noch ist die Produktion nur Mittel für die Konsumtion und die Konsumtion Zweck für die Produktion, d.h., daß jede der andren ihren Gegenstand liefert, die Produktion äußerlichen der Konsumtion, die Konsumtion vorgestellten der Produktion; sondern jede derselben ist nicht nur unmittelbar die andre, noch die andere nur vermittelnd, sondern jede der beiden schafft, indem sie sich vollzieht, die andre; sich als die andre. Die Konsumtion vollzieht erst den Akt der Produktion, indem sie das Produkt als Produkt vollendet, indem sie es auflöst, die selbständig sachliche Form an ihm verzehrt; indem sie die in dem ersten Akt der Produktion entwickelte Anlage durch das Bedürfnis der Wiederholung zur Fertigkeit steigert; sie ist also nicht nur der abschließende Akt, wodurch das Produkt Produkt, sondern auch, wodurch der

Produzent Produzent wird. Andrerseits produziert die Produktion die Konsumtion, indem die die bestimmte Weise der Konsumtion schafft, und dann, indem Sie den Reiz der Konsumtion, die Konsumtionsfähigkeit selbst schafft als Bedürfnis. Diese letztre unter 3. bestimmte Identität in der Ökonomie vielfach erläutert in dem Verhältnis von Nachfrage und Zufuhr, von Gegenständen und Bedürfnissen, von durch die Sozietät geschaffnen und natürlichen Bedürfnissen.

Hiernach für einen Hegelianer nichts einfacher als Produktion und Konsumtion identisch zu setzen. Und das ist geschehn nicht nur von sozialistischen Belletristen, sondern von prosaischen Ökonomen selbst, z. B. Say; in der Form, daß, wenn man ein Volk betrachte, seine Produktion seine Konsumtion sei. Oder auch die Menschheit in abstracto. Storch hat dem Say das Falsche nachgewiesen, indem ein Volk z. B. nicht rein sein Produkt konsumiert, sondern auch Produktionsmittel schafft etc., fixes Kapital etc. Die Gesellschaft als Ein einziges Subjekt betrachten, ist sie überdem falsch betrachten; spekulativ. Bei einem Subjekt erscheinen Produktion und Konsumtion als Momente eines Akts. Das wichtige ist hier nur hervorzuheben, daß, betrachte man Produktion und Konsumtion als Tätigkeiten eines Subjekts oder vieler Individuen, sie jedenfalls als Momente eines Prozesses erscheinen, worin die Produktion: der wirkliche Ausgangspunkt und darum auch das übergreifende Moment ist. Die Konsumtion als Notdurft, als Bedürfnis ist selbst ein innres Moment der produktiven Tätigkeit. Aber die letztre ist der Ausgangspunkt der Realisierung und daher auch ihr übergreifendes Moment, der Akt, worin der ganze Prozeß sich wieder verläuft. Das Individuum produziert einen Gegenstand und kehrt durch dessen Konsumtion wieder in sich zurück, aber als produktives Individuum und sich selbst reproduzierendes. Die Konsumtion erscheint so als Moment der Produktion.

In der Gesellschaft aber ist die Beziehung des Produzenten auf das Produkt, sobald es fertig ist, eine äußerliche*, und die Rückkehr desselben zu dem Subjekt hängt ab von seinen Beziehungen zu andren Individuen. Es wird desselben nicht unmittelbar habhaft. Auch ist die unmittelbare Aneignung desselben nicht sein Zweck, wenn es in der Gesellschaft produziert. Zwischen den Produzenten und die Pro-

* In der Handschrift: ein äußerliches

dukte tritt die *Distribution,* die durch gesellschaftliche Gesetze seinen Anteil an der Welt der Produkte bestimmt, also zwischen die Produktion und Konsumtion tritt.

Steht nun die Distribution als selbständige Sphäre neben und außerhalb der Produktion?

### Produktion und Distribution

$b_1$) Wenn man die gewöhnlichen Ökonomien betrachtet, muß zunächst auffallen, daß alles in ihnen doppelt gesetzt wird. Zum Beispiel in der Distribution figurieren Grundrente, Arbeitslohn, Zins und Profit, während in der Produktion Erde, Arbeit, Kapital figurieren als Agenten der Produktion. Mit dem Kapital nun ist von vornherein einleuchtend, daß es doppelt gesetzt ist, 1) als Produktionsagent; 2) als Einnahmequelle; als bestimmend bestimmte Distributionsformen. Zins und Profit figurieren daher auch als solche in der *Produktion,* insofern sie Formen sind, in denen das Kapital sich vermehrt, anwächst, also *Momente* seiner Produktion selbst. Zins und Profit als Distributionsformen unterstellen das Kapital als Agenten der Produktion. Sie sind Distributionsweisen, die zur Voraussetzung das Kapital als Produktionsagenten haben. Sie sind ebenso Reproduktionsweisen des Kapitals.

Arbeitslohn ist ebenso die unter einer andren Rubrik betrachtete Lohnarbeit: Die Bestimmtheit, die die Arbeit hier als Produktionsagent hat, erscheint als Distributionsbestimmung. Wäre die Arbeit nicht als Lohnarbeit bestimmt, so erschiene die Art, worin sie an den Produkten teilnimmt, nicht als Arbeitslohn, wie z. B. in der Sklaverei. Endlich die Grundrente, um gleich die entwickeltste Form der Distribution zu nehmen, worin das Grundeigentum an den Produkten teilnimmt, unterstellt das große Grundeigentum (eigentlich die große Agrikultur) als Produktionsagenten, nicht die Erde schlechthin, sowenig wie das Salair die Arbeit schlechthin. Die Distributionsverhältnisse und -weisen erscheinen daher nur als Kehrseite der Produktionsagenten. Ein Individuum, das in der Form der Lohnarbeit an der Produktion teilnimmt, nimmt in der Form des Arbeitslohns an den Produkten, den Resultaten der Produktion teil. Die Gliederung der Distribution ist vollständig bestimmt durch die Gliederung der Produktion. Die Distribution ist selbst ein Produkt der Produktion, nicht nur dem Gegenstand nach, daß nur die Resultate der Produktion distribuiert werden können, sondern auch der Form nach, daß die bestimmte Art der Teilnahme an der Produktion die besondren Formen der Distribution, die Form, worin an der Distribution teilgenommen wird, bestimmt. Es ist durchaus eine Illusion, in der Produktion Erde, in der Distribution Grundrente zu setzen etc.

Ökonomen wie Ricardo, denen am meisten vorgeworfen wird, sie hätten nur die Produktion im Auge, haben daher ausschließlich die Distribution als Gegenstand der Ökonomie bestimmt, weil sie instinktiv die Distributionsformen als den bestimmtesten Ausdruck faßten, worin die Produktionsagenten in einer gegebnen Gesellschaft sich fixieren.

Dem einzelnen Individuum gegenüber erscheint natürlich die Distribution als ein gesellschaftliches Gesetz, das seine Stellung innerhalb der Produktion bedingt, innerhalb deren es produziert, die also der Produktion vorausgeht. Das Individuum hat von Haus aus kein Kapital, kein Grundeigentum. Es ist von Geburt auf die Lohnarbeit angewiesen durch die gesellschaftliche Distribution. Aber dies Angewiesensein selbst ist das Resultat, daß Kapital, Grundeigentum als selbständige Produktionsagenten existieren.

Ganze Gesellschaften betrachtet, scheint die Distribution nach noch einer Seite hin der Produktion vorherzugehn und sie zu bestimmen; gleichsam als anteökonomisches fact. Ein eroberndes Volk verteilt das Land unter die Eroberer und imponiert so eine bestimmte Verteilung und Form des Grundeigentums; bestimmt daher die Produktion. Oder es macht die Eroberten zu Sklaven und macht so Sklavenarbeit zur Grundlage der Produktion. Oder ein Volk, durch Revolution, zerschlägt das große Grundeigentum in Parzellen; gibt also durch diese neue Distribution der Produktion einen neuen Charakter. Oder die Gesetzgebung verewigt das Grundeigentum in gewissen Familien oder verteilt die Arbeit [als] erbliches Privileg und fixiert sie so kastenmäßig. In allen diesen Fällen, und sie sind alle historisch, scheint die Distribution nicht durch die Produktion, sondern umgekehrt die Produktion durch die Distribution gegliedert und bestimmt.

Die Distribution in der flachsten Auffassung erscheint als Distribution der Produkte und so weiter entfernt von und quasi selbständig gegen die Produktion. Aber ehe die Distribution Distribution der Produkte ist, ist sie: 1) Distribution der Produktionsinstrumente, und 2), was eine weitere Bestimmung desselben Verhältnisses ist, Distribution der Mitglieder der Gesellschaft unter die verschiednen Arten der Produktion. (Subsumtion der Individuen unter bestimmte Produktionsverhältnisse.) Die Distribution der Produkte ist offenbar nur Resultat dieser Distribution, die innerhalb des Produktionsprozesses selbst einbegriffen ist und die Gliederung der Produktion bestimmt. Die Produktion, abgesehn von dieser in ihr eingeschloßnen Distribution betrachten, ist offenbar leere Abstraktion, während umgekehrt die Distribution der Produkte von selbst gegeben ist mit dieser ursprünglich ein Moment der Produktion bildenden Distribution. Ricardo, dem es darum zu tun war, die moderne Produktion in ihrer bestimmten sozialen Gliederung aufzufassen, und der der Ökonom der Produktion par excellence ist, erklärt eben deswegen *nicht* die Produktion, sondern die Distribution für das eigentliche Thema der modernen Ökonomie. Es folgt hieraus wieder die Abgeschmacktheit der Ökonomen, die die Produktion als ewige Wahrheit entwickeln, während sie die Geschichte in den Bereich der Distribution bannen.

Welches Verhältnis diese die Produktion selbst bestimmende Distribution zu ihr einnimmt, ist offenbar eine Frage, die innerhalb der Produktion selbst fällt. Sollte gesagt werden, daß dann wenigstens, da die Produktion von einer gewissen Distribution der Produktionsinstrumente ausgehn muß, die Distribution in dieser Bedeutung der Produktion vorhergeht, ihre Voraussetzung bildet, so ist darauf zu antworten, daß die Produktion in der Tat ihre Bedingungen und Voraussetzungen hat, die Momente derselben bilden. Diese mögen im ersten Beginn als naturwüchsig erscheinen. Durch den Prozeß der Produktion selbst werden sie aus naturwüchsigen in geschichtliche verwandelt, und wenn sie für eine Periode als natürliche Voraussetzung der Produktion erscheinen, waren sie für eine andre ihr geschichtliches Resultat. Innerhalb der Produktion selbst werden sie beständig verändert. Zum Beispiel die Anwendung der Maschinerie veränderte die Distribution sowohl der Produktionsinstrumente als der Produkte. Das moderne Grundeigentum selbst ist das Resultat sowohl des modernen Handels und der modernen Industrie, wie der Anwendung der letzteren auf die Agrikultur.

Die oben aufgeworfnen Fragen lösen sich alle in letzter Instanz dahin auf, wie allgemeingeschichtliche Verhältnisse in die Produktion hineinspielen, und ihr Verhältnis zur geschichtlichen Bewegung überhaupt. Die Frage gehört offenbar in die Erörterung und Entwicklung der Produktion selbst.

Indes in der trivialen Form, worin sie oben aufgeworfen sind, können sie ebenso kurz abgefertigt werden. Bei allen Eroberungen ist dreierlei möglich. Das erobernde Volk unterwirft das Eroberte seiner eignen Produktionsweise (z. B. die Engländer in Irland in diesem Jahrhundert, zum Teil in Indien); oder es läßt die alte bestehn und begnügt sich mit Tribut (z. B. Türken und Römer); oder es tritt eine Wechselwirkung ein, wodurch ein Neues entsteht, eine Synthese (zum Teil in den germanischen Eroberungen). In allen Fällen ist die Produktionsweise, sei es des erobernden Volks, sei es des eroberten, sei es die aus der Verschmelzung beider hervorgehende, bestimmend für die neue Distribution, die eintritt. Obgleich diese als Voraussetzung für die neue Produktionsperiode erscheint, ist sie so selbst wieder ein Produkt der Produktion, nicht nur der geschichtlichen im allgemeinen, sondern der bestimmten geschichtlichen Produktion*.

Die Mongolen mit ihren Verwüstungen in Rußland z. B. handelten ihrer Produktion, der Viehweide, gemäß, für die große unbewohnte Strecken eine Hauptbedingung. Die germanischen Barbaren, für die Ackerbau mit Leibeigenen hergebrachte Produktion war und isoliertes Leben auf dem Land, konnten die römischen Provinzen um so leichter diesen Bedingungen unterwerfen, als die dort stattgehabte Konzentration des Grundeigentums die älteren Agrikulturverhältnisse schon ganz umgeworfen hatte.

Es ist eine hergebrachte Vorstellung, daß in gewissen Perioden nur

* In der Handschrift: bestimmt d. geschichtlichen Prod.

vom Raub gelebt ward. Um aber rauben zu können, muß etwas zu rauben da sein, also Produktion. Und die Art des Raubs ist selbst wieder durch die Art der Produktion bestimmt. Eine stock-jobbing nation* z.B. kann nicht beraubt werden, wie eine Nation von Kuhhirten.

In dem Sklaven wird das Produktionsinstrument direkt geraubt. Dann aber muß die Produktion des Landes, für das er geraubt wird, so gegliedert sein, um** Sklavenarbeit zuzulassen, oder (wie in Südamerika etc.) es muß eine dem Sklaven entsprechende Produktionsweise geschaffen werden.

Gesetze können ein Produktionsinstrument, z.B. Land, in gewissen Familien verewigen. Diese Gesetze bekommen nur ökonomische Bedeutung, wenn das große Grundeigentum in Harmonie mit der gesellschaftlichen Produktion ist, wie z.B. in England. In Frankreich wurde kleine Agrikultur getrieben trotz des großen Grundeigentums, letztres daher auch von der Revolution zerschlagen. Aber die Verewigung der Parzellierung z.B. durch Gesetze? Trotz dieser Gesetze konzentriert sich das Eigentum wieder. Der Einfluß der Gesetze zur Festhaltung von Distributionsverhältnissen, und dadurch ihre Einwirkung auf die Produktion, besonders zu bestimmen.

### $c_1$) Austausch endlich und Zirkulation – Austausch und Produktion.

Die Zirkulation selbst nur ein bestimmtes Moment des Austauschs oder auch der Austausch in seiner Totalität betrachtet.

Insofern der *Austausch* nur ein vermittelndes Moment zwischen der Produktion und der durch sie bestimmten Distribution mit der Konsumtion ist; insofern letztre aber selbst als ein Moment der Produktion erscheint, ist der Austausch offenbar auch in [der] letztren einbegriffen als Moment.

Es ist erstens klar, daß der Austausch von Tätigkeiten und Fähigkeiten, der in der Produktion selbst geschieht, direkt zu ihr gehört

* Nation von Börsenspekulanten

** In der Handschrift – als

und sie wesentlich ausmacht. Dasselbe gilt zweitens vom Austausch der Produkte, soweit er zur Herstellung des fertigen, für die unmittelbare Konsumtion bestimmten Produkts Mittel ist. Soweit ist der Austausch selbst in der Produktion einbegriffner Akt. Drittens, der sogenannte Exchange zwischen dealers und dealers* ist sowohl seiner Organisation nach ganz durch die Produktion bestimmt, als selbst produzierende Tätigkeit. Der Austausch erscheint nur unabhängig neben, indifferent gegen die Produktion in dem letzten Stadium, wo das Produkt unmittelbar für die Konsumtion ausgetauscht wird. Aber 1) kein Austausch ohne Teilung der Arbeit, sei diese nun naturwüchsig oder selbst schon geschichtliches Resultat. 2) Privataustausch setzt Privatproduktion voraus; 3) die Intensivität des Austauschs, wie seine Extension, wie seine Art durch die Entwicklung und Gliederung der Produktion bestimmt. Zum Beispiel. Austausch zwischen Stadt und Land; Austausch auf dem Land, in der Stadt etc. Der Austausch erscheint so in allen seinen Momenten in der Produktion entweder direkt einbegriffen oder durch sie bestimmt.

Das Resultat, wozu wir gelangen, ist nicht, daß Produktion, Distribution, Austausch, Konsumtion identisch sind, sondern daß sie alle Glieder einer Totalität bilden, Unterschiede innerhalb einer Einheit. Die Produktion greift über, sowohl über sich in der gegensätzlichen Bestimmung der Produktion, als über die andren Momente. Von ihr beginnt der Prozeß immer wieder von neuem. Daß Austausch und Konsumtion nicht das Übergreifende sein können, ist von selbst klar. Ebenso von der Distribution als Distribution der Produkte. Als Distribution der Produktionsagenten aber ist sie selbst ein Moment der Produktion. Eine bestimmte Produktion bestimmt also eine bestimmte Konsumtion, Distribution, Austausch und *bestimmte Verhältnisse dieser verschiednen Momente zueinander.* Allerdings wird auch die Produktion, *in ihrer einseitigen Form,* ihrerseits bestimmt durch die andren Momente. Zum Beispiel wenn der Markt sich ausdehnt, d.h. die Sphäre des Austauschs, wächst die Produktion dem Umfang nach und teilt sich tiefer ab. Mit Veränderung der Distribution ändert sich die Produktion; z.B. mit Konzentration des Kapitals, verschiedner Distribution der Bevölkerung in Stadt und Land etc.

* Austausch zwischen Geschäftsleuten untereinander

Endlich bestimmen die Konsumtionsbedürfnisse die Produktion. Es findet Wechselwirkung zwischen den verschiednen Momenten statt. Dies der Fall bei jedem organischen Ganzen.

## 3) Die Methode der politischen Ökonomie

Wenn wir ein gegebnes Land politisch-ökonomisch betrachten, so beginnen wir mit seiner Bevölkerung, ihrer Verteilung in Klassen, Stadt, Land, See, den verschiednen Produktionszweigen, Aus- und Einfuhr, jährlicher Produktion und Konsumtion, Warenpreisen etc.

Es scheint das richtige zu sein, mit dem Realen und Konkreten, der wirklichen Voraussetzung zu beginnen, also z. B. in der Ökonomie mit der Bevölkerung, die die Grundlage und das Subjekt des ganzen gesellschaftlichen Produktionsakts ist. Indes zeigt sich dies bei näherer Betrachtung [als] falsch. Die Bevölkerung ist eine Abstraktion, wenn ich z. B. die Klassen, aus denen sie besteht, weglasse. Diese Klassen sind wieder ein leeres Wort, wenn ich die Elemente nicht kenne, auf denen sie beruhn. Z. B. Lohnarbeit, Kapital etc. Diese unterstellen Austausch, Teilung der Arbeit, Preise etc. Kapital z. B. ohne Lohnarbeit ist nichts, ohne Wert, Geld, Preis etc. Finge ich also mit der Bevölkerung an, so wäre das eine chaotische Vorstellung des Ganzen, und durch nähere Bestimmung würde ich analytisch immer mehr auf einfachere Begriffe kommen; von dem vorgestellten Konkreten auf immer dünnere Abstrakta, bis ich bei den einfachsten Bestimmungen angelangt wäre. Von da wäre nun die Reise wieder rückwärts anzutreten, bis ich endlich wieder bei der Bevölkerung anlangte, diesmal aber nicht als bei einer chaotischen Vorstellung eines Ganzen, sondern als einer reichen Totalität von vielen Bestimmungen und Beziehungen. Der erste Weg ist der, den die Ökonomie in ihrer Entstehung geschichtlich genommen hat. Die Ökonomen des 17. Jahrhunderts z. B. fangen immer mit dem lebendigen Ganzen, der Bevölkerung, der Nation, Staat, mehren Staaten etc. an; sie enden aber immer damit, daß sie durch Analyse einige bestimmende abstrakte, allgemeine Beziehungen, wie Teilung der Arbeit, Geld, Wert etc. herausfinden. Sobald diese einzelnen Momente mehr oder weniger fixiert und abstrahiert waren, begannen die ökonomischen

Systeme, die von dem Einfachen, wie Arbeit, Teilung der Arbeit, Bedürfnis, Tauschwert, aufstiegen bis zum Staat, Austausch der Nationen und Weltmarkt. Das letztre ist offenbar die wissenschaftlich richtige Methode. Das Konkrete ist konkret, weil es die Zusammenfassung vieler Bestimmungen ist, also Einheit des Mannigfaltigen. Im Denken erscheint es daher als Prozeß der Zusammenfassung, als Resultat, nicht als Ausgangspunkt, obgleich es der wirkliche Ausgangspunkt und daher auch der Ausgangspunkt der Anschauung und der Vorstellung ist. Im ersten Weg wurde die volle Vorstellung zu abstrakter Bestimmung verflüchtigt; im zweiten führen die abstrakten Bestimmungen zur Reproduktion des Konkreten im Weg des Denkens. Hegel geriet daher auf die Illusion, das Reale als Resultat des sich in sich zusammenfassenden, in sich vertiefenden und aus sich selbst sich bewegenden Denkens zu fassen, während die Methode, vom Abstrakten zum Konkreten aufzusteigen, nur die Art für das Denken ist, sich das Konkrete anzueignen, es als ein geistig Konkretes zu reproduzieren. Keineswegs aber der Entstehungsprozeß des Konkreten selbst. Zum Beispiel die einfachste ökonomische Kategorie, sage z.B. Tauschwert, unterstellt Bevölkerung, Bevölkerung produzierend in bestimmten Verhältnissen; auch gewisse Sorte von Familien- oder Gemeinde- oder Staatswesen etc. Er kann nie existieren außer als abstrakte, einseitige Beziehung eines schon gegebnen konkreten, lebendigen Ganzen. Als Kategorie führt dagegen der Tauschwert ein antediluvianisches Dasein. Für das Bewußtsein daher – und das philosophische Bewußtsein ist so bestimmt –, dem das begreifende Denken, der wirkliche Mensch und die begriffne Welt als solche erst die wirkliche ist, – erscheint daher die Bewegung der Kategorien als der wirkliche Produktionsakt – der leider nur einen Anstoß von außen erhält –, dessen Resultat die Welt ist; und dies ist – dies ist aber wieder eine Tautologie – soweit richtig, als die konkrete Totalität als Gedankentotalität, als ein Gedankenkonkretum, in fact ein Produkt des Denkens, des Begreifens ist; keineswegs aber des außer oder über der Anschauung und Vorstellung denkenden und sich selbst gebärenden Begriffs, sondern der Verarbeitung von Anschauung und Vorstellung in Begriffe. Das Ganze, wie es im Kopfe als Gedankenganzes erscheint, ist ein Produkt des denkenden Kopfes, der sich die Welt in der ihm einzig möglichen Weise aneignet, einer Weise, die verschieden ist von der künstlerisch-, religiös-, praktisch-geistigen Aneignung dieser Welt. Das reale Subjekt bleibt nach wie vor außerhalb des Kopfes in seiner Selbständigkeit bestehn; solange sich der Kopf nämlich nur spekulativ verhält, nur theoretisch. Auch bei der theoretischen Methode daher muß das Subjekt, die Gesellschaft, als Voraussetzung stets der Vorstellung vorschweben.

Aber haben diese einfachen Kategorien nicht auch eine unabhängige historische oder natürliche Existenz vor den konkretern? Ça dépend.* Zum Beispiel Hegel fängt die Rechtsphilosophie richtig mit dem Besitz an, als der einfachsten rechtlichen Beziehung des Subjekts. Es existiert aber kein Besitz vor der Familie oder Herrschafts- und Knechtsverhältnissen, die viel konkretre Verhältnisse sind. Dagegen wäre es richtig zu sagen, daß Familien, Stammesganze existieren, die nur noch *besitzen*, nicht *Eigentum* haben. Die einfachere Kategorie erscheint also als Verhältnis einfachrer Familien- oder Stammgenossenschaften im Verhältnis zum Eigentum. In der höhern Gesellschaft erscheint sie als das einfachere Verhältnis einer entwickelten Organisation. Das konkretere Substrat, dessen Beziehung der Besitz ist, ist aber immer vorausgesetzt. Man kann sich einen einzelnen Wilden besitzend vorstellen. Dann ist aber der Besitz kein Rechtsverhältnis. Es ist unrichtig, daß der Besitz sich historisch zur Familie entwickelt. Er unterstellt vielmehr immer diese »konkretere Rechtskategorie«. Indes bliebe dann immer soviel, daß die einfachen Kategorien Ausdrücke von Verhältnissen sind, in denen das unentwickeltere Konkrete sich realisiert haben mag, ohne noch die vielseitigre Beziehung oder Verhältnis, das in der konkretem Kategorie geistig ausgedrückt ist, gesetzt zu haben; während das entwickeltere Konkrete dieselbe Kategorie als ein untergeordnetes Verhältnis beibehält. Geld kann existieren und hat historisch existiert, ehe Kapital existierte, ehe Banken existierten, ehe Lohnarbeit existierte etc. Nach dieser Seite hin kann also gesagt werden, daß die einfachre Kategorie herrschende Verhältnisse eines unentwickeltern Ganzen oder untergeordnete Verhältnisse eines entwickeltern Ganzen ausdrücken kann, die historisch schon Existenz hatten, eh das Ganze sich nach der Seite

* Das kommt drauf an

entwickelte, die in einer konkretern Kategorie ausgedrückt ist. Insofern entspräche der Gang des abstrakten Denkens, das vom Einfachsten zum Kombinierten aufsteigt, dem wirklichen historischen Prozeß.

Andrerseits kann gesagt werden, daß es sehr entwickelte, aber doch historisch unreifere Gesellschaftsformen gibt, in denen die höchsten Formen der Ökonomie, z.B. Kooperation, entwickelte Teilung der Arbeit etc. stattfinden, ohne daß irgendein Geld existiert, z.B. Peru. Auch bei den slawischen Gemeinwesen tritt das Geld und der es bedingende Austausch nicht oder wenig innerhalb der einzelnen Gemeinwesen hervor, sondern an ihrer Grenze, im Verkehr mit andren, wie es denn überhaupt falsch ist, den Austausch mitten in das Gemeinwesen zu setzen als das ursprünglich konstituierende Element. Er tritt vielmehr im Anfang eher in der Beziehung der verschiednen Gemeinwesen aufeinander als für die Mitglieder innerhalb eines und desselben hervor. Ferner: Obgleich das Geld sehr früh und allseitig eine Rolle spielt, so ist es im Altertum doch als herrschendes Element nur einseitig bestimmten Nationen, Handelsnationen, zugewiesen. Und selbst im gebildetsten Altertum, bei Griechen und Römern, erscheint seine völlige Entwicklung, die in der modernen bürgerlichen Gesellschaft vorausgesetzt ist, nur in der Periode ihrer Auflösung. Also diese ganz einfache Kategorie erscheint in ihrer Intensivität nicht historisch als in den entwickeltsten Zuständen der Gesellschaft. Keineswegs alle ökonomischen Verhältnisse durchwadend*. Zum Beispiel im römischen Reich, in seiner größten Entwicklung, blieb Naturalsteuer und Naturallieferung Grundlage. Das Geldwesen eigentlich nur vollständig dort entwickelt in der Armee. Es ergriff auch nie das ganze der Arbeit. So, obgleich die einfachre Kategorie historisch existiert haben mag vor der konkretern, kann sie in ihrer völligen intensiven und extensiven Entwicklung grade einer kombinierten Gesellschaftsform angehören, während die konkretere in einer weniger entwickelten** Gesellschaftsform völliger entwickelt war.

Arbeit scheint eine ganz einfache Kategorie. Auch die Vorstellung derselben in dieser Allgemeinheit – als Arbeit überhaupt – ist uralt.

* durchwadend – im Sinne des englischen to wade through

** In der Handschrift: wenig entwickeltern

Dennoch, ökonomisch in dieser Einfachheit gefaßt, ist »Arbeit« eine ebenso moderne Kategorie wie die Verhältnisse, die diese einfache Abstraktion erzeugen. Das Monetarsystem z.B. setzt den Reichtum noch ganz objektiv als Sache außer sich im Geld. Gegenüber diesem Standpunkt war es ein großer Fortschritt, wenn das Manufaktur- oder kommerzielle System aus dem Gegenstand in die subjektive Tätigkeit – die kommerzielle und Manufakturarbeit – die Quelle des Reichtums setzt, aber immer noch bloß diese Tätigkeit selbst in der Begrenztheit als Geldmachend auffaßt. Diesem System gegenüber das physiokratische, das eine bestimmte Form der Arbeit – die Agrikultur – als die Reichtumschaffende setzt, und das Objekt selbst nicht mehr in der Verkleidung des Geldes, sondern als Produkt überhaupt, als allgemeines Resultat der Arbeit. Dieses Produkt noch der Begrenztheit der Tätigkeit gemäß als immer noch naturbestimmtes Produkt – Agrikulturprodukt, Erdprodukt par excellence.

Es war ein ungeheurer Fortschritt von Adam Smith, jede Bestimmtheit der reichtumzeugenden Tätigkeit fortzuwerfen – Arbeit schlechthin, weder Manufaktur-, noch kommerzielle, noch Agrikulturarbeit, aber sowohl die eine wie die andre. Mit der abstrakten Allgemeinheit der reichtumschaffenden Tätigkeit nun auch die Allgemeinheit des als Reichtum bestimmten Gegenstandes, Produkt überhaupt oder wieder Arbeit überhaupt, aber als vergangne, vergegenständlichte Arbeit. Wie schwer und groß dieser Übergang war, geht daraus hervor, wie Adam Smith selbst noch von Zeit zu Zeit wieder in das physiokratische System zurückfällt. Nun könnte es scheinen, als ob damit nur der abstrakte Ausdruck für die einfachste und urälteste Beziehung gefunden, worin die Menschen – sei es in welcher Gesellschaftsform immer – als produzierend auftreten. Das ist nach einer Seite hin richtig. Nach der andren nicht. Die Gleichgültigkeit gegen eine bestimmte Art der Arbeit setzt eine sehr entwickelte Totalität wirklicher Arbeitsarten voraus, von denen keine mehr die alles beherrschende ist. So entstehn die allgemeinsten Abstraktionen überhaupt nur bei der reichsten konkreten Entwicklung, wo eines vielen gemeinsam erscheint, allen gemein. Dann hört es auf, nur in besondrer Form gedacht werden zu können. Andrerseits ist diese Abstraktion der Arbeit überhaupt nicht nur das geistige Resultat einer konkreten Totalität von Arbeiten. Die Gleichgültigkeit gegen die bestimmte Arbeit entspricht einer Gesellschaftsform, worin die Individuen mit Leichtigkeit aus einer Arbeit in die andre übergehn und die bestimmte Art der Arbeit ihnen zufällig, daher gleichgültig ist. Die Arbeit ist hier nicht nur in der Kategorie, sondern in der Wirklichkeit als Mittel zum Schaffen des Reichtums überhaupt geworden und hat aufgehört, als Bestimmung mit den Individuen in einer Besonderheit verwachsen zu sein. Ein solcher Zustand ist am entwickeltsten in der modernsten Daseinsform der bürgerlichen Gesellschaften – den Vereinigten Staaten. Hier also wird die Abstraktion der Kategorie »Arbeit«, »Arbeit überhaupt«, Arbeit sans phrase, der Ausgangspunkt der modernen Ökonomie, erst praktisch wahr. Die einfachste Abstraktion also, welche die moderne Ökonomie an die Spitze stellt und die eine uralte und für alle Gesellschaftsformen gültige Beziehung ausdrückt, erscheint doch nur in dieser Abstraktion praktisch wahr als Kategorie der modernsten Gesellschaft. Man könnte sagen, was in den Vereinigten Staaten als historisches Produkt, erscheine bei den Russen z. B. – diese Gleichgültigkeit gegen die bestimmte Arbeit – als naturwüchsige Anlage. Allein einmal verteufelter Unterschied, ob Barbaren Anlage haben zu allem verwandt zu werden, oder ob Zivilisierte sich selbst zu allem verwenden. Und dann entspricht praktisch bei den Russen dieser Gleichgültigkeit gegen die Bestimmtheit der Arbeit das traditionelle Festgerittensein in eine ganz bestimmte Arbeit, woraus sie nur durch Einflüsse von außen herausgeschleudert werden.

Dies Beispiel der Arbeit zeigt schlagend, wie selbst die abstraktesten Kategorien trotz ihrer Gültigkeit – eben wegen ihrer Abstraktion – für alle Epochen doch in der Bestimmtheit dieser Abstraktion selbst ebensosehr das Produkt historischer Verhältnisse sind und ihre Vollgültigkeit nur für und innerhalb dieser Verhältnisse besitzen.

Die bürgerliche Gesellschaft ist die entwickeltste und mannigfaltigste historische Organisation der Produktion. Die Kategorien, die ihre Verhältnisse ausdrücken, das Verständnis ihrer Gliederung gewähren daher zugleich Einsicht in die Gliederung und die Produktionsverhältnisse aller der untergegangnen Gesellschaftsformen, mit deren Trümmern und Elementen sie sich aufgebaut, von denen teils noch unüberwundne Reste sich in ihr fortschleppen, bloße Andeutungen sich zu ausgebildeten Bedeutungen entwickelt haben etc. Die Anatomie des Menschen ist ein Schlüssel zur Anatomie des Affen. Die Andeutungen auf Höhres in den untergeordnetren Tierarten können dagegen nur verstanden werden, wenn das Höhere selbst schon bekannt ist. Die bürgerliche Ökonomie liefert so den Schlüssel zur antiken etc. Keineswegs aber in der Art der Ökonomen, die alle historischen Unterschiede verwischen und in allen Gesellschaftsformen die bürgerlichen sehen. Man kann Tribut, Zehnten etc. verstehn, wenn man die Grundrente kennt. Man muß sie aber nicht identifizieren. Da ferner die bürgerliche Gesellschaft selbst nur eine gegensätzliche Form der Entwicklung, so werden Verhältnisse früherer Formen oft nur ganz verkümmert in ihr anzutreffen sein oder gar travestiert. Zum Beispiel Gemeindeeigentum. Wenn daher wahr ist, daß die Kategorien der bürgerlichen Ökonomie eine Wahrheit für alle andren Gesellschaftsformen besitzen, so ist das nur cum grano salis* zu nehmen. Sie können dieselben entwickelt, verkümmert, karikiert etc. enthalten, immer in wesentlichem Unterschied. Die sogenannte historische Entwicklung beruht überhaupt darauf, daß die letzte Form die vergangnen als Stufen zu sich selbst betrachtet und, da sie selten und nur unter ganz bestimmten Bedingungen fähig ist, sich selbst zu kritisieren – es ist hier natürlich nicht von solchen historischen Perioden die Rede, die sich selbst als Verfallzeit vorkommen –, sie immer einseitig auffaßt. Die christliche Religion war erst fähig, zum objektiven Verständnis der frühem Mythologien zu verhelfen, sobald ihre Selbstkritik zu einem gewissen Grad, sozusagen δυνάμει**, fertig war. So kam bürgerliche Ökonomie erst zum Verständnis der feudalen, antiken, orientalen, sobald die Selbstkritik der bürgerlichen Gesellschaft begonnen. Soweit die bürgerliche Ökonomie nicht mythologisierend sich rein identifiziert mit den vergangnen, glich ihre Kritik der frühern, namentlich der feudalen, mit der sie noch direkt zu kämpfen hatte, der Kritik, die das Christentum am Heidentum, oder auch der Protestantismus am Katholizismus ausübte.

* Mit einem Körnchen Salzes

** dynamei – der Möglichkeit nach (potentiell)

Wie überhaupt bei jeder historischen, sozialen Wissenschaft ist bei dem Gang der ökonomischen Kategorien immer festzuhalten, daß, wie in der Wirklichkeit so im Kopf, das Subjekt, hier die moderne bürgerliche Gesellschaft, gegeben ist und daß die Kategorien daher Daseinsformen, Existenzbestimmungen, oft nur einzelne Seiten dieser bestimmten Gesellschaft, dieses Subjekts ausdrücken und daß sie daher *auch wissenschaftlich* keineswegs da erst anfängt, wo nun von ihr *als solcher* die Rede ist. Dies ist festzuhalten, weil es gleich über die Einteilung Entscheidendes zur Hand gibt. Zum Beispiel nichts scheint naturgemäßer, als mit der Grundrente zu beginnen, dem Grundeigentum, da es an die Erde, die Quelle aller Produktion und allen Daseins, gebunden ist, und an die erste Produktionsform aller einigermaßen befestigten Gesellschaften – die Agrikultur. Aber nichts wäre falscher. In allen Gesellschaftsformen ist es eine bestimmte Produktion, die allen übrigen, und deren Verhältnisse daher auch allen übrigen, Rang und Einfluß anweist. Es ist eine allgemeine Beleuchtung, worin alle übrigen Farben getaucht sind und [die] sie in ihrer Besonderheit modifiziert. Es ist ein besondrer Äther, der das spezifische Gewicht alles in ihm hervorstechenden Daseins bestimmt. Zum Beispiel bei Hirtenvölkern (bloße Jäger- und Fischer-Völker liegen außer dem Punkt, wo die wirkliche Entwicklung beginnt). Bei ihnen kommt gewisse Form des Ackerbaus vor, sporadische. Das Grundeigentum ist dadurch bestimmt. Es ist gemeinsames und hält diese Form mehr oder minder bei, je nachdem diese Völker mehr oder minder noch an ihrer Tradition festhalten, z. B. das Gemeindeeigentum der Slawen. Bei Völkern von festsitzendem Ackerbau – dies Festsetzen schon große Stufe –, wo dieser vorherrscht wie bei den Antiken und Feudalen, hat selbst die Industrie und ihre Organisation und die Formen des Eigentums, die ihr entsprechen, mehr oder minder grundeigentümlichen Charakter; ist [sie] entweder ganz von ihm* abhängig wie bei den ältern Römern oder, wie im Mittelalter, ahmt [sie] die Organisation des Landes in der Stadt und ihren Verhältnissen nach. Das Kapital selbst im Mittelalter – soweit es nicht reines Geldkapital ist – als traditionelles Handwerkszeug etc. hat diesen grundeigentümlichen Charakter. In der

* In der Handschrift: ihr

bürgerlichen Gesellschaft ist es umgekehrt. Die Agrikultur wird mehr und mehr ein bloßer Industriezweig und ist ganz vom Kapital beherrscht. Ebenso die Grundrente. In allen Formen, worin das Grundeigentum herrscht, die Naturbeziehung noch vorherrschend. In denen, wo das Kapital herrscht, das gesellschaftlich, historisch geschaffne Element. Die Grundrente kann nicht verstanden werden ohne das Kapital. Das Kapital aber wohl ohne die Grundrente. Das Kapital ist die alles beherrschende ökonomische Macht der bürgerlichen Gesellschaft. Es muß Ausgangspunkt, wie Endpunkt bilden und vor dem Grundeigentum entwickelt werden. Nachdem beide besonders betrachtet sind, muß ihre Wechselbeziehung betrachtet werden.

Es wäre also untubar und falsch, die ökonomischen Kategorien in der Folge aufeinanderfolgen zu lassen, in der sie historisch die bestimmenden waren. Vielmehr ist ihre Reihenfolge bestimmt durch die Beziehung, die sie in der modernen bürgerlichen Gesellschaft aufeinander haben, und die gerade das umgekehrte von dem ist, was als ihre naturgemäße erscheint oder der Reihe der historischen Entwicklung entspricht. Es handelt sich nicht um das Verhältnis, das die ökonomischen Verhältnisse in der Aufeinanderfolge verschiedener Gesellschaftsformen historisch einnehmen. Noch weniger um ihre Reihenfolge »in der Idee« *(Proudhon)*, (einer verschwimmelten Vorstellung der historischen Bewegung). Sondern um ihre Gliederung innerhalb der modernen bürgerlichen Gesellschaft.

Die Reinheit (abstrakte Bestimmtheit), in der die Handelsvölker – Phönizier, Karthaginienser – in der alten Welt erscheinen, ist eben durch das Vorherrschen der Agrikulturvölker selbst gegeben. Das Kapital als Handels- oder Geldkapital erscheint eben in dieser Abstraktion, wo das Kapital noch nicht das beherrschende Element der Gesellschaften ist. Lombarden, Juden nehmen dieselbe Stellung gegenüber den agrikulturtreibenden mittelaltrigen Gesellschaften ein.

Als weitres Beispiel der verschiednen Stellung, die dieselben Kategorien in verschiednen Gesellschaftsstufen einnehmen: Eine der letzten Formen der bürgerlichen Gesellschaft: *joint-stock-companies**. Erscheinen aber auch im Beginn derselben in den großen privilegierten und mit Monopol versehnen Handelskompanien.

* Aktiengesellschaften

Der Begriff des Nationalreichtums selbst schleicht sich bei den Ökonomen des 17. Jahrhunderts so ein – eine Vorstellung, die noch zum Teil bei denen des 18. fortgeht –, daß bloß für den Staat der Reichtum geschaffen wird, seine Macht aber im Verhältnis zu diesem Reichtum steht. Es war dies noch unbewußt heuchlerische Form, worin sich der Reichtum selbst und die Produktion desselben als Zweck der modernen Staaten ankündigt und sie nur noch als Mittel zur Produktion des Reichtums betrachtet.

Die Einteilung offenbar so zu machen, daß 1) die allgemeinen abstrakten Bestimmungen, die daher mehr oder minder allen Gesellschaftsformen zukommen, aber im oben auseinandergesetzten Sinn. 2) Die Kategorien, die die innre Gliederung der bürgerlichen Gesellschaft ausmachen und worauf die fundamentalen Klassen beruhn. Kapital, Lohnarbeit, Grundeigentum. Ihre Beziehung zueinander. Stadt und Land. Die drei großen gesellschaftlichen Klassen. Austausch zwischen denselben. Zirkulation. Kreditwesen (private). 3) Zusammenfassung der bürgerlichen Gesellschaft in der Form des Staats. In Beziehung zu sich selbst betrachtet. Die »unproduktiven« Klassen. Steuern. Staatsschuld. Öffentlicher Kredit: Die Bevölkerung. Die Kolonien. Auswanderung. 4) Internationales Verhältnis der Produktion. Internationale Teilung der Arbeit. Internationaler Austausch. Aus und Einfuhr. Wechselkurs. 5) Der Weltmarkt und die Krisen.

### 4) Produktion – Produktionsmittel und Produktionsverhältnisse – Produktionsverhältnisse und Verkehrsverhältnisse – Staats- und Bewußtseinsformen im Verhältnis zu den Produktions- und Verkehrsverhältnissen – Rechtsverhältnisse – Familienverhältnisse [unvollendet – I. F.]

Notabene in bezug auf Punkte, die hier zu erwähnen, und nicht vergessen werden dürfen:

1) *Krieg* früher ausgebildet wie der Frieden; Art, wie durch den Krieg und in den Armeen etc. gewisse ökonomische Verhältnisse, wie Lohnarbeit, Maschinerie etc. früher entwickelt als im Innren der bür-

gerlichen Gesellschaft. Auch das Verhältnis von Produktivkraft und Verkehrsverhältnissen besonders anschaulich in der Armee.

2) *Verhältnis der bisherigen idealen Geschichtschreibung zur realen. Namentlich der sog. Kulturgeschichten,* die alle Religions- und Staatengeschichte. (Bei der Gelegenheit kann auch etwas gesagt werden über die verschiednen Arten der bisherigen Geschichtschreibung. Sogenannte Objektive. Subjektive (Moralische u.a.). Philosophische.)

3) *Sekundäres und Tertiäres,* überhaupt *abgeleitete, übertragne,* nicht ursprüngliche Produktionsverhältnisse. Einspielen hier internationaler Verhältnisse.

4) *Vorwürfe über Materialismus dieser Auffassung. Verhältnis zum naturalistischen Materialismus.*

5) *Dialektik der Begriffe Produktivkraft (Produktionsmittel) und Produktionsverhältnisse,* eine Dialektik, deren Grenzen zu bestimmen und die realen Unterschied nicht aufhebt.

6) *Das unegale Verhältnis der Entwicklung der materiellen Produktion z.B. zur künstlerischen.* Überhaupt der Begriff des Fortschritts nicht in der gewöhnlichen Abstraktion zu fassen. Mit der Kunst etc. diese Disproportion noch nicht so wichtig und schwierig zu fassen, als innerhalb praktisch-sozialer Verhältnisse selbst. Z.B. der Bildung. Verhältnis der *United States* zu Europa. Der eigentlich schwierige Punkt, hier zu erörtern, ist aber der, wie die Produktionsverhältnisse als Rechtsverhältnisse in ungleiche Entwicklung treten. Also z.B. das Verhältnis des römischen Privatrechts (im Kriminalrecht und öffentlichen das weniger der Fall )und zur modernen Produktion.

7) *Diese Auffassung erscheint als notwendige Entwicklung.* Aber Berechtigung des Zufalls. Wie. (Der Freiheit u.a. auch.) (Einwirkung der Kommunikationsmittel. Weltgeschichte existierte nicht immer; die Geschichte als Weltgeschichte Resultat.)

8) *Der Ausgangspunkt natürlich von der Naturbestimmtheit;* subjektiv und objektiv. Stämme, Racen etc.

1) Bei der Kunst bekannt, daß bestimmte Blütezeiten derselben keineswegs im Verhältnis zur allgemeinen Entwicklung der Gesellschaft, also auch der materiellen Grundlage, gleichsam des Knochenbaus

ihrer Organisation, stehn. Zum Beispiel die Griechen verglichen mit den Modernen oder auch Shakespeare. Von gewissen Formen der Kunst, z.B. dem Epos sogar anerkannt, daß sie in ihrer weltepochemachenden, klassischen Gestalt nie produziert werden können, sobald die Kunstproduktion als solche eintritt; also daß innerhalb des Berings der Kunst selbst gewisse bedeutende Gestaltungen derselben nur auf einer unentwickelten Stufe der Kunstentwicklung möglich sind. Wenn dies im Verhältnis der verschiednen Kunstarten innerhalb des Bereichs der Kunst selbst der Fall ist, ist es schon weniger auffallend, daß es im Verhältnis des ganzen Bereichs der Kunst zur allgemeinen Entwicklung der Gesellschaft der Fall ist. Die Schwierigkeit besteht nur in der allgemeinen Fassung dieser Widersprüche. Sobald sie spezifiziert werden, sind sie schon erklärt.

Nehmen wir z.B. das Verhältnis der griechischen Kunst und dann Shakespeares zur Gegenwart. Bekannt, daß die griechische Mythologie nicht nur das Arsenal der griechischen Kunst, sondern ihr Boden. Ist die Anschauung der Natur und der gesellschaftlichen Verhältnisse, die der griechischen Phantasie und daher der griechischen [Mythologie] zugrunde liegt, möglich mit selfactors* und Eisenbahnen und Lokomotiven und elektrischen Telegraphen? Wo bleibt Vulkan gegen Roberts et Co., Jupiter gegen den Blitzableiter und Hermes gegen den Crédit mobilier**? Alle Mythologie überwindet und beherrscht und gestaltet die Naturkräfte in der Einbildung und durch die Einbildung; verschwindet also mit der wirklichen Herrschaft über dieselben. Was wird aus der Fama neben Printinghouse square***? Die griechische Kunst setzt die griechische Mythologie voraus, d.h., die Natur und die gesellschaftlichen Formen selbst schon in einer unbewußt künstlerischen Weise verarbeitet durch die Volksphantasie. Das ist ihr Material. Nicht jede beliebige Mythologie, d.h. nicht jede beliebige unbewußt künstlerische Verarbeitung der Natur (hier darunter alles Gegenständliche also die Gesellschaft eingeschlossen).

* Der Selbsttätige – von Richard Roberts 1825 erfundene automatische Spinnmaschine

** Sociéte générale de crédit mobilier – französische Aktienbank

*** Platz in London, wo sich das Redaktionsgebäude und die Druckerei der »Times« befinden; Bezeichnung für die »Times«

Ägyptische Mythologie konnte nie der Boden oder der Mutterschoß griechischer Kunst sein. Aber jedenfalls *eine* Mythologie. Also keinesfalls eine Gesellschaftsentwicklung, die alles mythologische Verhältnis zur Natur ausschließt, alles mythologisierende Verhältnis zu ihr; also vom Künstler eine von Mythologie unabhängige Phantasie verlangt.

Von einer andren Seite: Ist Achilles möglich mit Pulver und Blei? Oder überhaupt die Iliade mit der Druckerpresse und gar Druckmaschine? Hört das Singen und Sagen und die Muse mit dem Preßbengel nicht notwendig auf*, also verschwinden nicht notwendige Bedingungen der epischen Poesie?

Aber die Schwierigkeit liegt nicht darin zu verstehn, daß griechische Kunst und Epos an gewisse gesellschaftliche Entwicklungsformen geknüpft sind. Die Schwierigkeit ist, daß sie uns noch Kunstgenuß gewähren und in gewisser Beziehung als Norm und unerreichbare Muster gelten.

Ein Mann kann nicht wieder zum Kind werden, oder er wird kindisch. Aber freut ihn die Naivetät des Kindes nicht, und muß er nicht selbst wieder auf einer höhern Stufe streben seine Wahrheit zu reproduzieren? Lebt in der Kindernatur nicht in jeder Epoche ihr eigner Charakter in seiner Naturwahrheit auf? Warum sollte die geschichtliche Kindheit der Menschheit, wo sie am schönsten entfaltet, als eine nie wiederkehrende Stufe nicht ewigen Reiz ausüben? Es gibt ungezogne Kinder und altkluge Kinder. Viele der alten Völker gehören in diese Kategorie. Normale Kinder waren die Griechen. Der Reiz ihrer Kunst für uns steht nicht im Widerspruch zu der unentwickelten Gesellschaftsstufe, worauf sie wuchs. Ist vielmehr ihr Resultat und hängt vielmehr unzertrennlich damit zusammen, daß die unreifen gesellschaftlichen Bedingungen, unter denen sie entstand und allein entstehn konnte, nie wiederkehren können. [...]

(»Grundrisse ...«, S. 5–31)

*Der gesellschaftliche Zusammenhang der im kapitalistischen Produktionsverhältnis tätigen Individuen erscheint ihnen in der entfremdeten Gestalt als Geld. Sie »tragen die Gesellschaft als Geld in ihrer Tasche«.*

* In der Handschrift: aus

Die wechselseitige und allseitige Abhängigkeit der gegeneinander gleichgültigen Individuen bildet ihren gesellschaftlichen Zusammenhang. Dieser gesellschaftliche Zusammenhang ist ausgedrückt im *Tauschwert,* worin für jedes Individuum seine eigne Tätigkeit oder sein Produkt erst eine Tätigkeit und ein Produkt für es wird; es muß ein allgemeines Produkt produzieren – den *Tauschwert* oder, diesen für sich isoliert, individualisiert, *Geld.* Andrerseits die Macht, die jedes Individuum über die Tätigkeit der andren oder über die gesellschaftlichen Reichtümer ausübt, besteht in ihm als dem Eigner von *Tauschwerten,* von *Geld.* Es trägt seine gesellschaftliche Macht, wie seinen Zusammenhang mit der Gesellschaft, in der Tasche mit sich. Die Tätigkeit, welches immer ihre individuelle Erscheinungsform, und das Produkt der Tätigkeit, welches immer seine besondre Beschaffenheit, ist der *Tauschwert,* d.h. ein Allgemeines, worin alle Individualität, Eigenheit negiert und ausgelöscht ist. Dieses ist in der Tat ein Zustand sehr verschieden von dem, worin das Individuum oder das in Familie und Stamm (später Gemeinwesen) naturwüchsig oder historisch erweiterte Individuum direkt aus der Natur sich reproduziert oder seine produktive Tätigkeit und sein Anteil an der Produktion an eine bestimmte Form der Arbeit und des Produkts angewiesen ist und sein Verhältnis zu andren eben so bestimmt ist.

Der gesellschaftliche Charakter der Tätigkeit, wie die gesellschaftliche Form des Produkts, wie der Anteil des Individuums an der Produktion erscheint hier als den Individuen gegenüber Fremdes, Sachliches; nicht als das Verhalten ihrer gegeneinander, sondern als ihr Unterordnen unter Verhältnisse, die unabhängig von ihnen bestehn und aus dem Anstoß der gleichgültigen Individuen aufeinander entstehn. Der allgemeine Austausch der Tätigkeiten und Produkte, der Lebensbedingung für jedes einzelne Individuum geworden, ihr wechselseitiger Zusammenhang, erscheint ihnen selbst fremd, unabhängig, als eine Sache. Im Tauschwert ist die gesellschaftliche Beziehung der Personen in ein gesellschaftliches Verhalten der Sachen verwandelt; das persönliche Vermögen in ein sachliches. Je weniger gesellschaftliche Kraft das Tauschmittel besitzt, je zusammenhängender es noch mit der Natur des unmittelbaren Arbeitsprodukts und den unmittelbaren Bedürfnissen der Austauschenden ist, um so größer muß noch die Kraft des Gemeinwesens sein, das die Individuen zusammenbindet, patriarchalisches Verhältnis, antikes Gemeinwesen, Feudalismus und Zunftwesen. Jedes Individuum besitzt die gesellschaftliche Macht unter der Form einer Sache. Raubt der Sache diese gesellschaftliche Macht und ihr müßt sie Personen über die Personen geben. Persönliche Abhängigkeitsverhältnisse (zuerst ganz naturwüchsig) sind die ersten Gesellschaftsformen, in denen sich die menschliche Produktivität nur in geringem Umfang und auf isolierten Punkten entwickelt. Persönliche Unabhängigkeit, auf *sachlicher* Abhängigkeit gegründet, ist die zweite große Form, worin sich erst ein System des allgemeinen gesellschaftlichen Stoffwechsels, der universalen Beziehungen, allseitiger Bedürfnisse und universeller Vermögen bildet. Freie Individualität, gegründet auf die universelle Entwicklung der Individuen und die Unterordnung ihrer gemeinschaftlichen, gesellschaftlichen Produktivität als ihres gesellschaftlichen Vermögens, ist die dritte Stufe. Die zweite schafft die Bedingungen der dritten. Patriarchalische, wie antike Zustände (ebenso feudale), verfallen daher ebensosehr mit der Entwicklung des Handels, des Luxus, des *Geldes*, des *Tauschwerts*, wie die moderne Gesellschaft in gleichem Schritt mit ihnen emporwächst.

Austausch und Teilung der Arbeit bedingen sich wechselseitig. Da jeder für sich arbeitet und sein Produkt nichts für sich ist, muß er natürlich austauschen, nicht nur, um an dem allgemeinen Produktionsvermögen teilzunehmen, sondern um sein eignes Produkt in ein Lebensmittel für sich selbst zu verwandeln. Der Austausch als vermittelt durch den Tauschwert und das Geld setzt allerdings die allseitige Abhängigkeit der Produzenten voneinander voraus, aber zugleich die völlige Isolierung ihrer Privatinteressen und eine Teilung der gesellschaftlichen Arbeit, deren Einheit und wechselseitige Ergänzung gleichsam als ein Naturverhältnis außer den Individuen, unabhängig von ihnen, existiert. Der Druck der allgemeinen Nachfrage und Zufuhr aufeinander vermittelt den Zusammenhang der gegeneinander Gleichgültigen.

Die Notwendigkeit selbst, das Produkt oder die Tätigkeit der Individuen erst in die Form des *Tauschwerts*, in *Geld*, zu verwandeln, und daß sie erst in dieser *sachlichen* Form ihre gesellschaftliche *Macht* erhalten und beweisen, beweist zweierlei: 1) daß die Individuen nur noch für die Gesellschaft und in der Gesellschaft produzieren; 2) daß ihre Produktion nicht *unmittelbar* gesellschaftlich ist, nicht the offspring of association*, die die Arbeit unter sich verteilt. Die Individuen sind unter die gesellschaftliche Produktion subsumiert, die als ein Verhängnis außer ihnen existiert; aber die gesellschaftliche Produktion ist nicht unter die Individuen subsumiert, die sie als ihr gemeinsames Vermögen handhaben. Es kann also nichts falscher und abgeschmackter sein, als auf der Grundlage des *Tauschwerts,* des *Geldes,* die Kontrolle der vereinigten Individuen über ihre Gesamtproduktion vorauszusetzen, wie es oben mit der Stundenzettelbank geschah. Der *private Austausch* aller Arbeitsprodukte, Vermögen und Tätigkeiten steht im Gegensatz sowohl zu der auf über und Unterordnung (naturwüchsig oder politisch) der Individuen untereinander begründeten Verteilung (wobei der eigentliche *Austausch* nur nebenherläuft oder im großen weniger das Leben ganzer Gemeinwesen ergreift, als vielmehr zwischen verschiednen Gemeinwesen eintritt, überhaupt keineswegs alle Produktions- und Verkehrsverhältnisse unterwirft) (welchen Charakter diese Über- und Unterordnung annehme: patriarchal, antik oder feudal), wie zu dem freien Austausch von Individuen, die assoziiert sind auf der Grundlage der gemeinsamen Aneignung und Kontrolle der Produktionsmittel. (Letztre Assoziation ist nichts Willkürliches: Sie setzt die Entwicklung materieller und geistiger Bedingungen voraus, die an diesem Punkt nicht weiter auszuführen sind.) Wie die Teilung der Arbeit Agglomeration, Kombination, Kooperation, den Gegensatz der Privatinteressen, Klasseninteressen, die Konkurrenz, Konzentration des Kapitals, Monopol, Aktiengesellschaften erzeugt – lauter gegensätzliche Formen der Einheit, die den Gegensatz selbst hervorruft –, so erzeugt der Privataustausch den Welthandel, die private Unabhängigkeit eine vollkommne Abhängigkeit vom sogenannten Weltmarkt und die zersplitterten Akte des Austauschs ein Bank- und Kreditwesen, dessen Buchführung wenigstens die Ausgleichungen des Privataustauschs konstatiert. Im Wechselkurs so – sehr die Privatinteressen jeder Nation sie in ebenso viele Nationen teilen als sie fullgrown indi-

* der Abkömmling der Vereinigung

viduals* besitzt und die Interessen der Exporters und Importers derselben Nation sich hier gegenüberstehn – erhält der Nationalhandel einen *Schein* von Existenz etc. etc. Niemand wird deswegen glauben, durch eine *Börsenreform* die *Grundlagen* des innren oder auswärtigen Privathandels aufheben zu können. Aber innerhalb der bürgerlichen, auf dem *Tauschwert* beruhenden Gesellschaft erzeugen sich sowohl Verkehrs- als Produktionsverhältnisse, die ebenso viel Minen sind, um sie zu sprengen. (Eine Masse gegensätzlicher Formen der gesellschaftlichen Einheit, deren gegensätzlicher Charakter jedoch nie durch stille Metamorphose zu sprengen ist. Andrerseits, wenn wir nicht in der Gesellschaft, wie sie ist, die materiellen Produktionsbedingungen und ihnen entsprechenden Verkehrsverhältnisse für eine Klassenlose Gesellschaft verhüllt vorfänden, wären alle Sprengversuche Donquichoterie.)

Wir haben gesehn, daß, obgleich der Tauschwert = ist der relativen Arbeitszeit, die in den Produkten materialisiert ist, das Geld seinerseits = dem Tauschwert der Waren, losgelöst von ihrer Substanz; in diesem Tauschwert oder Geldverhältnisse die Widersprüche zwischen den Waren und ihrem Tauschwert, zwischen den Waren als Tauschwerten und dem Geld, enthalten sind. Wir haben gesehn, daß eine Bank, die unmittelbar das Gegenbild der Ware im Arbeitsgeld erzeugt, eine Utopie ist. Obgleich also das Geld nur der von der Substanz der Waren losgelöste Tauschwert und nur der Tendenz dieses Tauschwerts, sich rein zu setzen, seinen Ursprung verdankt, kann die Ware nicht unmittelbar in Geld verwandelt werden; d.h., der authentische Ausweis über das Quantum der in ihr realisierten Arbeitszeit kann nicht als ihr Preis dienen in der Welt der Tauschwerte. How is this?**

(In einer Form des Geldes – soweit es Tausch*mittel* (nicht *Maß* des Tauschwerts) – ist den Ökonomen klar, daß die Existenz des Geldes die Versachlichung des gesellschaftlichen Zusammenhangs voraussetzt; soweit nämlich das Geld als *Pfand* erscheint, was der eine in der Hand des andren zurücklassen muß, um eine Ware von ihm zu erhalten. Hier sagen die Ökonomen selbst, daß die Menschen der Sache

* erwachsene Individuen

** Wie kommt das?

(dem Geld) das Vertrauen schenken, was sie sich nicht als Personen schenken. Aber warum schenken sie der Sache das Vertrauen? Doch offenbar nur als *versachlichtem Verhältnis* der Personen untereinander; als versachlichtem Tauschwert, und Tauschwert ist nichts als eine Beziehung der produktiven Tätigkeit der Personen untereinander. Jedes andre Pfand mag direkt dem Pfandinhaber als solches nützen: Geld nützt ihm nur als »Faustpfand der Gesellschaft«, aber solches Faustpfand ist es nur wegen seiner gesellschaftlichen (symbolischen) Eigenschaft; und gesellschaftliche Eigenschaft kann es nur besitzen, weil die Individuen ihre eigne gesellschaftliche Beziehung als Gegenstand sich entfremdet haben.)

In den *Preiscourantlisten*, worin alle Werte gemessen sind im Geld, scheint zugleich die Unabhängigkeit des gesellschaftlichen Charakters der Sachen von den Personen, wie zugleich die Tätigkeit des Handels auf dieser Basis der Fremdartigkeit, worin die Gesamtproduktions- und -verkehrsverhältnisse dem Einzelnen, allen Einzelnen gegenüber, erscheinen, sie wieder den Einzelnen zu unterwerfen. Da die Verselbständigung des Weltmarkts, if you please, (worin die Tätigkeit jedes Einzelnen eingeschlossen) wächst mit der Entwicklung der Geldverhältnisse (Tauschwerts) und vice versa, der allgemeine Zusammenhang und die allseitige Abhängigkeit in Produktion und Konsumtion zugleich mit der Unabhängigkeit und Gleichgültigkeit der Konsumierenden und Produzierenden zueinander; da dieser Widerspruch zu Krisen führt etc., so wird gleichzeitig mit der Entwicklung dieser Entfremdung, auf ihrem eignen Boden, versucht, sie aufzuheben; Preiscourantlisten, Wechselkurse, Verbindungen der Handelstreibenden untereinander durch Briefe, Telegraphen etc. (die Kommunikationsmittel wachsen natürlich gleichzeitig), worin Jeder Einzelne sich Auskunft über die Tätigkeit aller andren verschafft und seine eigne danach auszugleichen sucht. (Das heißt, obgleich die Nachfrage und Zufuhr Aller von Allen unabhängig vor sich geht, so sucht sich jeder über den Stand der allgemeinen Nachfrage und Zufuhr zu unterrichten; und dies Wissen wirkt dann wieder praktisch auf sie ein. Obgleich alles dies auf dem gegebnen Standpunkt die Fremdartigkeit nicht aufhebt, so führt es Verhältnisse und Verbindungen herbei, die die Möglichkeit, den alten Standpunkt aufzuheben, in sich einschließen.) (Die Möglichkeit allgemeiner Statistik etc.) (Es ist dies übrigens unter den Kategorien von »*Preisen, Nachfrage und Zufuhr*« zu entwickeln. Übrigens hier nur zu bemerken, daß die Übersicht über den Gesamthandel und die Gesamtproduktion, soweit sie faktisch in den Preiscourantlisten vorliegt, in der Tat den besten Beweis liefert, wie den Einzelnen ihr eigner Austausch und ihre eigne Produktion als *sachliches*, von ihnen *unabhängiges* Verhältnis gegenübertritt. Im *Weltmarkt* hat sich der *Zusammenhang des Einzelnen* mit allen, aber auch zugleich die *Unabhängigkeit dieses Zusammenhangs von den Einzelnen* selbst zu einer solchen Höhe entwickelt, daß seine Bildung zugleich schon die Übergangsbedingung aus ihm selbst enthält.) Die *Vergleichung* an der Stelle der wirklichen Gemeinschaftlichkeit und Allgemeinheit.

(Es ist gesagt worden und mag gesagt werden, daß das Schöne und Große eben in diesem naturwüchsigen, vom Wissen und Wollen der Individuen unabhängigen, und grade ihre wechselseitige Unabhängigkeit und Gleichgültigkeit gegeneinander voraussetzenden Zusammenhang, materiellen und geistigen Stoffwechsel, beruht. Und sicher ist dieser sachliche Zusammenhang ihrer Zusammenhangslosigkeit vorzuziehn oder einem auf Bluturenge Natur und Herrschafts- und Knechtschafts[verhältnisse] gegründeten nur lokalen Zusammenhang. Es ist ebenso sicher, daß die Individuen sich ihre eignen gesellschaftlichen Zusammenhänge nicht unterordnen können, bevor sie dieselben geschaffen haben. Aber es ist abgeschmackt, jenen nur *sachlichen Zusammenhang* als den naturwüchsigen, von der Natur der Individualität (im Gegensatz zum reflektierten Wissen und Wollen) unzertrennlichen und ihr immanenten, aufzufassen. Er ist ihr Produkt. Er ist ein historisches Produkt. Er gehört einer bestimmten Phase ihrer Entwicklung an. Die Fremdartigkeit und Selbständigkeit, worin er noch gegen sie existiert, beweist nur, daß sie noch in der Schöpfung der Bedingungen ihres sozialen Lebens begriffen sind, statt von diesen Bedingungen aus es begonnen zu haben. Es ist der Zusammenhang, der naturwüchsige, von Individuen innerhalb bestimmter, bornierter Produktionsverhältnisse. Die universal entwickelten Individuen, deren gesellschaftliche Verhältnisse als ihre eignen, gemeinschaftlichen Beziehungen auch ihrer eignen gemeinschaftlichen Kontrolle unterworfen sind, sind kein Produkt der Natur, sondern der Geschichte. Der Grad und die Universalität der Entwicklung der Vermögen, worin *diese* Individualität möglich wird, setzt eben die Produktion auf der Basis der Tauschwerte voraus, die mit der Allgemeinheit der Entfremdung des Individuums von sich und von andren, aber auch die Allgemeinheit und Allseitigkeit seiner Beziehungen und Fähigkeiten erst produziert. Auf frühren Stufen der Entwicklung erscheint das einzelne Individuum voller, weil es eben die Fülle seiner Beziehungen noch nicht herausgearbeitet und als von ihm unabhängige gesellschaftliche Mächte und Verhältnisse gegenüber gestellt hat. So lächerlich es ist, sich nach jener ursprünglichen Fülle zurückzusehnen, so lächerlich ist der Glaube, bei jener vollen Entleerung stehnbleiben zu müssen. Über den Gegensatz gegen jene romantische Ansicht ist die bürgerliche nie herausgekommen, und darum wird jene als berechtigter Gegensatz sie bis an ihr seliges Ende begleiten.)

(Als Beispiel kann hier genommen werden das Verhältnis des Einzelnen zur Wissenschaft.) [...] (»Grundrisse ...«, S. 74–80)

Gemeinschaftliche Produktion vorausgesetzt, bleibt die Zeitbestimmung natürlich wesentlich. Je weniger Zeit die Gesellschaft bedarf, um Weizen, Vieh etc. zu produzieren, desto mehr Zeit gewinnt sie zu andrer Produktion, materieller oder geistiger. Wie bei einem einzelnen Individuum hängt die Allseitigkeit ihrer Entwicklung, ihres Genusses und ihrer Tätigkeit von Zeitersparung ab. Ökonomie der Zeit, darin löst sich schließlich alle Ökonomie auf. Ebenso muß die Gesellschaft ihre Zeit zweckmäßig einteilen, um eine ihren Gesamtbedürfnissen gemäße Produktion zu erzielen; wie der Einzelne seine Zeit richtig einteilen muß, um sich Kenntnisse in angemeßnen Proportionen zu erwerben oder um den verschiednen Anforderungen an seine Tätigkeit Genüge zu leisten. Ökonomie der Zeit sowohl wie planmäßige Verteilung der Arbeitszeit auf die verschiednen Zweige der Produktion bleibt also erstes ökonomisches Gesetz auf Grundlage der gemeinschaftlichen Produktion. Es wird sogar in viel höherem Grade Gesetz. Dies ist jedoch wesentlich verschieden vom Messen der Tauschwerte (Arbeiten oder Arbeitsprodukte) durch die Arbeitszeit. Die Arbeiten der Einzelnen in demselben *Arbeitszweig* und die verschiednen Arten der Arbeit sind nicht nur *quantitativ*, sondern *qualitativ* verschieden. Was setzt der nur *quantitative* Unterschied von Dingen voraus? Die Dieselbigkeit ihrer *Qualität.* Also das quantitative Messen der Arbeiten die Ebenbürtigkeit, die Dieselbigkeit ihrer *Qualität.*

*(Strabo, liber XI. Von den Albanoi auf dem Kaukasus:*

»Καὶ οἱ ἄνθϱοποι κάλλει, καὶ μεγεθει διαφέϱοντες. ἁπλοί δὲ, καὶ οὐ καπηλικοί.

οὐδέ γὰϱ νομίσματι τὰ πολλὰ χϱῶνται, οὐδὲ ἀϱιθμὸν ἴσασι μείζω τῶν ἑκατόν.

ἀλλὰ ψοϱτίους τὰς ἀμοιβὰΣ ποιοῦνται.« Es heißt daselbst weiter: »Ἄπεϱοι δ' εισὶ καὶ μέτϱων τῶν ἐπ' στάθμῶν.*« [...]

Das Geld, früher als *Maß* erscheinend (wofür z. B. bei Homer Ochsen), denn als *Tauschmittel,* weil im Tauschhandel jede Ware selbst noch ihr Tauschmittel ist. Sie kann aber nicht ihr Maß oder Vergleichungsstandard sein.

2. Soviel geht aus dem bisher Entwickelten hervor: Ein besondres Produkt *(Ware)* (Material) muß das Subjekt des Geldes werden, das als Eigenschaft jeden Tauschwerts existiert. Das Subjekt, worin dies Symbol dargestellt wird, ist kein gleichgültiges, da die Ansprüche an das Darstellende enthalten sind in den Bedingungen – Begriffsbestimmungen, bestimmten Verhältnissen – des Darzustellenden. Die Untersuchung über die edlen Metalle als die Subjekte des Geldverhältnisses, die Inkarnationen desselben, liegt also keineswegs, wie Proudhon glaubt, außerhalb des Bereichs der politischen Ökonomie, sowenig, wie die physische Beschaffenheit der Farben, und des Marmors, außerhalb des Bereichs der Malerei und Skulptur liegt. Die Eigenschaften, die die Ware als Tauschwert hat und womit ihre natürlichen Qualitäten nicht adäquat sind, drücken die Ansprüche aus, die an die Waren zu

* Zit. Aus den Geographica des stoischen Historikers und Geographen Strabon (ca. 64 vor bis 23 nach Christi Geburt): »Auch zeichnen sich Menschen durch Schönheit und hohen Wuchs aus; sie sind schlicht und keine Krämerseelen, denn gewöhnlich benützen sie keine Münzen, und sie kennen auch keine größere Zahl als 100; vielmehr vollziehen sie den Austausch mit Naturalien«. Es heißt daselbst weiter: »unbekannt sind sie auch genauen Maßen und Gewichten«. (Geographica XI,4,4.)

machen, die κατ' εξοχήν* das Material des Geldes sind. Diese Ansprüche auf der Stufe, von der wir bis jetzt allein sprechen können, am vollständigsten realisiert in den edlen Metallen. Die Metalle an sich als Produktionsinstrumente [genießen] Vorzug vor den übrigen Waren und von den Metallen das, welches in seiner physischen Vollheit und Reinheit am ersten gefunden wird – Gold; dann Kupfer, dann Silber und Eisen. Die edlen Metalle realisieren wieder im Vorzug vor den andren das *Metall*, wie Hegel sagen würde.

The precious metals uniform in their physical qualities, so that equal quantities of it should be so far identical as to present no ground for prefering the one for the other.** Gilt z. B. nicht von equal numbers of cattle and equal quantities of grain.*** [...]

(»Grundrisse ...«, S. 89 f.)

Die Zirkulation ist die Bewegung, worin die allgemeine Entäußrung als allgemeine Aneignung und die allgemeine Aneignung als allgemeine Entäußrung erscheint. Sosehr nun das Ganze dieser Bewegung als gesellschaftlicher Prozeß erscheint und sosehr die einzelnen Momente dieser Bewegung vom bewußten Willen und besondern Zwecken der Individuen ausgehn, sosehr erscheint die Totalität des Prozesses als ein objektiver Zusammenhang, der naturwüchsig entsteht; zwar aus dem Aufeinanderwirken der bewußten Individuen hervorgeht, aber weder in ihrem Bewußtsein liegt, noch als Ganzes unter sie subsumiert wird. Ihr eignes Aufeinanderstoßen produziert ihnen eine über ihnen stehende, *fremde* gesellschaftliche Macht; ihre Wechselwirkung als von ihnen unabhängigen Prozeß und Gewalt. Die Zirkulation, weil eine Totalität des gesellschaftlichen Prozesses, ist auch die erste Form, worin nicht nur wie etwa in einem Geldstück oder im Tauschwert das gesellschaftliche Verhältnis als etwas von den Individuen Unabhängiges erscheint, sondern das Ganze der gesellschaftlichen Bewegung selbst. Die gesellschaftliche Beziehung der

* in hervorragender Weise

** »Die wertvollen Metalle (sind) gleichartig in ihren physischen Qualitäten, so daß sie soweit identische sind um keinen Anlaß zu bieten die einen gegenüber anderen vorzuziehen.«

*** Gleicher Anzahl von Rindern und gleichen Mengen Getreide

Individuen aufeinander als verselbständigte Macht über den Individuen, werde sie nun vorgestellt als Naturmacht, Zufall oder in sonst beliebiger Form, ist notwendiges Resultat dessen, daß der Ausgangspunkt nicht das freie gesellschaftliche Individuum ist. Die Zirkulation als erste Totalität unter den ökonomischen Kategorien gut, um dies zur Anschauung zu bringen. [...] (»Grundrisse ...«, S. 111)

Das Geld ist daher nicht nur *ein* Gegenstand der Bereicherungssucht, sondern es ist *der* Gegenstand derselben. Sie ist wesentlich *auri sacra fames** Die Bereicherungssucht als solche, als eine besondre Form des Triebs, d.h. als unterschieden von der Sucht nach besondrem Reichtum, also z.B. Sucht für Kleider, Waffen, Schmuck, Weiber, Wein etc., ist nur möglich, sobald der allgemeine Reichtum, der Reichtum als solcher, in einem besondren Ding individualisiert ist, d.h. sobald das Geld in seiner dritten Bestimmung gesetzt ist. Das Geld ist also nicht nur der Gegenstand, sondern zugleich die Quelle der Bereicherungssucht. Habsucht ist auch ohne Geld möglich; Bereicherungssucht ist selbst das Produkt einer bestimmten gesellschaftlichen Entwicklung, nicht *natürlich* im Gegensatz zum *Geschichtlichen.* Daher der Jammer der Alten über das Geld als die Quelle alles Bösen. Die Genußsucht in ihrer allgemeinen Form und der Geiz sind die zwei besondren Formen der Geldgier. Abstrakte Genußsucht unterstellt einen Gegenstand, der [die] Möglichkeit aller Genüsse enthielte. Die abstrakte Genußsucht verwirklicht das Geld in der Bestimmung, worin es der *materielle Repräsentant des Reichtums* ist; den Geiz, insofern es nur die allgemeine Form des Reichtums gegenüber den Waren als seinen besondren Substanzen ist. Um es als solches zu halten, muß er alle Beziehung auf die Gegenstände der besondren Bedürfnisse opfern, entsagen, um das Bedürfnis der Geldgier als solcher zu befriedigen. Die Geldgier oder Bereicherungssucht ist notwendig der Untergang der alten Gemeinwesen. Daher der Gegensatz dagegen. Es selbst ist das *Gemeinwesen* und kann kein andres über ihm stehendes dulden. Das unterstellt aber die völlige Entwicklung der Tauschwerte, also einer ihr entsprechenden

* fluchwürdiger Hunger nach Geld (Aeneas Aen IV, 17)

** Lebensnerv (für Unternehmungen z.B. Kriegsführung)

Organisation der Gesellschaft. Bei den Alten war nicht der Tauschwert der nexus rerum**; erscheint so nur bei den Handelsvölkern, die aber nur carrying trade* hatten und nicht selbst produzierten. Wenigstens war das bei den Phöniziern, Karthaginiensern etc. Nebensache. Sie konnten ebensogut in den Zwischenräumen der alten Welt leben wie die Juden in Polen oder im Mittelalter. Vielmehr war diese Welt selbst die Voraussetzung solcher Handelsvölker. Sie gehn auch jedesmal kaputt, sobald sie in ernsthaften Konflikt mit antiken Gemeinwesen geraten. Bei den Römern, Griechen etc. erscheint das Geld erst unbefangen in seinen beiden ersten Bestimmungen als Maß und Zirkulationsmittel, in beiden nicht sehr entwickelt. Sobald sich aber entweder ihr Handel etc. entwickelt, oder, wie bei den Römern, die Eroberung ihnen Geld massenhaft zuführt – kurz, plötzlich auf einer gewissen Stufe ihrer ökonomischen Entwicklung erscheint das Geld notwendig in seiner dritten Bestimmung, und je mehr es sich in derselben ausbildet, als Untergang ihres Gemeinwesens. Um produktiv zu wirken, muß das Geld in der dritten Bestimmung, wie wir gesehn haben, nicht nur Voraussetzung, sondern ebensosehr Resultat der Zirkulation sein, und als ihre Voraussetzung selbst ein Moment derselben, ein von ihr Gesetztes sein. Bei den Römern z. B., wo es aus der ganzen Welt zusammengestohlen war, war dies nicht der Fall. Es liegt in der einfachen Bestimmung des Geldes selbst, daß es als entwickeltes Moment der Produktion nur da existieren kann, wo die *Lohnarbeit* existiert; daß es also da auch so, weit entfernt, die Gesellschaftsform aufzulösen, vielmehr eine Bedingung ihrer Entwicklung und ein Triebrad zur Entwicklung aller Produktivkräfte, materieller und geistiger, ist. Ein einzelnes Individuum kann heute noch zufällig zu Geld kommen, und sein Besitz kann daher ebenso auflösend auf es wirken, als es auf die Gemeinwesen der Alten wirkte. Aber die Auflösung dieses Individuums in der modernen Gesellschaft ist selbst nur die Bereicherung des produktiven Teils derselben. Der Geldbesitzer im antiken Sinn wird aufgelöst von dem industriellen Prozeß, dem er wider Wissen und Wollen dient. Die Auflösung betrifft nur seine Person. Als *materieller Repräsentant des allgemeinen Reichtums*, als der *individualisierte Tauschwert*, muß das Geld *unmittelbar* Ge-

* Transportwirtschaft

genstand, Zweck und Produkt der allgemeinen Arbeit, der Arbeit aller Einzelnen sein. Die Arbeit muß unmittelbar den Tauschwert, d.h. Geld produzieren. Sie muß daher *Lohnarbeit* sein. Die Bereicherungssucht, so als den Trieb aller, indem jeder Geld produzieren will, schafft nur der allgemeine Reichtum. Die allgemeine Bereicherungssucht kann nur so die Quelle des allgemeinen, sich stets von neuem erzeugenden Reichtums werden. Indem die Arbeit Lohnarbeit, ihr Zweck unmittelbar Geld ist, ist der allgemeine Reichtum *gesetzt* als ihr Zweck und Gegenstand. [...]

Das Geld als individualisierter Tauschwert und damit inkarnierter Reichtum ist gesucht worden in der Alchimie; es figuriert in dieser Bestimmung im Monetar(Merkantil)system. Die Vorepoche der Entwicklung der modernen industriellen Gesellschaft wird eröffnet mit der allgemeinen Geldgier, sowohl der Individuen als der Staaten. Die wirkliche Entwicklung der Transportwirtschaft Reichtumsquellen geht gleichsam hinter ihrem Rücken vor, als Mittel, um des Repräsentanten des Reichtums habhaft zu werden. Wo es nicht aus der Zirkulation hervorgeht – wie in Spanien –, sondern leibhaft gefunden wird, verarmt die Nation, während die Nationen, die arbeiten müssen, um es den Spaniern abzunehmen, die Quellen des Reichtums entwickeln und sich wirklich bereichern. [...]

Das Geld ist damit unmittelbar zugleich das *reale Gemeinwesen*, insofern es die allgemeine Substanz des Bestehns für alle ist und zugleich das gemeinschaftliche Produkt aller. Im Geld ist aber, wie wir gesehn haben, das Gemeinwesen zugleich bloße Abstraktion, bloße äußerliche, zufällige Sache für den Einzelnen, und zugleich bloß Mittel seiner Befriedigung als eines isolierten Einzelnen. Das antike Gemeinwesen unterstellt eine ganz andre Beziehung des Individuums für sich. Die Entwicklung des Geldes in seiner dritten Bestimmung bricht es also. Jede Produktion ist eine Vergegenständlichung des Individuums. Aber im Geld (Tauschwert) ist die Vergegenständlichung des Individuums nicht die seiner in seiner Natürlichen Bestimmtheit, sondern seiner als in einer gesellschaftlichen Bestimmung (Verhältnis) gesetzt, die ihm zugleich äußerlich ist.

(»Grundrisse ...«, S. 133–137)

## 2.
## Lohnarbeit – Stundenlohn – Stücklohn – »Warentausch« – Sparen und Illusion des sozialen Aufstiegs außer in Ausnahmefällen

Austausch zwischen Kapital und Arbeit. Stücklohn. – Wert des Arbeitsvermögens. – Teilnahme des Lohnarbeiters am allgemeinen Reichtum nur quantitativ bestimmt. – Äquivalent des Arbeiters Geld. Also als Gleicher dem Kapital gegenüber. – Aber Zweck seines Austauschs Befriedigung seines Bedürfnisses. Geld für ihn nur *Zirkulationsmittel*. – Sparen, Entsagen als Mittel der Bereicherung des Arbeiters. – Wertlosigkeit und Entwertung des Arbeiters Bedingung des Kapitals.

Der Austausch des Arbeiters mit dem Kapitalisten ist ein einfacher Austausch; jeder erhält ein Äquivalent; der eine Geld, der andre eine Ware, deren *Preis* exakt gleich ist dem für sie gezahlten Geld; was der Kapitalist in diesem einfachen Austausch erhält, ist ein Gebrauchswert: Disposition über fremde Arbeit. Von seiten des Arbeiters – und dies ist der Austausch, worin er als Verkäufer erscheint, – ist es evident, daß bei ihm sowenig wie bei dem Verkäufer irgendeiner andren Ware, eines Gebrauchswerts, der Gebrauch, den der Käufer von der an ihn abgelaßnen Ware macht, die Formbestimmung des Verhältnisses angeht. Was er verkauft, ist die Disposition über seine Arbeit, die eine bestimmte ist, bestimmte Kunstfertigkeit etc.

Es ist ganz gleichgültig, was der Kapitalist mit seiner Arbeit macht, obgleich er sie natürlich nur ihrer Bestimmtheit nach verwenden kann und seine Disposition selbst sich nur auf eine *bestimmte* Arbeit und eine *zeitlich bestimmte* Verfügung über dieselbe (soundso viel Arbeitszeit) beschränkt. Das Stückarbeitzahlen-System bringt allerdings den Schein herein, als ob er einen bestimmten Anteil am Produkt erhielte. Es ist dies aber nur eine andre Form, die Zeit zu messen (statt zu sagen, Du arbeitest während 12 Stunden, wird gesagt, Du erhälst soviel per Stück; d.h. wir messen die Zeit, die Du gearbeitet hast, an der Anzahl der Produkte); geht uns hier bei Betrachten des allgemeinen Verhältnisses gar nichts an. Wenn der Kapitalist sich begnügte mit der bloßen Dispositionsfähigkeit, ohne den Arbeiter wirklich arbeiten zu lassen, z. B. um seine Arbeit als Reserve zu haben etc. oder seinem Konkurrenten die Dispositionsfähigkeit zu entziehen (wie z. B. Schauspieldirektoren Sängerinnen für eine season kaufen, nicht um sie singen zu lassen, sondern damit sie nicht auf einem Konkurrenztheater singt), so hat der Austausch vollständig stattgefunden. Im Geld erhält der Arbeiter zwar den Tauschwert, die allgemeine Form des Reichtums in einem bestimmten Quantum, und das Mehr oder Weniger, das er erhält, verschafft ihm größren oder geringren Anteil am allgemeinen Reichtum. Wie dies Mehr oder Weniger bestimmt wird, wie die Quantität Geld, die er erhält, gemessen wird, geht das allgemeine Verhältnis so wenig an, daß es aus demselben als solchen nicht entwickelt werden kann. Im allgemeinen betrachtet, kann der Tauschwert seiner Ware nur bestimmt sein nicht durch die Art, wie der Käufer seine Ware *gebraucht*, sondern nur durch das Quantum vergegenständlichter Arbeit, das in ihr selbst vorhanden ist; also hier durch das Quantum Arbeit, das es kostet, den Arbeiter selbst zu produzieren. Denn der Gebrauchswert, den er anbietet, existiert nur als Fähigkeit, Vermögen seiner Leiblichkeit; hat kein Dasein außerhalb derselben. Die vergegenständlichte Arbeit, die nötig ist, um sowohl die allgemeine Substanz, an der sein Arbeitsvermögen existiert, also ihn selbst, leiblich zu erhalten, wie um diese allgemeine Substanz zur Entwicklung des besondren Vermögens zu modifizieren, ist die in ihr vergegenständlichte Arbeit. Diese mißt im allgemeinen das Quantum des Werts, die Summe Geldes, die er im Austausch erhält. Die weitre Entwicklung, wie der Arbeitslohn gemessen wird, gleich allen andren Waren durch die Arbeitszeit, die nötig ist, um den Arbeiter als solchen zu produzieren, gehört noch nicht hierher.

In der Zirkulation, wenn ich eine Ware gegen Geld austausche, dafür Ware kaufe und mein Bedürfnis befriedige, ist der Akt am Ende. So ist es beim Arbeiter. Aber er hat die Möglichkeit, ihn von vorn anzufangen, weil seine Lebendigkeit die Quelle, worin sein eigner Gebrauchswert bis zu einer gewissen Zeit, bis er abgenutzt ist, stets wieder von neuem sich entzündet und dem Kapital stets gegenüberstehn bleibt, um denselben Austausch von neuem zu beginnen. Wie bei jedem als Subjekt in der Zirkulation stehenden Individuum ist der Arbeiter Besitzer eines Gebrauchswerts; er setzt ihn um gegen Geld, die allgemeine Form des Reichtums, aber nur um diese wieder gegen Waren als Gegenstände seiner unmittelbaren Konsumtion, als die Mittel zur Befriedigung seiner Bedürfnisse umzusetzen. Da er seinen Gebrauchswert gegen die allgemeine Form des Reichtums umtauscht, wird er Mitgenießer des allgemeinen Reichtums bis zur Grenze seines Äquivalents – einer quantitativen Grenze, die allerdings in eine qualitative umschlägt, wie bei jedem Austausch. Er ist aber nicht an besondre Gegenstände noch an eine besondre Weise der Befriedigung gebunden. Er ist nicht qualitativ ausgeschlossen – der Kreis seiner Genüsse, sondern nur quantitativ. Dies unterscheidet ihn vom Sklaven, Leibeignen etc. Die Konsumtion wirkt certainly auf die Produktion selbst zurück; aber dieser Rückschlag geht weder den Arbeiter bei seinem Austausch an, sowenig wie jeden andren Verkäufer einer Ware; vielmehr fällt sie, vom Standpunkt der bloßen Zirkulation – und wir haben noch kein andres entwickeltes Verhältnis vor uns –, außerhalb des ökonomischen Verhältnisses. Soviel kann indes nebenbei bemerkt werden schon jetzt, daß die relative, nur quantitativ, nicht qualitativ, und nur durch die Quantität gesetzte qualitative Beschränkung des Kreises der Genüsse der Arbeiter ihnen auch als Konsumenten (bei der weitren Entwicklung des Kapitals muß überhaupt das Verhältnis von Konsumtion und Produktion näher betrachtet werden) eine ganz andre Wichtigkeit als Agenten der Produktion gibt, denn die sie z.B. in der antiken Zeit oder im Mittelalter oder in Asien besitzen und besaßen. Aber dies gehört, wie gesagt, noch nicht hierher.

Ebenso, indem der Arbeiter das Äquivalent erhält in der Form des Geldes, der Form des allgemeinen Reichtums, ist er in diesem Austausch als Gleicher dem Kapitalist gegenüber, wie jeder andre Austauschende; wenigstens dem *Schein* nach. Dem fact nach ist diese Gleichheit schon dadurch gestört, daß sein Verhältnis als Arbeiter zum Kapitalisten, als Gebrauchswert in der spezifisch vom Tauschwert verschiednen Form, im Gegensatz zu dem als Wert gesetzten Wert, vorausgesetzt ist für diesen scheinbar einfachen Austausch; daß er also schon in einem anders ökonomisch bestimmten Verhältnis steht –

außer dem des Austauschs, worin die Natur des Gebrauchswerts, der besondre Gebrauchswert der Ware als solcher gleichgültig ist.

Dieser Schein existiert indes als Illusion seinerseits und zu einem gewissen Grade auf der andren Seite und modifiziert daher auch wesentlich sein Verhältnis im Unterschied von dem der Arbeiter in andren gesellschaftlichen Produktionsweisen. Aber, was das Wesentliche ist, der Zweck des Austauschs für ihn ist die Befriedigung seines Bedürfnisses. Der Gegenstand seines Austauschs ist unmittelbarer Gegenstand des Bedürfnisses, nicht der Tauschwert als solcher. Er erhält zwar Geld, aber nur in seiner Bestimmung als Münze; d.h. nur als sich selbst aufhebende und verschwindende Vermittlung. Was er austauscht, ist daher nicht der Tauschwert, nicht der Reichtum, sondern Lebensmittel, Gegenstände zur Erhaltung seiner Lebendigkeit, Befriedigung seiner Bedürfnisse überhaupt, physischer, sozialer etc. Es ist ein bestimmtes Äquivalent in Lebensmitteln, vergegenständlichter Arbeit, gemessen durch die Produktionskosten seiner Arbeit. Was er abläßt, ist die Disposition über sie. Anderseits ist es nun wahr, daß selbst innerhalb der einfachen Zirkulation die Münze zum Geld fortgeht und daß also, insofern er im Austausch Münze erhält – er diese in Geld verwandeln kann, indem er sie aufhäuft etc., der Zirkulation entzieht; sie fixiert als allgemeine Form des Reichtums statt als verschwindendes Tauschmittel. Nach dieser Seite könnte also gesagt werden, daß im Austausch des Arbeiters mit dem Kapital sein Objekt – und also auch das Produkt für ihn des Austauschs – nicht das Lebensmittel, sondern der Reichtum sei, nicht ein besondrer Gebrauchswert, sondern der Tauschwert als solcher. Der Arbeiter könnte hiernach den Tauschwert nur zu seinem eignen *Produkt* machen, wie der Reichtum überhaupt allein als *Produkt der einfachen Zirkulation,* worin Äquivalente ausgetauscht werden, *erscheinen* kann, nämlich indem er die substantielle Befriedigung opfert der *Form* des Reichtums, also durch *Entsagen,* Sparen, Abknappen an seiner Konsumtion weniger der Zirkulation entzieht, als er ihr *Güter* gibt. Dies ist die einzig mögliche Form, sich zu bereichern, die durch die Zirkulation selbst gesetzt ist.

Die Entsagung könnte dann auch in der mehr aktiven Form erscheinen, die nicht in der einfachen Zirkulation gesetzt ist, daß er in höhrem Grade der Ruhe, überhaupt seinem Sein als getrennt von seinem Sein als Arbeiter entsagt, und möglichst nur als Arbeiter ist; also den Akt des Austauschs öfter erneuert oder quantitativ weiter zieht, also durch *Fleiß.* Es wird daher auch in der heutigen Gesellschaft die Forderung des Fleißes und namentlich auch des *Sparens,* der *Entsagung* nicht an die Kapitalisten, sondern an die Arbeiter gestellt, und namentlich von den Kapitalisten. Die jetzige Gesellschaft stellt grade die paradoxe Forderung, daß der entsagen soll, bei dem der Gegenstand des Austauschs das Lebensmittel ist, nicht der, für den er die Bereicherung. Die Illusion, als wenn die Kapitalisten faktisch »entsagten« – und dadurch Kapitalisten würden – eine Forderung und Vorstellung, die überhaupt nur Sinn hatte innerhalb der Vorzeit, worin sich das Kapital aus feudalen etc. Verhältnissen herausbildet –, ist von allen zurechnungsfähigen modernen Ökonomen aufgegeben. Der Arbeiter soll sparen, und viel Wesens ist gemacht worden mit Sparkassen etc.

(Bei letztren wird indes selbst von den Ökonomen zugegeben, daß ihr eigentlicher Zweck auch nicht der Reichtum, sondern nur zweckmäßigre Verteilung der Ausgabe ist, so daß sie im Alter oder wenn Krankheiten, Krisen etc. dazwischen kommen, nicht den Armenhäusern, dem Staat, dem Bettel (in einem Wort der Arbeiterklasse selbst und namentlich nicht den Kapitalisten zur Last fallen und auf deren Tasche vegetieren), also sparen für die Kapitalisten; ihre Produktionskosten für dieselben vermindern). Allein kein Ökonom wird leugnen, daß, wenn die Arbeiter *allgemein,* also als *Arbeiter* (was der einzelne Arbeiter im Unterschied von seinem genus tut oder tun kann, kann eben nur als *Ausnahme,* nicht als *Regel* existieren, weil es nicht in der Bestimmung des Verhältnisses selbst liegt), also als *Regel* diese Forderungen erfüllten (abgesehn von dem Schaden, den sie der allgemeinen Konsumtion zufügen würden – der Ausfall wäre enorm –, also auch der Produktion, also auch der Anzahl und Masse der Austausche, die sie mit dem Kapital machen könnten, also sich selbst als Arbeitern), er absolut Mittel anwendete, die ihren eignen Zweck aufheben, und ihn grade degradieren müßten zum Irländer, zu der Stufe des Lohnarbeiters, wo das tierischste Minimum von Bedürfnissen, von Lebensmitteln ihm als der einzige Gegenstand und Zweck seines Austauschs mit dem Kapital erscheint. Mit dem Zweck, den Reichtum, statt des Gebrauchswerts zu seinem Zweck zu machen, würde er nicht nur daher zu keinem Reichtum kommen, sondern den Gebrauchswert obendrein in den Kauf verlieren. Denn als Regel würde das Maximum des Fleißes, der Arbeit, und das Minimum der Konsumtion – und dieses ist das Maximum seiner Entsagung und seines Geldmachens – zu weiter nichts führen können, als daß er für ein Maximum von Arbeit ein Minimum von Lohn erhielte. Er würde durch die Anstrengung nur das allgemeine *Niveau* der Produktionskosten seiner eignen Arbeit und darum ihren allgemeinen Preis vermindert haben. Es ist nur als Ausnahme, daß der Arbeiter durch Willenskraft, physische Kraft und Ausdauer, Geiz etc. seine Münze in Geld verwandeln kann, als Ausnahme von seiner Klasse und den allgemeinen Bedingungen seines Daseins. Sind alle oder die Mehrzahl überfleißig (soweit der Fleiß in der modernen Industrie überhaupt ihrem Gutdünken überlassen ist, was in den wichtigsten und entwickeltsten Produktionszweigen nicht der Fall ist), so vermehren sie nicht den Wert ihrer Ware, sondern nur ihre Quantität; also die Forderungen, die an sie als Gebrauchswert gestellt würden. Sparen sie alle, so wird eine allgemeine Reduktion des Lohns sie schon wieder auf den richtigen Fuß setzen; denn das allgemeine Sparen zeigte dem Kapitalisten, daß ihr Lohn allgemein zu hoch steht, daß sie mehr als ihr Äquivalent für ihre Ware, die Dispositionsfähigkeit über ihre Arbeit, erhalten; da es gerade das Wesen des einfachen Austauschs – und in diesem Verhältnis stehn sie zu ihm – ist, daß keiner mehr in die Zirkulation hereinwirft, als er entzieht; aber ihr auch nur entziehn kann, was er hereingeworfen hat. Ein einzelner Arbeiter kann nur *fleißig* sein über das Niveau hinaus, mehr als er es sein muß, um als Arbeiter zu leben, weil ein andrer unter dem Niveau steht, fauler ist; er kann nur sparen, weil und wenn ein andrer verschwendet.

Das Höchste, wozu er es im Durchschnitt mit seiner Sparsamkeit bringen kann, ist, die Ausgleichung der Preise – hohe und niedere, ihren Kreislauf – besser ertragen zu können; also nur zweckmäßiger seine Genüsse zu verteilen, nicht Reichtum zu erwerben. Und das ist auch die eigentliche Forderung der Kapitalisten. Die Arbeiter sollen in der guten Geschäftszeit soviel sparen, daß sie in der schlechten mehr oder minder leben können, short time* ertragen oder das Herabsetzen der Löhne etc. (Er würde dann noch tiefer fallen.) Also Forderung, daß sie sich immer auf einem Minimum von Lebensgenuß halten sollen und den Kapitalisten die Krisen erleichtern etc. Sich als reine Arbeitsmaschinen und ihren tear and wear** selbst möglichst zahlen sollen. Von der reinen Vertierung, worin dies ausliefe – und solche Vertierung machte selbst unmöglich, den Reichtum in allgemeiner Form, als Geld, als angehäuftes Geld, nur anzustreben – abgesehn (und der Anteil, den der Arbeiter an höheren, auch geistigen Genüssen, nimmt, die Agitation für seine eignen Interessen, Zeitungen halten, Vorlesungen hören, Kinder erziehen, Geschmack entwickeln etc., sein einziger Anteil an der Zivilisation, der ihn vom Sklaven scheidet, ist ökonomisch nur dadurch möglich, daß er den Kreis seiner Genüsse in den guten Geschäftszeiten erweitert, also in den Zeiten, wo Sparen zu einem gewissen Grade möglich), [abgesehn] davon, würde er, wenn er recht in asketischer Weise sparte und so Prämien für das Lumpenproletariat, Spitzbuben etc. aufhäufte, die im Verhältnis zur Nachfrage wachsen würden, seine Ersparnisse, – wenn sie über die Sparbüchse der offiziellen Sparkassen hinausgehn, die ihm ein Minimum von Zins zahlen, damit die Kapitalisten große Zinsen aus ihren Ersparnissen schlagen oder der Staat sie aufißt, womit er bloß die Macht seiner Gegner und seine eigne Abhängigkeit vermehrt – seine Ersparnisse bloß konservieren und fruchtbringend machen können, indem er sie in Banken etc. legt, so daß er nachher in Zeiten der Krisen seine Depositen verliert, während er in Zeiten der Prosperität allem Lebensgenuß entsagt hat, um die Macht des Kapitals zu vermehren; also in jeder Weise *für* das Kapital, nicht für sich gespart hat.

Übrigens – soweit das Ganze nicht heuchlerische Phrase der bürgerlichen »Philanthropie« ist, die überhaupt darin besteht, den Arbeiter mit »frommen Wünschen« abzuspeisen – verlangt jeder Kapitalist zwar, daß seine Arbeiter sparen sollen, aber nur *seine*, weil sie ihm als Arbeiter gegenüberstehn; beileibe nicht die übrige *Welt der Arbeiter*, denn sie stehen ihm als Konsumenten gegenüber. In spite aller »frommen« Redensarten sucht er daher alle Mittel auf, um sie zum Konsum

* Kurzarbeit

** Verschleiß (Abnutzung)

anzuspornen, neue Reize seinen Waren zu geben, neue Bedürfnisse ihnen anzuschwatzen etc. Es ist grade diese Seite des Verhältnisses von Kapital und Arbeit, die ein wesentliches Zivilisationsmoment ist und worauf die historische Berechtigung, aber auch die gegenwärtige Macht des Kapitals beruht. (Dies Verhältnis von Produktion und Konsumtion zu entwickeln erst unter: Kapital und Profit etc.) (oder auch unter der Akkumulation und Konkurrenz der Kapitalien.)

Dies sind indes alles exoterische Betrachtungen, soweit am Platz, als die Forderungen der heuchlerischen Bürgerphilanthropie nachgewiesen werden sich in sich selbst aufzulösen und also grade zu bestätigen, was sie widerlegen sollen, daß im Austausch des Arbeiters mit dem Kapital er sich im Verhältnis der einfachen Zirkulation befindet, also nicht Reichtum erhält, sondern nur Lebensmittel, Gebrauchswerte für die unmittelbare Konsumtion. Daß die Forderung dem Verhältnis selbst widerspricht, geht aus der einfachen Reflexion hervor, (über die neuerdings manchmal mit Selbstgefälligkeit vorgebrachte Forderung, den Arbeitern einen gewissen Anteil am Profit zu geben, ist unter dem Abschnitt *Arbeitslohn* zu sprechen; außer als *besondre Prämie,* die nur als Ausnahme von der Regel ihren Zweck erreichen kann und sich in fact auch beschränkt in nennenswerter Praxis auf Einkaufen von einzelnen Overlookers* etc. in dem Interesse des Arbeitgebers *gegen* das Interesse seiner Klasse; oder auf Commis etc., kurz nicht mehr *einfache Arbeiter,* also auch nicht mehr auf das allgemeine Verhältnis; oder es ist eine besondre Manier, die Arbeiter zu prellen und ihnen *einen Teil ihres Arbeitslohns* unter der prekärern Form eines vom Stand des Geschäfts abhängigen Profits *vorzuenthalten)*, daß, wenn die Ersparung des Arbeiters nicht bloßes Produkt der Zirkulation bleiben soll – abgespartes Geld, das nur verwirklicht werden kann, indem es früher oder später gegen den substantiellen Inhalt des Reichtums, Genüsse, umgesetzt wird –, das aufgehäufte Geld selbst Kapital werden, d.h. Arbeit kaufen müßte, sich zu der Arbeit als Gebrauchswert verhalten müßte. Sie unterstellt also wieder Arbeit, die nicht Kapital ist, und unterstellt, daß die Arbeit ihr Gegenteil geworden ist – Nicht-Arbeit. Um Kapital zu werden, unterstellt sie selbst die Arbeit als Nicht-Kapital gegenüber dem

* Aufseher

Kapital; also die Herstellung des Gegensatzes, der an einem Punkt aufgehoben werden soll, an einem andren Punkt. Ware also im ursprünglichen Verhältnis selbst der Gegenstand und das *Produkt* des Austauschs des Arbeiters – als Produkt des bloßen Austauschs kann es kein andres Produkt sein – nicht der Gebrauchswert, Lebensmittel, Befriedigung des unmittelbaren Bedürfnisses, Entziehung aus der Zirkulation des Äquivalents, was in sie eingesetzt ist, um es durch die Konsumtion zu vernichten –, so stünde die Arbeit dem Kapital nicht als Arbeit, nicht als Nicht-Kapital gegenüber, sondern als Kapital. Aber auch Kapital kann dem Kapital nicht gegenüberstehn, wenn dem Kapital nicht Arbeit gegenübersteht, da Kapital nur Kapital ist als Nicht-Arbeit; in dieser gegensätzlichen Beziehung. Also wäre der Begriff und das Verhältnis des Kapitals selbst vernichtet.

Daß es Zustände gibt, worin selbstarbeitende Eigentümer miteinander austauschen, wird certainly* nicht geleugnet. Solche Zustände aber sind nicht die Zustände der Gesellschaft, worin das Kapital als solches entwickelt existiert; sie werden daher auch an allen Punkten durch seine Entwicklung vernichtet. Als Kapital kann es sich nur setzen, indem es die Arbeit als Nicht-Kapital, als reinen Gebrauchswert setzt. (Als Sklave hat der Arbeiter *Tauschwert,* einen *Wert;* als freier Arbeiter hat er *keinen Wert;* sondern nur die Disposition über seine Arbeit, durch Austausch mit ihm bewirkt, hat Wert. Er steht dem Kapitalisten nicht als Tauschwert gegenüber, sondern der Kapitalist ihm. Seine *Wertlosigkeit* und *Entwertung* ist die Voraussetzung des Kapitals und die Bedingung der *freien* Arbeit überhaupt. Linguet betrachtet sie als Rückschritt; er vergißt, daß damit der Arbeiter formell als Person gesetzt ist, der noch etwas *außer seiner* Arbeit für sich ist und der seine Lebensäußerung nur veräußert als Mittel für sein eignes Leben. Solange der Arbeiter als solcher *Tauschwert* hat, kann das *industrielle Kapital* als solches nicht existieren, also überhaupt nicht das entwickelte Kapital. Diesem gegenüber muß die Arbeit als *reiner Gebrauchswert* stehn, der als Ware von seinem Besitzer selbst gegen es angeboten wird, gegen seinen *Tauschwert,* [die Münze], die allerdings in der Hand des Arbeiters nur in ihrer Bestimmung als allgemeines Tauschmittel wirklich wird; sonst verschwindet.) Well. Der Arbeiter

* sicherlich

befindet sich also nur im Verhältnis der einfachen Zirkulation, des einfachen Austauschs und erhält nur *Münze* für seinen Gebrauchswert; Lebensmittel; aber vermittelt. Diese Form der Vermittlung ist, wie wir gesehn, wesentlich und charakteristisch für das Verhältnis. Daß er fortgehn kann zur Verwandlung der Münze in Geld – zum Sparen –, beweist eben nur, daß sein Verhältnis das der einfachen Zirkulation ist; er kann mehr oder weniger sparen; aber darüber hinaus kommt er nicht; verwirklichen kann er das Gesparte nur, indem er nun den Kreis seiner Genüsse momentan erweitert. Wichtig ist dies – und in die Bestimmung des Verhältnisses selbst eingreifend –, daß, indem das Geld das Produkt seines Austauschs ist, allgemeiner Reichtum als Illusion ihn vorantreibt; ihn industriell macht. Zugleich wird dadurch nicht nur formell ein Spielraum der Willkür für die Verwirk[lichung] [...]

(»Grundrisse ...«, S. 192–200)

## 3.

## Die große geschichtliche Seite des Kapitals

Die große geschichtliche Seite des Kapitals ist diese *Surplusarbeit*, überflüssige Arbeit vom Standpunkt des bloßen Gebrauchswerts, der bloßen Subsistenz aus, zu *schaffen*, und seine historische Bestimmung ist erfüllt, sobald einerseits die Bedürfnisse so weit entwickelt sind, daß die Surplusarbeit über das Notwendige hinaus selbst allgemeines Bedürfnis ist, aus den individuellen Bedürfnissen selbst hervorgeht, – andrerseits die allgemeine Arbeitsamkeit durch die strenge Disziplin des Kapitals, wodurch die sich folgenden Geschlechter durchgegangen sind, entwickelt ist als allgemeiner Besitz des neuen Geschlechts, – endlich durch die Entwicklung der Produktivkräfte der Arbeit, die das Kapital in seiner unbeschränkten Bereicherungssucht und den Bedingungen, worin es sie allein realisieren kann, beständig voranpeitscht, so weit gediehen ist, daß der Besitz und die Erhaltung des allgemeinen Reichtums einerseits nur eine geringre Arbeitszeit für die ganze Gesellschaft erfordert und die arbeitende Gesellschaft sich wissenschaftlich zu dem Prozeß ihrer fortschreitenden Reproduktion, ihrer Reproduktion in stets größrer Fülle verhält; also die Arbeit, wo der Mensch in ihr tut, was er Sachen für sich tun lassen kann, aufgehört hat. Kapital und Arbeit verhalten sich demnach hierin wie Geld und Ware; ist das eine die allgemeine Form des Reichtums, die andre nur die Substanz, die unmittelbare Konsumtion bezweckt. Als das rastlose Streben nach der allgemeinen Form des Reichtums treibt aber das Kapital die Arbeit über die Grenzen seiner Naturbedürftigkeit hinaus und schafft so die materiellen Elemente für die Entwicklung der reichen Individualität, die ebenso allseitig in ihrer Produktion als Konsumtion ist und deren Arbeit daher auch nicht mehr als Arbeit, sondern als volle Entwicklung der Tätigkeit selbst erscheint, in der die Naturnotwendigkeit in ihrer unmittelbaren Form verschwunden ist; weil an die Stelle des Naturbedürfnisses ein geschichtlich erzeugtes getreten ist. Daher ist *das Kapital produktiv;* d.h. ein *wesentliches Verhältnis für die Entwicklung der gesellschaftlichen Produktivkräfte.* Es hört erst auf, solches zu sein, wo die Entwicklung dieser Produktivkräfte selbst an dem Kapital selbst eine Schranke findet. [...] (»Grundrisse ...«, S. 231)

## 4.
## Die zivilisatorische Leistung der kapitalistischen Produktionsweise

Wie also die auf das Kapital gegründete Produktion einerseits die universelle Industrie schafft – d.h. Surplusarbeit, wertschaffende Arbeit –, so anderseits ein System der allgemeinen Exploitation der natürlichen und menschlichen Eigenschaften, ein System der allgemeinen Nützlichkeit, als dessen Träger die Wissenschaft selbst so gut erscheint wie alle physischen und geistigen Eigenschaften, während nichts als *An-sich-Höheres,* Für-sich-selbst-Berechtigtes, außer diesem Zirkel der gesellschaftlichen Produktion und Austauschs erscheint. So schafft das Kapital erst die bürgerliche Gesellschaft und die universelle Aneignung der Natur wie des gesellschaftlichen Zusammenhangs selbst durch die Glieder der Gesellschaft. Hence the great civilising influence of capital*; seine Produktion einer Gesellschaftsstufe, gegen die alle frühren nur als *lokale Entwicklungen* der Menschheit und als *Naturidolatrie* erscheinen. Die Natur wird erst rein Gegenstand für den Menschen, rein Sache der Nützlichkeit; hört auf, als Macht für sich anerkannt zu werden; und die theoretische Erkenntnis ihrer selbständigen Gesetze erscheint selbst nur als List, um sie den menschlichen Bedürfnissen, sei es als Gegenstand des Konsums, sei es als Mittel der Produktion, zu unterwerfen. Das Kapital treibt dieser seiner Tendenz nach ebensosehr hinaus über nationale Schranken und Vorurteile wie über Naturvergötterung und überlieferte, in bestimmten Grenzen selbstgenügsam eingepfählte Befriedigung vorhandner Bedürfnisse und Reproduktion alter Lebensweise. Es ist destruktiv gegen alles dies und beständig revolutionierend, alle Schranken niederreißend, die die Entwicklung der Produktivkräfte, die Erweiterung der Bedürfnisse, die Mannigfaltigkeit der Produktion und die Exploitation und den Austausch der Natur- und Geisteskräfte hemmen.

Daraus aber, daß das Kapital jede solche Grenze als Schranke setzt und daher *ideell* darüber weg ist, folgt keineswegs, daß es sie *real* überwunden hat, und da jede solche Schranke seiner Bestimmung widerspricht, bewegt sich seine Produktion in Widersprüchen, die beständig überwunden, aber ebenso beständig gesetzt werden. Noch mehr. Die Universalität, nach der es unaufhaltsam hintreibt, findet Schranken an seiner eignen Natur, die auf einer gewissen Stufe seiner Entwicklung es selbst als die größte Schranke dieser Tendenz werden erkennen lassen und daher zu seiner Aufhebung durch es selbst hintreiben.

Die Ökonomen, die wie Ricardo, die Produktion als unmittelbar identisch mit der Selbstverwertung des Kapitals auffassen – also unbekümmert, sei es um die Schranken der Konsumtion, sei es um die existierenden Schranken der Zirkulation selbst, soweit sie auf allen

* Dadurch der große zivilisierende Einfluß des Kapitals

Punkten Gegenwerte darstellen muß, nur die Entwicklung der Produktivkräfte und das Wachstum der industriellen Bevölkerung im Auge halten – die Zufuhr ohne Rücksicht auf Nachfrage –, haben daher das positive Wesen des Kapitals richtiger gefaßt und tiefer, als die, wie Sismondi die Schranken der Konsumtion und des vorhandnen Kreises der Gegenwerte betonen, obgleich der letztre tiefer die Borniertheit der auf das Kapital gegründeten Produktion, ihre negative Einseitigkeit begriffen hat. Der erstre mehr seine universelle Tendenz, der zweite seine besondre Beschränktheit. Der ganze Streit, ob *Überproduktion* möglich und notwendig auf dem Standpunkt des Kapitals, dreht sich darum, ob der Verwertungsprozeß des Kapitals in der Produktion unmittelbar seine Verwertung in der Zirkulation setzt; ob seine im *Produktionsprozeß* gesetzte Verwertung seine *reale* Verwertung ist. Ricardo hat natürlich auch a suspicion, daß der *Tauschwert* nicht Wert außer dem Austausch ist und sich nur als Wert durch den Austausch bewährt; aber er betrachtet die Schranken, die die Produktion so antrifft, als zufällig, Schranken, die überwunden werden. Er faßt also das Überwundenwerden solcher Schranken selbst in dem Wesen des Kapitals, obgleich er oft in der Ausführung absurd wird; während *Sismondi* umgekehrt nicht nur das Antreffen der Schranke betont, sondern das Schaffen derselben durch das Kapital selbst, das so in Widersprüche gerät, von denen er ahnt, daß sie zu seinem downbreak führen müssen. Er möchte daher von außen Schranken der Produktion setzen durch Sitte, *Gesetz* etc., die eben als nur äußere und künstliche Schranken notwendig vom Kapital über den Haufen geworfen werden. Andrerseits hat Ricardo und seine ganze Schule die wirklichen *modernen Krisen*, in denen dieser Widerspruch des Kapitals [sich] in großen Ungewittern entladet, die mehr und mehr es selbst als Grundlage der Gesellschaft und Produktion selbst bedrohn, niemals begriffen. [...]

(»Grundrisse ...«, S. 313 f.)

## 5.

Betriebswirtschaftlich argumentierend, suchen Unternehmer mit möglichst niedrigen Löhnen auszukommen, zugleich sind sie aber an der durch Löhne entstehenden Kaufkraft der Arbeiter aller anderen Unternehmungen interessiert. Ausdruck des Widerspruchs der Produktionsweise.

[...] der Lohnarbeiter im Unterschied vom Sklaven ist selbst ein selbständiges Zentrum der Zirkulation, ein Austauschender, Tauschwertsetzender und durch den Austausch Erhaltender. *Erstens:* Durch den Austausch zwischen dem Teil des Kapitals, der als Salair bestimmt ist, und dem lebendigen Arbeitsvermögen ist der *Tauschwert* dieses Teils des Kapitals unmittelbar gesetzt, bevor das Kapital wieder aus dem Produktionsprozeß heraus in die Zirkulation eintritt, oder dies kann selbst als Akt der Zirkulation noch begriffen werden. *Zweitens:* Mit Ausnahme seiner eignen Arbeiter erscheint jedem Kapitalisten gegenüber die Gesamtmasse aller andren Arbeiter nicht als Arbeiter, sondern als Konsumenten; Besitzer von Tauschwerten (Salair), Geld, das sie gegen seine Ware austauschen. Sie sind ebensoviel Zentren der Zirkulation, von denen der Akt des Austauschs ausgeht und der Tauschwert des Kapitals erhalten wird. Sie bilden einen proportionell sehr großen Teil – obgleich not quite so great as is generally imagined, wenn man die eigentlich industriellen Arbeiter im Auge hält – der Konsumenten. Je größer ihre Anzahl – die Anzahl der industriellen Bevölkerung – und die Masse Geld, worüber sie zu verfügen haben, desto größer die Austauschsphäre für das Kapital. Wir haben gesehn, daß es die Tendenz des Kapitals, die Masse der industriellen Bevölkerung möglichst zu steigern.

Eigentlich geht uns hier das Verhältnis des einen Kapitalisten zu den Arbeitern der *andren* Kapitalisten noch gar nichts an. Es zeigt nur die Illusion jedes Kapitalisten, ändert aber nichts am Verhältnis von Kapital überhaupt zu Arbeit. Jeder Kapitalist weiß von seinem Arbeiter, daß er ihm gegenüber nicht als Produzent dem Konsumenten [gegenüber] steht und wünscht seinen Konsum, i. e. seine Tauschfähigkeit, sein Salair möglichst zu beschränken. Er wünscht sich natürlich die Arbeiter der anderen Kapitalisten als möglichst große Konsumenten *seiner* Ware. Aber das Verhältnis *jedes* Kapitalisten zu *seinen* Arbeitern ist das *Verhältnis überhaupt von Kapital und Arbeit*, das wesentliche Verhältnis. Die Illusion aber – wahr für den einzelnen Kapitalisten im Unterschied von allen andren –, daß *außer seinen* Arbeitern die ganze übrige Arbeiterklasse ihm gegenübersteht als *Konsument* und *Austauscher*, nicht als Arbeiter – Geldspendender, entsteht eben dadurch. Es wird vergessen, daß, wie *Malthus* sagt, »the very existence of a profit upon any commodity pre-supposes a demand *exterior to that of the labourer who has produced it*« und daher die *demand of the labourer himself can never be an adequate demand*. Da eine Produktion die andre in Bewegung setzt und sich daher Konsumenten in den Arbeitern des *fremden* Kapitals schafft, so *erscheint* für jedes einzelne Kapital die Nachfrage der Arbeiterklasse, die durch die Produktion selbst gesetzt ist, als »adequate demand«. Diese durch die Produktion selbst gesetzte Nachfrage treibt sie voran über die *Proportion*, worin sie in bezug auf die Arbeiter produzieren müßte, einerseits; muß sie darüber hinaustreiben; andrerseits verschwindet oder schrumpft zusammen die Nachfrage *exterior to the demand of the labourer himself*, so tritt der collapse ein. Das Kapital selbst betrachtet dann die *Nachfrage durch die Arbeiter* – i.e. das Zahlen des Salärs, worauf diese Nachfrage beruht – nicht als Gewinn, sondern als Verlust. D.h. das *immanente Verhältnis zwischen Kapital und Arbeit* macht sich geltend. *Es ist hier wieder die Konkurrenz der Kapitalien*, ihre Gleichgültigkeit gegeneinander und Selbständigkeit voneinander, die dazu führt, daß das einzelne Kapital sich zu den Arbeitern des totalen übrigen Kapitals *nicht als Arbeitern* verhält: Hinc über die richtige Proportion hinausgetrieben wird. Es unterscheidet eben das Kapital von dem Herrschaftsverhältnis, daß der *Arbeiter* ihm als Konsument und Tauschwertsetzender gegenübertritt, in der Form des *Geldbesitzenden*, des Geldes, einfaches Zentrum der Zirkulation – eins der unendlich vielen Zentren derselben wird, worin seine Bestimmtheit als Arbeiter ausgelöscht ist.*

* Es ist ganz dasselbe mit der durch die Produktion selbst erzeugten Nachfrage für Rohmaterial, Halbfabrikat, Maschinerie, Kommunikationsmittel und die in der Produktion verbrauchten Hilfsmaterialien von Farbstoffen, Kohle, Talg, Seife etc. Diese Nachfrage als zahlende, Tauschwert setzende ist adäquat und genügend, solange die Produzenten unter sich selbst austauschen. Ihre Inadäquatheit zeigt sich, sobald das schließliche Produkt an dem unmittelbaren und schließlichen

Zunächst: Das Kapital zwingt die Arbeiter hinaus über die notwendige Arbeit zur Surplusarbeit. Nur so verwertet es sich und schafft Surpluswert. Aber andrerseits setzt es die notwendige Arbeit nur, *soweit* und *insofern* sie Surplusarbeit ist und diese *realisierbar* ist als *Surpluswert*. Es setzt also die Surplusarbeit als Bedingung für die notwendige, und den Surpluswert als Grenze für vergegenständlichte Arbeit, Wert überhaupt. Sobald es den letztren nicht setzen kann, setzt es den erstren nicht, und auf seiner Grundlage kann nur es sie setzen. Es beschränkt also wie die Engländer sich ausdrücken durch artificial check – Arbeit und Wertschöpfung, und zwar aus demselben Grunde, warum und insofern es Surplusarbeit und Surpluswert setzt. Es setzt also seiner Natur nach eine *Schranke* für Arbeit und Wertschöpfung, die im Widerspruch mit seiner Tendenz steht, sie ins Maßlose zu erweitern. Und indem es ebensowohl eine ihm *spezifische* Schranke setzt wie anderseits über *jede* Schranke hinaustreibt, ist es der lebendige Widerspruch.*

Wenn das Kapital so einerseits die Surplusarbeit und ihren *Austausch* gegen *Surplusarbeit* zur Bedingung der notwendigen Arbeit und daher des Setzens des *Arbeitsvermögens* als Tauschzentrums macht – nach dieser Seite also schon die Sphäre des Austauschs verengert und bedingt –, so anderseits ebenso wesentlich für es, den Konsum des Arbeiters auf das zur Reproduktion seines Arbeitsvermögens Notwendige einzuschränken – den die *notwendige Arbeit* ausdrückenden *Wert* zur Schranke der Verwertung des Arbeitsvermögens und daher der *Tauschfähigkeit* des Arbeiters zu machen und das

Konsum seine Grenze findet. Auch dieser Schein, der über die richtige Proportion hinaustreibt, im Wesen des Kapitals begründet, das, wie bei der Konkurrenz näher zu entwickeln, sich von sich Repellierendes, viele gänzlich gegeneinander gleichgültige Kapitalien ist. Insofern der eine Kapitalist vom andren kauft, Ware kauft oder verkauft, stehn sie im einfachen Tauschverhältnis; verhalten sich nicht als Kapital zueinander. Die richtige (eingebildete) Proportion, worin sie gegeneinander austauschen müssen, um schließlich als Kapital sich verwerten zu können, liegt außerhalb ihrer Beziehung aufeinander.

* Da der Wert die Grundlage des Kapitals bildet, es also notwendig nur durch Austausch gegen Gegenwert existiert, stößt es sich notwendig von sich selbst ab. Ein Universalkapital ohne fremde Kapitalien sich gegenüber, mit denen es austauscht – und von dem jetzigen Standpunkt aus hat es nichts sich gegenüber als Lohnarbeit oder sich selbst –, ist daher ein Unding. Die Repulsion der Kapitalien voneinander liegt schon in ihm als realisiertem Tauschwert.

Verhältnis dieser notwendigen zur Surplusarbeit auf ein Minimum zu reduzieren zu suchen. Neue Schranke der Tauschsphäre, die aber ganz ebenso wie die erste identisch mit der Tendenz des Kapitals ist, zu jeder Grenze seiner Selbstverwertung sich als Schranke zu verhalten. Die maßlose Vergrößrung seines Werts – das maßlose Wertsetzen – also absolut hier identisch mit dem Schrankensetzen der Austauschsphäre, d. h. der Möglichkeit der Verwertung der Realisierung des im Produktionsprozeß gesetzten Wertes. [...]

(»Grundrisse ...«, S. 322–325)

## 6.
## Eigentum entsteht aus Arbeit (John Locke und andere), in der kapitalistischen Produktionsweise bedeutet Eigentum jedoch »Verfügung über fremde Arbeitskraft«

[...] so daß auf der einen Seite nur zum Schein getauscht wird, indem der gegen lebendiges Arbeitsvermögen ausgetauschte Teil des Kapitals erstens selbst *fremde Arbeit* ist, angeeignet ohne Äquivalent, und zweitens mit einem *Surplus vom Arbeitsvermögen ersetzt werden muß*, also in fact nicht fortgegeben wird, sondern nur aus einer Form in die andre verwandelt wird. Das Verhältnis des Austauschs ist also gänzlich weggefallen oder ist *bloßer Schein.* Ferner erschien ursprünglich das Eigentumsrecht gegründet auf die eigne Arbeit. Eigentum erscheint jetzt als Recht auf fremde Arbeit und als Unmöglichkeit der Arbeit, sich ihr eignes Produkt anzueignen. Die völlige Trennung zwischen Eigentum und noch mehr Reichtum und Arbeit erscheint jetzt als Konsequenz des Gesetzes, das von ihrer Identität ausging.

Endlich als Resultat des Produktions- und Verwertungsprozesses erscheint vor allem die Reproduktion und Neuproduktion des *Verhältnisses von Kapital und Arbeit selbst*, von *Kapitalist und Arbeiter.* Dies soziale Verhältnis, Produktionsverhältnis, erscheint in fact als ein noch wichtigeres Resultat des Prozesses als seine materiellen Resultate. Und zwar produziert innerhalb dieses Prozesses der Arbeiter sich selbst als Arbeitsvermögen und das ihm gegenüberstehende Kapital, wie andrerseits der Kapitalist sich produziert als Kapital und das ihm gegenüberstehende lebendige Arbeitsvermögen. Jedes reproduziert sich selbst, indem es sein Andres, seine Negation reproduziert. Der Kapitalist produziert die Arbeit als fremde; die Arbeit produziert das Produkt als fremdes. Der Kapitalist produziert den Arbeiter und der Arbeiter den Kapitalisten etc. [...]

(»Grundrisse ...«, S. 362)

Aber in demselben Maß, wie Arbeit als *einzige* Quelle des Tauschwerts begriffen und als die aktive Quelle des Gebrauchswerts, in demselben Maß wird *»Kapital«* von denselben Ökonomen, und namentlich auch von Ricardo (noch mehr von Torrens, Malthus, Bailey etc. nach ihm) als der Regulator der Produktion, Quelle des Reichtums und Zweck der Produktion aufgefaßt, Arbeit dagegen als Lohnarbeit, deren Träger [und] wirkliches Instrument notwendiger Pauper (wozu außerdem noch Malthus' Populationstheorie hinzukam) – bloße Produktionskost und Produktionsinstrument – auf das Minimum des Salairs angewiesen, unter das er fallen muß, sobald er in einer für das Kapital »überflüssigen« Masse existiert. In diesem Widerspruch sprach die politische Ökonomie bloß das Wesen der kapitalistischen Produktion aus oder, wenn man will, der Lohnarbeit aus; der sich selbst entfremdeten Arbeit, der der von ihr geschaffne Reichtum als fremder Reichtum, ihre eigne Produktivkraft als Produktivkraft ihres Produkts, ihre Bereicherung als Selbstverarmung, ihre gesellschaftliche Macht als Macht der Gesellschaft über sie gegenübertritt. Aber diese bestimmte *spezifische,* historische Form der gesellschaftlichen Arbeit, wie sie in der kapitalistischen Produktion erscheint, sprechen diese Ökonomen als allgemeine, ewige Form, Naturwahrheiten aus, und *diese* Produktionsverhältnisse als die absolut (nicht historisch) notwendigen, naturgemäßen und vernünftigen Verhältnisse der gesellschaftlichen Arbeit. Durchaus befangen in dem Horizont der kapitalistischen Produktion, erklären sie die *gegensätzliche* Form, worin die gesellschaftliche Arbeit hier erscheint, für ebenso notwendig als diese Form selbst, befreit von diesem Gegensatz. Indem sie so auf der einen Seite die *Arbeit* absolut (weil ihnen Lohnarbeit mit Arbeit identisch) und auf der andren Seite ebenso absolut in demselben Atem als einzige Quelle des Reichtums aussprechen, bewegen sie sich beständig in absoluten Widersprüchen, ohne die geringste Ahnung darüber. *(Sismondi* macht durch seine Ahnung dieses Widerspruchs Epoche in der politischen Ökonomie.) »Labour or Capital«* – in dieser Phrase Ricardos *tritt* der Widerspruch und die Naivetät, mit der er als Identisches ausgesprochen ist, schlagend hervor. [...]

(Theorien über den Mehrwert, MEW, Bd. 26,3, S. 255 f.)

## 7.
## Eigentum und Arbeit, antike Auffassung der Bedeutung des Grundeigentums und moderne (kapitalistische)

Wir finden bei den Alten nie eine Untersuchung, welche Form des Grundeigentums etc. die produktivste, den größten Reichtum schafft? Der Reichtum erscheint nicht als Zweck der Produktion, obgleich sehr wohl Cato untersuchen kann, welche Bestellung des Feldes die einträglichste, oder gar Brutus sein Geld zu den besten Zinsen ausborgen kann. Die Untersuchung ist immer, welche Weise des Eigentums die besten Staatsbürger schafft. Als Selbstzweck erscheint der Reichtum nur bei den wenigen Handelsvölkern – Monopolisten des carrying trade** –, die in den Poren der alten Welt leben, wie die Juden in der mittelaltrigen Gesellschaft. Nun ist der Reichtum einerseits Sache, verwirklicht in Sachen, materiellen Produkten, denen der Mensch als Subjekt gegenübersteht; andrerseits als Wert ist er bloßes Kommando über fremde Arbeit nicht zum Zweck der Herrschaft, sondern des Privatgenusses etc. In allen Formen erscheint er in dinglicher Gestalt, sei es Sache, sei es Verhältnis vermittelst der Sache, die außer und zufällig neben dem Individuum liegt. So erscheint die alte Anschauung, wo der Mensch, in welcher bornierten nationalen, religiösen, politischen Bestimmung auch immer als Zweck der Produktion erscheint, sehr erha-

* »Arbeit oder Kapital«

** Transportgeschäft

ben zu sein gegen die moderne Welt, wo die Produktion als Zweck des Menschen und der Reichtum als Zweck der Produktion erscheint. In fact aber, wenn die bornierte bürgerliche Form abgestreift wird, was ist der Reichtum anders, als die im universellen Austausch, erzeugte Universalität der Bedürfnisse, Fähigkeiten, Genüsse, Produktivkräfte etc. der Individuen? Die volle Entwicklung der menschlichen Herrschaft über die Naturkräfte, die der sogenannten Natur sowohl wie seiner eignen Natur? Das absolute Herausarbeiten seiner schöpferischen Anlagen, ohne andre Voraussetzung als die vorhergegangne historische Entwicklung, die diese Totalität der Entwicklung, d.h. der Entwicklung aller menschlichen Kräfte als solcher, nicht gemessen an einem *vorhergegebnen* Maßstab, zum Selbstzweck macht? Wo er sich nicht reproduziert in einer Bestimmtheit, sondern seine Totalität produziert? Nicht irgend etwas Gewordnes zu bleiben sucht, sondern in der absoluten Bewegung des Werdens ist? In der bürgerlichen Ökonomie – und der Produktionsepoche, der sie entspricht – erscheint diese völlige Herausarbeitung des menschlichen Innern als völlige Entleerung, diese universelle Vergegenständlichung als totale Entfremdung und die Niederreißung aller bestimmten einseitigen Zwecke als Aufopferung des Selbstzwecks unter einen ganz äußeren Zweck. Daher erscheint einerseits die kindische alte Welt als das Höhere. Andrerseits ist sie es in alledem, wo geschloßne Gestalt, Form und gegebne Begrenzung gesucht wird. Sie ist Befriedigung auf einem bornierten Standpunkt; während das Moderne unbefriedigt läßt oder, wo es in sich befriedigt erscheint, *gemein* ist. […] (»Grundrisse ...«, S. 387 f.)

## 8.

## Eigentum ursprünglich an den eigenen Produktionsbedingungen im Zusammenhang der Gemeinschaft (Stamm usw.)

*Eigentum* meint also ursprünglich nichts als Verhalten des Menschen zu seinen natürlichen Produktionsbedingungen als ihm gehörigen, als den seinen, als mit seinem *eignen Dasein vorausgesetzten;* Verhalten zu denselben als *natürlichen Voraussetzungen* seiner selbst, die sozusagen nur seinen verlängerten Leib bilden. Er verhält sich eigentlich nicht zu seinen Produktionsbedingungen; sondern ist doppelt da, sowohl subjektiv als er selbst wie objektiv in diesen natürlichen anorganischen Bedingungen seiner Existenz. Die Formen dieser *natürlichen Produktionsbedingungen* sind doppelt: 1) sein Dasein als Glied eines Gemeinwesens; also das Dasein dieses Gemeinwesens, das in seiner ursprünglichen Form *Stammwesen,* mehr oder minder modifiziertes *Stammwesen* ist; 2) das Verhalten zum *Grund und Boden* vermittelst des Gemeinwesens als *dem seinigen,* gemeinschaftliches Bodeneigentum, zugleich *Einzelbesitz* für den Einzelnen, oder so, daß nur die Früchte geteilt werden; der Boden selbst und die Bearbeitung aber gemeinsam bleibt. (Indes *Wohnsitze* etc., seien es auch die Wagen der Scythen, erscheinen dann doch immer im Besitze des Einzelnen.) Eine natürliche Produktionsbedingung für das lebendige Individuum ist sein Zubehören zu einer *naturwüchsigen Gesellschaft,* Stamm etc. Dieses ist z.B. schon Bedingung für seine Sprache etc. Sein eignes produktives Dasein ist nur unter dieser Bedingung. Sein subjektives Dasein ist dadurch als solches bedingt, ebensosehr wie es bedingt ist durch das Verhalten zur Erde als seinem Laboratorium. (Eigentum ist zwar ursprünglich *mobil,* denn der Mensch bemächtigt sich d'abord der fertigen Früchte der Erde, wozu unter andrem auch die Tiere gehören und für ihn speziell die zähmbaren. Indes selbst dieser Zustand – Jagd, Fischerei, Hirtenwesen, Leben von Baumfrüchten etc. – unterstellt immer Aneignung der Erde, sei es zu festem Wohnplatz, sei es zum roaming, sei es zum Weiden für die Tiere etc.)

Das *Eigentum* meint also *Gehören zu einem Stamm* (Gemeinwesen) (in ihm subjektiv-objektive Existenz haben) und vermittelst des Verhaltens dieses Gemeinwesens zum Grund und Boden, zur Erde als seinem unorganischen Leib, Verhalten des Individuums zum Grund und Boden, zur äußeren Urbedingung der Produktion – da die Erde in einem Rohmaterial, Instrument, Frucht ist – als zu seiner Individualität gehörigen Voraussetzungen, Daseinsweisen derselben. Wir *reduzieren dies Eigentum auf* das *Verhalten zu den Bedingungen der Produktion.* Warum nicht der Konsumtion, da ursprünglich das Produzieren des Individuums sich auf das Reproduzieren seines eignen Leibs durch Aneignen fertiger, von der Natur selbst für den Konsum zubereiteter Gegenstände beschränkt? Selbst wo nur noch zu *finden* ist und zu *entdecken,* erfordert dies bald Anstrengung, Arbeit wie in Jagd, Fischfang, Hirtenwesen – und Produktion (i. e. Entwicklung) gewisser Fähigkeiten auf seiten des Subjekts. Dann aber sind Zustände, wo zu dem Vorhandnen zugegriffen werden kann, ohne alle Instrumente (also selbst schon zur Produktion bestimmte Produkte der Arbeit), ohne Änderung der Form (die selbst schon beim Hirtenwesen stattfindet) etc. sehr bald vorübergehende und nirgendswo als Normalzustände zu betrachten; auch nicht als Normalurzustände. Übrigens schließen die ursprünglichen Bedingungen der Produktion direkt, ohne Arbeit konsumierbare Stoffe, wie Früchte, Tiere etc. von selbst ein; also der Konsumtionsfonds erscheint selbst als ein Bestandteil des *ursprünglichen Produktionsfonds.*

Die Grundbedingung des auf dem Stammwesen (worin sich das Gemeinwesen ursprünglich auflöst) ruhenden Eigentums Mitglied des Stammes sein – macht den vom Stamm eroberten fremden Stamm, den unterworfnen, *Eigentumslos* und wirft ihn selbst unter die *unorganischen Bedingungen* seiner Reproduktion, wozu sich das Gemeinwesen als den seinen verhält. Sklaverei und Leibeigenschaft sind daher nur weitre Entwicklungen des auf dem Stammwesen beruhnden Eigentums. Sie modifizieren notwendig alle Formen desselben. Am wenigsten können sie dies in der asiatischen Form. In der self-sustaining* Einheit von Manufaktur und Agrikultur, worauf diese Form beruht, die Eroberung nicht so notwendige Bedingung als da, wo das *Grundeigentum, Agrikultur* ausschließlich vorherrschend. Andrerseits, da der Einzelne nie zum Eigentümer, sondern nur zum Besitzer in dieser *Form* wird, ist er au fond selbst das Eigentum, der Sklave dessen, [in] dem die Einheit der Gemeinde existiert, und Sklaverei hebt hier weder die Bedingungen der Arbeit auf, noch modifiziert sie das wesentliche Verhältnis. […]

(»Grundrisse ...«, S. 391–393)

* sich selbst erhaltenden

## 9.

**Befreit von Beschränkungen vorkapitalistischer Sozialverhältnisse (Feudalordnung, Zunftordnung usw.), erzeugt die neue Produktionsweise eigene Schranken, die nur durch Krisen vorübergehend immer wieder überwunden werden können.**

Um der Sache näherzukommen: D'abord there is a limit, not inherent to production generally, but to production founded on capital.* Diese limit** ist doppelt oder vielmehr dieselbe, nach zwei Richtungen hin betrachtet. Es genügt hier nachzuweisen, daß das Kapital eine *besondre* Beschränkung der Produktion enthält – die seiner allgemeinen Tendenz, über jede Schranke derselben fortzutreiben, widerspricht –, um die Grundlage der *Überproduktion*, den Grundwiderspruch des entwickelten Kapitals, aufgedeckt zu haben; um überhaupt aufgedeckt zu haben, daß es nicht, wie die Ökonomen meinen, die *absolute* Form für die Entwicklung der Produktivkräfte ist – absolute Form dafür wie Form des Reichtums, die absolut mit der Entwicklung der Produktivkräfte zusammenfiele. Die Stufen der Produktion, die dem Kapital vorhergehn, erscheinen, vom Standpunkt desselben aus betrachtet, als ebensoviel Fesseln der Produktivkräfte. Es selbst aber, richtig verstanden, erscheint als Bedingung für die Entwicklung der Produktivkräfte, solange sie eines äußern Sporns bedürfen, der zugleich als ihr Zaum erscheint. Disziplin derselben, die überflüssig und lästig wird auf einer gewissen Höhe ihrer Entwicklung; ganz ebensogut wie die Korporationen etc. Diese immanenten Grenzen müssen mit der Natur des Kapitals, mit seinen wesentlichen Begriffsbestimmungen selbst zusammenfallen. Diese notwendigen limits sind:

1) Die *notwendige Arbeit* als Grenze des Tauschwerts des lebendigen Arbeitsvermögens oder des Salärs der industriellen Bevölkerung;

2) Der *Surpluswert* als Grenze der Surplusarbeitszeit; und, in bezug

* Zunächst gibt es eine Beschränkung, die nicht der Produktion im allgemeinen, jedoch der auf Kapital gegründeten Produktion innewohnt.

** Beschränkung

auf die relative Surplusarbeitszeit, als Schranke der Entwicklung der Produktivkräfte;

3) Was dasselbe ist, die *Verwandlung in Geld,* der Tauschwert überhaupt als Grenze der Produktion; oder der auf den Wert gegründete Austausch oder der auf den Austausch gegründete Wert als Grenze der Produktion. Es ist dies:

4) wieder dasselbe als *Beschränkung der Produktion von Gebrauchswerten* durch den Tauschwert; oder daß der reale Reichtum eine *bestimmte,* von ihm selbst verschiedne Form, also nicht absolut mit ihm identische Form annehmen muß, um überhaupt Objekt der Produktion zu werden.

Anderseits geht aus der *allgemeinen Tendenz des Kapitals* hervor (dasselbe, was in der einfachen Zirkulation so erschien, daß das Geld als Zirkulationsmittel als bloß verschwindend, ohne selbständige Notwendigkeit und darum nicht als Grenze und Schranke erschien), daß es vergibt und abstrahiert von der:

1) notwendigen Arbeit als Grenze des Tauschwerts des lebendigen Arbeitsvermögens; 2) dem Surpluswert als Grenze der Surplusarbeit und Entwicklung der Produktivkräfte; 3) dem Geld als Grenze der Produktion; 4) der Beschränkung der Produktion von Gebrauchswerten durch den Tauschwert.

Hinc* die Überproduktion: d.h. die plötzliche *Erinnerung* aller dieser notwendigen Momente der auf das Kapital gegründeten Produktion; daher allgemeine Entwertung infolge des Vergessens derselben. Zugleich damit Aufgabe dem Kapital gestellt, von einem höhern Grade der Entwicklung der Produktivkräfte aus etc. von neuem seinen Versuch zu beginnen mit immer größrem collapse** *als Kapital.* Klar daher, daß je höher die Entwicklung des Kapitals, es um so mehr als Schranke der Produktion – und daher auch der Konsumtion – erscheint, abgesehn von den andren Widersprüchen, die es als lästige Schranke der Produktion und des Verkehrs erscheinen lassen. […] (»Grundrisse ...«, S. 318f.)

* daher

** Zusammenbruch

## 10.
## Das Kapitalverhältnis erzeugt seine Voraussetzung im Zuge der erweiterten Reproduktion (Akkumulation) des Kapitals stets aufs Neue

[...] sobald das Kapital als solches geworden ist schafft es seine eignen Voraussetzungen, nämlich den Besitz der realen Bedingungen für Schöpfung von Neuwerten *ohne Austausch* – durch seinen eignen Produktionsprozeß. Diese Voraussetzungen, die ursprünglich als Bedingungen seines Werdens erschienen – und daher noch nicht von seiner Aktion als Kapital entspringen konnten –, erscheinen jetzt als Resultate seiner eignen Verwirklichung, Wirklichkeit, als *gesetzt* von ihm – *nicht als Bedingungen seines Entstehens, sondern als Resultate seines Daseins*. Es geht nicht mehr von Voraussetzungen aus, um zu werden, sondern ist selbst vorausgesetzt und, von sich ausgehend, schafft [es] die Voraussetzungen seiner Erhaltung und Wachstums selbst. Die Bedingungen daher, die der Schöpfung des Surpluskapital I vorausgingen oder die das Werden des Kapitals ausdrücken, fallen nicht in die Sphäre der Produktionsweise, der das Kapital als Voraussetzung dient; liegen als historische Vorstufen seines Werdens hinter ihm, ebenso wie die Prozesse, wodurch die Erde aus einem flüssigen Feuer- und Dunstmeer in ihre jetzige Form überging, jenseits ihres Lebens als fertige Erde liegen. Das heißt die Einzelnen Kapitalien können immer noch entstehen z.B. durch hoarding*. Das hoard** wird aber erst in Kapital verwandelt durch Exploitation der Arbeit. Die bürgerlichen Ökonomen, die das Kapital als eine ewige und *naturgemäße* (nicht geschichtsgemäße) Form der Produktion betrachten, suchen es dann wieder zu rechtfertigen, indem sie die Bedingungen seines Werdens als die Bedingungen seiner gegenwärtigen Verwirklichung aussprechen, d.h. die Momente, in denen der Kapitalist als Nicht-Kapitalist sich noch aneignet – weil er erst wird – für die very conditions*** ausgeben, in denen er *als Kapitalist* sich aneignet.

* horten

** gehortete

*** gerade für die Bedingungen

Diese Versuche der Apologetik beweisen böses Gewissen und die Ohnmacht, die Aneignungsweise des Kapitals als Kapitals mit den von der Gesellschaft des Kapitals selbst proklamierten *allgemeinen Eigentumsgesetzen* in Harmonie zu bringen.

Andrerseits, was viel wichtiger für uns ist, zeigt unsre Methode die Punkte, wo die historische Betrachtung hereintreten muß, oder wo die bürgerliche Ökonomie als bloß historische Gestalt des Produktionsprozesses über sich hinausweist auf frühre historische Weisen der Produktion. Es ist daher nicht nötig, um die Gesetze der bürgerlichen Ökonomie zu entwickeln, die *wirkliche Geschichte der Produktionsverhältnisse* zu schreiben. Aber die richtige Anschauung und Deduktion derselben als selbst historisch gewordner Verhältnisse führt immer auf erste Gleichungen – wie die empirischen Zahlen z. B. in der Naturwissenschaft –, die auf eine hinter diesem System liegende Vergangenheit hinweisen. Diese Andeutungen, zugleich mit der richtigen Fassung des Gegenwärtigen, bieten dann auch den Schlüssel für das Verständnis der Vergangenheit – eine Arbeit für sich, an die wir hoffentlich auch noch kommen werden. Ebenso führt diese richtige Betrachtung andrerseits zu Punkten, an denen die Aufhebung der gegenwärtigen Gestalt der Produktionsverhältnisse – und so foreshadowing* der Zukunft, werdende Bewegung sich andeutet. Erscheinen einerseits die vorbürgerlichen Phasen als *nur historische*, i. e. aufgehobne Voraussetzungen, so die jetzigen Bedingungen der Produktion als *sich selbst aufhebende* und daher als *historische Voraussetzungen* für einen neuen Gesellschaftszustand setzende.

Betrachten wir nun zunächst das Gewordne Verhältnis, das Gewordensein des Werts zu Kapital und die lebendige Arbeit als ihm bloß gegenüberstehnden Gebrauchswert, so daß die lebendige Arbeit als bloßes Mittel erscheint, um die vergegenständlichte, tote Arbeit zu verwerten, mit belebender Seele zu durchdringen und ihre eigne Seele an sie zu verlieren – und als Resultat einerseits den geschaffnen Reichtum als fremd, als eigen aber nur die Bedürftigkeit des lebendigen Arbeitsvermögens produziert zu haben –, so erscheint die Sache einfach die, daß im und durch den Prozeß selbst gesetzt sind die realen sachlichen Bedingungen der lebendigen Arbeit – (nämlich Material,

* vorausdeutend für die Zukunft

worin sich zu verwerten, Instrument, womit sich zu verwerten, und Lebensmittel, womit die Flamme des lebendigen Arbeitsvermögens zur Arbeit zu schüren und vom Erlöschen zu schützen, seinem Lebensprozeß die nötigen Stoffe zuzuführen) –, gesetzt sind als fremde, selbständige Existenzen – oder als Existenzweise einer *fremden Person,* als an sich [gegenüber] dem lebendigen Arbeitsvermögen, das ebenfalls von ihnen isoliert, subjektiv dasteht, an sich festhaltende, für sich seiende Werte und daher Werte, die dem Arbeitsvermögen fremden Reichtum, den Reichtum des Kapitalisten bilden. Die objektiven Bedingungen der lebendigen Arbeit erscheinen als *getrennte, verselbständigte* Werte gegen das lebendige Arbeitsvermögen als subjektives Dasein, das ihnen gegenüber daher auch nur als Wert von einer *andren Art* (nicht als Wert, sondern als Gebrauchswert von ihnen verschieden) erscheint. Diese Trennung einmal vorausgesetzt, kann der Produktionsprozeß sie nur neu produzieren, reproduzieren und auf größrer Stufenleiter reproduzieren. Wie er das tut, haben wir gesehn. Die objektiven Bedingungen des lebendigen Arbeitsvermögens sind vorausgesetzt als ihm gegenüber selbständige Existenz, als die Objektivität eines von dem lebendigen Arbeitsvermögen unterschiednen und ihm selbständig gegenüberstehenden Subjekts; die Reproduktion und *Verwertung,* d. h. die Erweiterung dieser *objektiven Bedingungen,* ist daher zugleich die Reproduktion und Neuproduktion ihrer als des Reichtums eines fremden Subjekts, dem Arbeitsvermögen gleichgültig und selbständig gegenüberstehend. Was reproduziert und neuproduziert wird, ist nicht nur das *Dasein* dieser objektiven Bedingungen der lebendigen Arbeit, *sondern ihr Dasein als selbständiger, d. h. einem fremden Subjekt angehöriger Werte gegenüber diesem lebendigen Arbeitsvermögen.* Die objektiven Bedingungen der Arbeit erhalten subjektive Existenz gegenüber dem lebendigen Arbeitsvermögen – aus dem Kapital wird der Kapitalist; andrerseits, das bloß subjektive Dasein des Arbeitsvermögens gegenüber seinen eignen Bedingungen gibt ihm nur eine objektive Form gegen dieselben – es ist nur ein *Wert* von besondrem Gebrauchswert *neben* den eignen Bedingungen seiner Verwertung als *Werten* von andrem Gebrauchswert. Statt daß sie als Bedingungen seiner Verwirklichung realisiert werden im Produktionsprozeß, kommt es daher im Gegenteil aus demselben heraus als bloße Bedingung für *ihre* Verwertung und Erhaltung als für sich seiender Wert ihm gegenüber. Das Material, das es bearbeitet, ist *fremdes* Material; ebenso das Instrument *fremdes* Instrument; seine Arbeit erscheint nur als Akzessorium an ihnen als der Substanz und vergegenständlicht sich daher in nicht *ihm* Gehörigem. Ja die lebendige Arbeit selbst erscheint als *fremd* gegenüber dem lebendigen Arbeitsvermögen, dessen Arbeit sie ist, dessen eigne Lebensäußerung sie ist, denn sie ist abgetreten an das Kapital gegen vergegenständlichte Arbeit, gegen das Produkt der Arbeit selbst. Das Arbeitsvermögen verhält sich zu ihr als einer fremden, und wenn das Kapital es zahlen wollte, *ohne* es arbeiten zu lassen, würde es mit Vergnügen den Handel eingehn. Seine eigne Arbeit ist ihm also ebenso fremd – und sie ist es auch ihrer Direktion etc. nach – wie das Material und Instrument. Daher ihm denn auch das Produkt als eine Kombination fremden Materials, fremden Instruments und fremder Arbeit – als *fremdes Eigentum* erscheint, und es nach der Produktion nur ärmer geworden ist um die ausgegebne Lebenskraft, sonst aber von neuem die drudgery beginnt von sich als getrennt von seinen Lebensbedingungen existiererendes bloß subjektives Arbeitsvermögen. Die Erkennung der Produkte als seiner eignen und die Beurteilung der Trennung von den Bedingungen seiner Verwirklichung als einer ungehörigen, zwangsweisen – ist ein enormes Bewußtsein, selbst das Produkt der auf dem Kapital ruhenden Produktionsweise, und so sehr das knell to its doom, wie mit dem Bewußtsein des Sklaven, daß er nicht das *Eigentum eines Dritten sein kann,* seinem Bewußtsein als Person, die Sklaverei nur noch ein künstliches Dasein fortvegetiert und aufgehört hat, als Basis der Produktion fortdauern zu können. [...] (»Grundrisse ...«, S. 364–367)

*Die Oberfläche der kapitalistischen Produktionsweise erscheint als freier und gleicher Austausch von Äquivalenten.*

Die auf den Tauschwert basierte Produktion, auf deren Oberfläche jener freie und gleiche Austausch von Äquivalenten vorgeht – ist in der Basis Austausch *von vergegenständlichter Arbeit* als Tauschwert gegen die lebendige Arbeit als Gebrauchswert oder wie das auch ausgedrückt werden kann, Verhalten der Arbeit zu ihren objektiven Bedingungen – und daher zu der von ihr selbst geschaffnen Objektivität als fremdem Eigentum: *Entäußerung der Arbeit.* Andrerseits ist die Bedingung des Tauschwerts Messen desselben durch Arbeitszeit und daher die lebendige Arbeit – nicht ihr Wert – als Maß der Werte. Es ist eine delusion*, als beruhte in allen Produktionszuständen die Produktion und daher die Gesellschaft auf dem *Austausch von bloßer Arbeit gegen Arbeit.* In den verschiednen Formen, worin die Arbeit sich zu ihren Produktionsbedingungen als ihrem Eigentum verhält, ist die Reproduktion des Arbeiters keineswegs durch *bloße Arbeit* gesetzt, denn sein Eigentumsverhältnis ist nicht das Resultat, sondern die Voraussetzung seiner Arbeit. Im Grundeigentum ist es klar; im Zunftwesen muß es auch klar werden, daß die besondre Art Eigentum, die die Arbeit konstituiert, nicht auf bloßer Arbeit oder Austausch der Arbeit beruht, sondern auf einem objektiven Zusammenhang des Arbeiters mit einem Gemeinwesen und Bedingungen, die er vorfindet, von denen er als seiner Basis ausgeht. Sie sind auch Produkte einer Arbeit, der weltgeschichtlichen; der Arbeit des Gemeinwesens – seiner historischen Entwicklung, die nicht von der Arbeit der Einzelnen noch dem Austausch ihrer Arbeiten ausgeht. Es ist daher auch nicht die bloße Arbeit Voraussetzung der Verwertung. Ein Zustand, in dem bloß Arbeit gegen Arbeit ausgetauscht wird – sei es in der Form unmittelbarer Lebendigkeit, sei es in der Form des Produkts – unterstellt die Loslösung der Arbeit von ihrem ursprünglichen Zusammengewachsensein mit ihren objektiven Bedingungen, weswegen sie auf der einen Seite als bloße Arbeit erscheint, andrerseits ihr Produkt als vergegenständlichte Arbeit ihr gegenüber ein durchaus selbständiges Dasein als Wert erhält. *Der Austausch von Arbeit gegen Arbeit – scheinbar die Bedingung des Eigentums des Arbeiters – beruht auf der Eigentumslosigkeit des Arbeiters als ihrer Basis.*

(Daß die *äußerste Form der Entfremdung*, worin im Verhältnis des Kapitals zur Lohnarbeit die Arbeit, die produktive Tätigkeit zu ihren eignen Bedingungen und ihrem eignen Produkt erscheint, ein notwendiger Durchgangspunkt ist – und daher *an sich*, nur noch in ver-

* Täuschung

kehrter, auf den Kopf gestellter Form schon enthält die Auflösung aller *bornierten Voraussetzungen der Produktion* und vielmehr die unbedingten Voraussetzungen der Produktion schafft und herstellt, daher die vollen materiellen Bedingungen für die totale, universelle Entwicklung der Produktivkräfte des Individuums, wird später betrachtet werden.) [...] (»Grundrisse ...«, S. 414f.)

## 11.
## Oberflächlichkeit der Vulgärökonomie im Gegensatz zu den Klassikern Smith und Ricardo

Während den klassischen und daher kritischen Ökonomen die Form der Entfremdung Arbeit macht und sie dieselbe durch Analyse abzustreifen versuchen, fühlt sich dagegen die Vulgärökonomie grade in der *Fremdheit*, worin sich die verschiednen Anteile am Wert gegenübertreten, erst vollständig zu Hause, ganz so wie ein Scholastiker in Gott-Vater, Gott-Sohn und Gott-Heiligen Geist, so der Vulgärökonom in der Erde-Rente, dem Kapital-Zins, der Arbeit – Arbeitslohn. Es ist dies ja die Form, worin diese Verhältnisse in der Erscheinung unmittelbar zusammenzuhängen scheinen, also auch in den Vorstellungen und dem Bewußtsein der in der kapitalistischen Produktion befangnen Agenten derselben leben. Die Vulgärökonomie kömmt sich um so einfacher, *naturgemäßer* und gemeinnützlicher, um so entfernter von aller theoretischen Spitzfindigkeit vor, je mehr sie in der Tat nichts tut, als die ordinären Vorstellungen in eine doktrinäre Sprache übersetzen. In je mehr entfremdeter Form sie daher die Formationen der kapitalistischen Produktion auffaßt, um so näher ist sie dem Element der gewöhnlichen Vorstellung, also um so mehr schwimmt sie in ihrem Naturelement.

Außerdem tut das sehr gute Dienste für die Apologetik. Denn z.B. [in] Erde-Rente, Kapital-Zins, Arbeit-Arbeitslohn stehn sich die verschiednen Formen des Mehrwerts und Gestalten der kapitalistischen Produktion nicht entfremdet, sondern fremd und gleichgültig, als bloß verschieden, *ohne Gegensatz* gegenüber. Die verschiednen Revenues fließen aus ganz verschiednen Quellen, die eine aus der Erde, die andre aus dem Kapital, die andre aus der Arbeit. Sie stehn also in keinem feindlichen, weil überhaupt in keinem innren Zusammenhang. Wirken sie nun doch in der Produktion zusammen, so ist das ein harmonisches Wirken, der Ausdruck von Harmonie, wie ja z.B. der Bauer, der Ochse, der Pflug und die Erde in der Agrikultur, dem wirklichen Arbeitsprozesse, trotz ihrer Verschiedenheit, *harmonisch* zusammenarbeiten. Soweit ein Gegensatz zwischen ihnen stattfindet, entspringt er bloß aus der Konkurrenz, welcher der Agenten mehr vom Produkt sich aneignen soll, vom Wert, den sie zusammen schufen, und kommt es dabei gelegentlich zur Keilerei, so zeigt sich dann doch schließlich als Endresultat dieser Konkurrenz zwischen Erde, Kapital und Arbeit, daß, indem sie sich untereinander stritten über die Teilung, sie durch ihren Wetteifer den Wert des Produkts so vermehrt haben, daß jeder einen größren Fetzen bekommt, so daß ihre Konkurrenz selbst nur als der stachelnde Ausdruck ihrer Harmonie erscheint. [...]

(Theorien über den Mehrwert, MEW, Bd. 26,3, S. 493f.)

## 12.
## Transport- und Kommunikationsmittel, späte Übernahme deren Produktion durch kapitalistische Unternehmer

Je mehr die Produktion auf dem Tauschwert, daher auf dem Austausch beruht, desto wichtiger werden für sie die physischen Bedingungen des Austauschs – Kommunikations- und Transportmittel. Das Kapital treibt seiner Natur nach über jede räumliche Schranke hinaus. Die Schöpfung der physischen Bedingungen des Austauschs – von Kommunikations- und Transportmitteln – wird also für es in ganz andrem Maße zur Notwendigkeit – die Vernichtung des Raums durch die Zeit. Insofern das unmittelbare Produkt nur massenhaft verwertet werden kann auf fernen Märkten, im Maße als die Transportkosten abnehmen, und insofern andrerseits Kommunikationsmittel und Transport selbst nur Sphären der Verwertung, der vom Kapital betriebnen Arbeit abgeben können, insofern massenhafter Verkehr stattfindet – wodurch mehr als die notwendige Arbeit ersetzt wird –, ist die Produktion wohlfeiler Transport- und Kommunikationsmittel Bedingung für die auf das Kapital gegründete Produktion und wird *daher* von ihm hergestellt. Alle Arbeit, die erheischt wird, um das fertige Produkt in Zirkulation zu werfen – in ökonomischer Zirkulation befindet es sich erst, sobald es auf dem Markt befindlich ist – ist vom Standpunkt des Kapitals aus zu überwindende Schranke – wie alle Arbeit, die erheischt ist als *Bedingung* für den Produktionsprozeß (so z. B. Kosten für Sicherheit des Austauschs etc.). Wasserweg als selbstwandelnder, selbstbewegter Weg der der Handelsvölker κατ' εξοχήν*. Andrerseits, Kommunikationsstraßen fallen ursprünglich dem Gemeinwesen, später lange Zeit den Regierungen anheim, als reine Abzüge an der Produktion, die vom gemeinschaftlichen Surplusprodukt des Landes abgehn, aber keine Quelle seines Reichtums ausmachen, d. h. ihre Produktionskosten nicht decken. In den ursprünglichen asiatischen, self-sustaining** Gemeinwesen einerseits kein Bedürfnis nach Wegen; andrerseits hält der Mangel derselben sie fest in ihrer Abgeschlossenheit und bildet daher ein wesentliches Moment ihrer unveränderten Fortdauer (wie in Indien). Straßenbauten durch Fronarbeit oder, was andre Form ist, durch Steuer, ist zwangsweise Verwandlung eines Teils der Surplusarbeit oder des Surplusprodukts des Landes in Straßen. Damit das einzelne Kapital das übernimmt, d.h. die außer dem unmittelbaren *Produktions*prozeß liegenden Bedingungen desselben herstellt – muß die Arbeit sich verwerten. [...] (»Grundrisse ...«, S. 423 f.)

Allgemeine Bedingungen der Produktion:
Wege, Kanäle, Häfen usw. (Infrastruktur).

Alle *allgemeinen Bedingungen der Produktion*, wie Wege, Kanäle etc., sei es, daß sie die Zirkulation erleichtern oder gar erst möglich machen oder auch die Produktivkraft vermehren (wie Irrigationen etc.

* vorzugsweise

** sich selbst erhaltenden

in Asien und übrigens noch in Europa von den Regierungen gebaut), unterstellen, um vom Kapital unternommen zu werden, statt von der Regierung, die das Gemeinwesen als solches repräsentiert, höchste Entwicklung der auf das Kapital gegründeten Produktion. Die Ablösung der *travaux publics** vom Staat und ihr Übergehen in die Domäne der vom Kapital selbst unternommnen Arbeiten zeigt den Grad an, wozu sich das reelle Gemeinwesen in der Form des Kapitals konstituiert hat. Ein Land, z. B. die United States, kann selbst in produktiver Beziehung die Notwendigkeit von Eisenbahnen fühlen; dennoch kann der unmittelbare Vorteil, der für die Produktion daraus hervorgeht, zu gering sein, als das die Auslage anders als à *fonds* perdu** erschiene. Dann wälzt das Kapital sie auf die Schultern des Staats, oder, wo der Staat traditionell ihm gegenüber noch eine superiore*** Stellung einnimmt, besitzt er noch das Privilegium und den Willen, die Gesamtheit zu zwingen einen Teil ihrer *Revenu,* nicht ihres Kapitals, in solche allgemein nützliche Arbeiten [zu stecken], die zugleich als *allgemeine* Bedingungen der Produktion erscheinen, und daher nicht als *besondre* Bedingung für irgendeinen Kapitalisten – und solange das Kapital nicht die Form der Aktiengesellschaft annimmt, sucht es immer nur die *besondren* Bedingungen seiner Verwertung, die *gemeinschaftlichen* schiebt es als Landesbedürfnisse dem ganzen Land auf. Das Kapital unternimmt nur *vorteilhafte,* in *seinem* Sinn vorteilhafte Unternehmungen.

Allerdings spekuliert es auch falsch und *muß,* wie wir so sehen werden, so spekulieren. Es unternimmt dann *Anlagen,* die sich nicht rentieren und erst rentieren, sobald sie *entwertet* sind zu einem gewissen Grade. Daher die vielen Unternehmungen, wo der erste *mise de capital* à fonds perdu+ ist, die ersten Unternehmer kaputtgehn – und erst in zweiter oder dritter Hand, wo das Anlagekapital durch die *Entwertung* geringer geworden, sich verwerten. Übrigens der Staat selbst und was drum und dran hängt, gehört zu diesen Abzügen von der *Revenu,* sozusagen den *Konsumtionskosten* für den Einzelnen, den Produk-

* öffentliche Arbeiten
** unter Verzicht auf Rückzahlung
*** überlegene
\+ *Kapitaleinsatz* ein Verlustgeschäft

tionskosten für die Gesellschaft. Ein Weg selbst kann die Produktivkräfte so vermehren, daß er einen Verkehr schafft, durch den er sich nun rentiert. Es können Arbeiten notwendig sein und Auslagen, ohne produktiv im Sinn des Kapitals zu sein, d.h. ohne daß die in ihnen enthaltne *Surplusarbeit* durch die Zirkulation, durch den Austausch als *Surpluswert* realisiert wird. Wenn ein Arbeiter z.B. 12 Stunden während des Jahrs täglich an einem Weg arbeitet und die allgemein notwendige Arbeitszeit im Durchschnitt = 6 Stunden, so hat er eine Surplusarbeit von 6 Stunden gearbeitet. Kann aber der Weg nicht verkauft werden zu 12 Stunden, vielleicht nur zu 6, so ist der Wegbau kein Unternehmen für das Kapital, und das Wegbauen keine produktive Arbeit für dasselbe. Das Kapital muß den Weg verkaufen können (Zeitraum und Art des Verkaufens geht uns hier nichts an), so daß die notwendige Arbeit sowohl wie die Surplusarbeit verwertet wird oder daß aus dem allgemeinen Fonds der Profite – der Surpluswerte – ein solcher Teil ihm zufällt, als ob es Surpluswert geschaffen. [...]

Wo das Kapital herrscht (ganz wie da, wo Sklaverei und Leibeigenschaft oder Frondienst irgendwelcher Art) ist die absolute Arbeitszeit des Arbeiters als Bedingung für ihn gesetzt, um die notwendige arbeiten zu dürfen, d.h. um die zur Erhaltung seines Arbeitsvermögens notwendige in Gebrauchswerten für sich realisieren zu können. In jeder Art Arbeit bringt es dann die Konkurrenz mit sich, daß er die volle Zeit arbeiten muß – also Surplusarbeitszeit. Es kann aber der Fall sein, daß diese Surplusarbeitszeit, obgleich im Produkt enthalten, nicht austauschbar. Für den Arbeiter selbst – mit den andren Lohnarbeitern verglichen – ist es Surplusarbeit. Für den Verwender ist es Arbeit, die zwar einen Gebrauchswert für ihn hat, wie z.B. sein Koch, aber keinen Tauschwert, also die ganze Distinktion von *notwendiger und Surplusarbeitszeit* nicht existiert. Die Arbeit kann notwendig sein, ohne produktiv zu sein. Alle *allgemeinen, gemeinschaftlichen* Bedingungen der Produktion – solange ihre Herstellung durch das Kapital als solches, unter seinen Bedingungen noch nicht geschehn kann – werden daher bestritten aus einem Teil der Revenu des Landes – der Regierungskasse, und die Arbeiter erscheinen nicht als produktive Arbeiter, obgleich sie die Produktivkraft des Kapitals vermehren.

Das Resultat unsrer Abschweifung ist übrigens, daß Produktion von Kommunikationsmitteln, d[ie] physischen Bedingungen der Zirkulation, [sich] unter die Kategorie von Produktion des capital fixe rangiert, also keinen besondren case konstituiert. Nur hat sich uns nebenbei die Aussicht eröffnet, die an diesem Punkt noch nicht scharf gezeichnet werden kann, von einem *spezifischen Verhältnis des Kapitals zu den gemeinschaftlichen, allgemeinen Bedingungen der gesellschaftlichen Produktion*, im Unterschied zu denen des *besondren Kapitals* und seines *besondren Produktiuonsprozesses.*

(»Grundrisse ...«, S. 429–432)

## 13.
## Entwicklung von Wissenschaft, Maschinenproduktion und Kooperation durch die kapitalistische Produktionsweise – in widerspruchsvoller Form

*Die Entwicklung der Wissenschaft allein* – i.e. der solidesten Form des Reichtums, sowohl Produkt wie Produzent desselben – war hinreichend, diese Gemeinwesen aufzulösen. Die *Entwicklung der Wissenschaft,* dieses ideellen und zugleich praktischen Reichtums, ist aber nur eine Seite, eine Form, worin die *Entwicklung der menschlichen Produktivkräfte,* i.e. des Reichtums erscheint. *Ideell* betrachtet, reichte die Auflösung einer bestimmten Bewußtseinsform hin, um eine ganze Epoche zu töten. Reell entspricht diese Schranke des Bewußtseins einem *bestimmten Grad der Entwicklung der materiellen Produktivkräfte* und daher des Reichtums. Allerdings fand Entwicklung statt nicht nur auf der alten Basis, sondern *Entwicklung dieser Basis selbst.* Die höchste Entwicklung dieser Basis selbst (die Blüte, worin sie sich verwandelt; es ist aber doch immer *diese* Basis, *diese* Pflanze als Blüte; daher Verwelken *nach* der Blüte und als Folge der Blüte) ist der Punkt, worin sie selbst zu der Form ausgearbeitet ist, worin sie mit der *höchsten Entwicklung der Produktivkräfte* vereinbar, daher auch der reichsten Entwicklung der Individuen. Sobald dieser Punkt erreicht ist, erscheint die weitre Entwicklung als Verfall und die neue Entwicklung beginnt von einer neuen Basis. [...]

Die Schranke des *Kapitals* ist, daß diese ganze Entwicklung gegensätzlich vor sich geht und das Herausarbeiten der Produktivkräfte, des allgemeinen Reichtums etc., Wissens etc. so erscheint, daß das arbeitende Individuum selbst sich *entäußert;* zu den aus ihm herausgearbeiteten nicht als den Bedingungen *seines eignen,* sondern *fremden Reichtums* und seiner eignen Armut sich verhält. Diese gegensätzliche Form selbst aber ist verschwindend und produziert die realen Bedingungen ihrer eignen Aufhebung. Resultat ist: die ihrer Tendenz und δυνάμει* nach allgemeine Entwicklung der Produktivkräfte – des Reichtums überhaupt – als Basis, ebenso die Universalität des Verkehrs, daher der Weltmarkt als Basis. Die Basis als Möglichkeit der universellen Entwicklung des Individuums und die wirkliche Entwicklung der Individuen von dieser Basis aus als beständige Aufhebung ihrer *Schranke,* die als Schranke gewußt ist, nicht als *heilige Grenze* gilt. Die Universalität des Individuums nicht als gedachte oder eingebildete, sondern als Universalität seiner realen und ideellen Beziehungen. Daher auch Begreifen seiner eignen Geschichte als eines *Prozesses* und Wissen der Natur (ebenso als praktische Macht über sie vorhanden) als seines realen Leibes. Der Prozeß der Entwicklung selbst als Voraussetzung desselben gesetzt und gewußt. Dazu aber nötig vor allem, daß die volle Entwicklung der Produktivkräfte *Produktionsbedingung* geworden; nicht bestimmte *Produktionsbedingungen* als Grenze für die Entwicklung der Produktivkräfte gesetzt sind. – [...]

(John Wade: »History of the Middle and Working Classes etc.« 3. ed. London 1835, Heft 20 sagt: »Labour ist the agency by which capital is made productive of wages, profit or revenue« (p.161).** »Capital is stored up industry, provided itself in new and equivalent forms; it is

* der Möglichkeit

** John Wade: »History of the Middle and Working Classes« etc. 3. ed. London 1835, Heft 20 sagt: »Arbeit ist die Agentur, durch die das Kapital Lohn, Profit und Einkommen erzeugt.« (p.161) collective force« (p. 162)* »Kapital ist nur ein andrer Name für Zivilisation.«(p. 164)

Die Assoziation der Arbeiter – Kooperation und Division of Labour Grundbedingungen der Produktivität der Arbeit – erscheinen wie alle Produktivkräfte der Arbeit, d.h. die den Grad ihrer Intensität und daher ihrer extensiven Realisation bestimmen, als *Produktivkraft des Kapitals.* Die Kollektivkraft der Arbeit, ihr Charakter als gesellschaftliche Arbeit, ist daher die *Kollektivkraft* des Kapitals. Ebenso die *Wissenschaft.* Ebenso die Teilung der Arbeit, wie sie erscheint als Teilung der employments und ihnen entsprechender Austausch. Alle gesellschaftlichen Potenzen der Produktion sind Produktivkräfte des Kapitals und es selbst erscheint daher als das Subjekt derselben. Die Assoziation der Arbeiter, wie sie in der Fabrik erscheint, ist daher auch nicht von ihnen, sondern vom Kapital gesetzt. Ihre Vereinigung ist nicht *ihr* Dasein, sondern das *Dasein* des Kapitals. Dem einzelnen Arbeiter gegenüber erscheint sie zufällig. Er bezieht sich auf seine eigne Vereinigung mit andren Arbeitern und Kooperation mit ihnen als *fremde,* als Wirkungsweisen des Kapitals. Das Kapital, wo es nicht in inadäquater Form erscheint – also etwa der des kleinen, selbstarbeitenden Kapitals – unterstellt schon auf gewisser, größrer oder kleinrer Stufenleiter, Konzentration sowohl in objektiver Form, d.h. als Konzentration in einer Hand, was hier mit der Akkumulation noch zusammenfällt, von Lebensmitteln, Rohmaterial und Instrumenten, oder in einem Wort, von Geld als der allgemeinen Form des Reichtums; und auf der andren Seite in subjektiver Form, Akkumulation von Arbeitskräften und Konzentration derselben auf einem Punkt, unter dem Kommando des Kapitals. Es kann nicht auf je einen Arbeiter ein Kapitalist kommen, sondern eine gewisse Quantität Arbeiter muß auf Einen Kapitalisten kommen, nicht wie ein oder zwei Gesellen auf einen Meister. Das Produktive Kapital, oder die dem Kapital entsprechende Produktionsweise kann nur eine doppelte sein: Manufaktur oder große Industrie. In der ersten herrscht die Teilung der Arbeit vor; in der zweiten Kombination von Arbeitskräften (mit gleichmäßiger Arbeitsweise) und Anwendung

* »Kapital ist aufgehäufte Industrie, vorausgesetzt, daß sie in neuer und äquivalenter Form entwickelt ist.« (p. 162)

von wissenschaftlicher Power, wo die Kombination und sozusagen der gemeinschaftliche Geist der Arbeit in die Maschine etc. verlegt ist. In dem ersten Zustand muß die Masse der Arbeiter (akkumulierten) groß sein im Verhältnis zum amount of capital*; im zweiten das capital fixe groß zur Zahl der vielen zusammenwirkenden Arbeiter. [...]

(»Grundrisse ...«, S. 479 f.)

In den Produktionsprozeß des Kapitals aufgenommen, durchläuft das Arbeitsmittel aber verschiedne Metamorphosen, deren letzte die *Maschine* ist oder vielmehr ein *automatisches System der Maschinerie* (System der Maschinerie; das *automatische* ist nur die vollendetste adäquateste Form derselben und verwandelt die Maschinerie erst in ein System), in Bewegung gesetzt durch einen Automaten, bewegende Kraft, die sich selbst bewegt; dieser Automat, bestehend aus zahlreichen mechanischen und intellektuellen Organen, so daß die Arbeiter selbst nur als bewußte Glieder desselben bestimmt sind. In der Maschine und noch mehr in der Maschinerie als einem automatischen System ist das Arbeitsmittel verwandelt seinem Gebrauchswert nach, d.h. seinem stofflichen Dasein nach in eine dem capital fixe und dem Kapital überhaupt adäquate Existenz und die Form, in der es als unmittelbares eine durch das Kapital selbst gesetzte und ihm entsprechende Form aufgehoben. Die Maschine erscheint in keiner Beziehung als Arbeitsmittel des einzelnen Arbeiters. Ihre differentia specifica** ist keineswegs, wie beim Arbeitsmittel, die Tätigkeit des Arbeiters auf das Objekt zu vermitteln; sondern diese Tätigkeit ist vielmehr so gesetzt, daß sie nur noch die Arbeit der Maschine, ihre Aktion auf das Rohmaterial vermittelt – überwacht und sie vor Störungen bewahrt. Nicht wie beim Instrument, das der Arbeiter als Organ mit seinem eignen Geschick und Tätigkeit beseelt und dessen Handhabung daher von seiner Virtuosität abhängt. Sondern die Maschine, die für den Arbeiter Geschick und Kraft besitzt, ist selbst der Virtuose, der eine eigne Seele besitzt in den in ihr wirkenden mechanischen Gesetzen und zu ihrer beständigen Selbstbewegung, wie der Arbeiter Nahrungsmittel, so Kohlen, Öl etc. konsumiert (matières

* zur Menge an Kapital

** ihr Unterscheidungsmerkmal

instrumentales*). Die Tätigkeit des Arbeiters, auf eine bloße Abstraktion der Tätigkeit beschränkt, ist nach allen Seiten hin bestimmt und geregelt durch die Bewegung der Maschinerie, nicht umgekehrt. Die Wissenschaft, die die unbelebten Glieder der Maschinerie zwingt, durch ihre Konstruktion zweckgemäß als Automat zu wirken, existiert nicht im Bewußtsein des Arbeiters, sondern wirkt durch die Maschine als fremde Macht auf ihn, als Macht der Maschine selbst.

Die Aneignung der lebendigen Arbeit durch die vergegenständlichte Arbeit – der verwertenden Kraft oder Tätigkeit durch den für sich seienden Wert –, die im Begriff des Kapitals liegt, ist in der auf Maschinerie beruhnden Produktion als Charakter des Produktionsprozesses selbst auch seinen stofflichen Elementen und seiner stofflichen Bewegung nach gesetzt. [...]

Die Entwicklung des Arbeitsmittels zur Maschinerie ist nicht zufällig für das Kapital, sondern ist die historische Umgestaltung des traditionell überkommnen Arbeitsmittels als dem Kapital adäquat umgewandelt. Die Akkumulation des Wissens und des Geschicks, der allgemeinen Produktivkräfte des gesellschaftlichen Hirns, ist so der Arbeit gegenüber absorbiert in dem Kapital und erscheint daher als Eigenschaft des Kapitals, und bestimmter des *capital fixe,* soweit es als eigentliches Produktionsmittel in den Produktionsprozeß eintritt. Die *Maschinerie* erscheint also als die adäquateste Form des *capital fixe* und das capital fixe, soweit das Kapital in seiner Beziehung auf sich selbst betrachtet wird, als die *adäquateste Form des Kapitals überhaupt.* Andrerseits, soweit das capital fixe in seinem Dasein als bestimmter Gebrauchswert festgebannt, entspricht es nicht dem Begriff des Kapitals, das als Wert gleichgültig gegen jede bestimmte Form des Gebrauchswerts und jede derselben als gleichgültige Inkarnation annehmen oder abstreifen kann. Nach dieser Seite hin, nach der Beziehung des Kapitals nach außen, erscheint das *capital circulant* als die adäquate Form des Kapitals gegenüber dem capital fixe.

Insofern ferner die Maschinerie sich entwickelt mit der Akkumulation der gesellschaftlichen Wissenschaft, Produktivkraft überhaupt, ist es nicht in dem Arbeiter, sondern im Kapital, daß sich die allgemein gesellschaftliche Arbeit darstellt. Die Produktivkraft der

* Produktionshilfsstoffe

Gesellschaft ist gemessen an dem *capital fixe,* existiert in ihm in gegenständlicher Form und umgekehrt entwickelt sich die Produktivkraft des Kapitals mit diesem allgemeinen Fortschritt, den das Kapital sich gratis aneignet. Es ist hier nicht in die Entwicklung der Maschinerie en détail einzugehn; sondern nur nach der allgemeinen Seite hin; soweit im *capital fixe* das *Arbeitsmittel,* nach seiner stofflichen Seite, seine unmittelbare Form verliert und stofflich dem Arbeiter als *Kapital* gegenübertritt. Das Wissen erscheint in der Maschinerie als fremdes außer ihm; und die lebendige Arbeit subsumiert unter die selbständig wirkende vergegenständlichte. Der Arbeiter erscheint als überflüssig, soweit nur seine Aktion nicht bedingt ist durch die Bedürfnisse [des Kapitals].

Die volle Entwicklung des Kapitals findet also erst statt – oder das Kapital hat erst die ihm entsprechende Produktionsweise gesetzt –, sobald das Arbeitsmittel nicht nur formell als *capital fixe* bestimmt ist, sondern in seiner unmittelbaren Form aufgehoben und das *capital fixe* innerhalb des Produktionsprozesses der Arbeit gegenüber als Maschine auftritt; der ganze Produktionsprozeß aber als nicht subsumiert unter die unmittelbare Geschicklichkeit des Arbeiters, sondern als technologische Anwendung der Wissenschaft. Der Produktion wissenschaftlichen Charakter zugeben, daher die Tendenz des Kapitals, und die unmittelbare Arbeit herabgesetzt zu einem bloßen Moment dieses Prozesses. Wie bei der Verwandlung des Werts in Kapital, so zeigt sich bei der nähern Entwicklung des Kapitals, daß es einerseits eine bestimmte gegebne historische Entwicklung der Produktivkräfte voraussetzt – unter diesen Produktivkräften auch die Wissenschaft –, andrerseits sie vorantreibt und forciert. […]

Die Maschinerie verliert ihren Gebrauchswert nicht, sobald sie aufhörte, Kapital zu sein. Daraus, daß die Maschinerie die entsprechendste Form des Gebrauchswerts des capital fixe, folgt keineswegs, daß die Subsumtion unter das gesellschaftliche Verhältnis des Kapitals das entsprechendste und beste gesellschaftliche Produktionsverhältnis für die Anwendung der Maschinerie.

In demselben Maße, wie die Arbeitszeit – das bloße Quantum Arbeit – durch das Kapital als einzig bestimmendes Element gesetzt wird, in demselben Maße verschwindet die unmittelbare Arbeit und ihre Quantität als das bestimmende Prinzip der Produktion – der Schöpfung von Gebrauchswerten – und wird sowohl quantitativ zu einer geringen Proportion herabgesetzt wie qualitativ als ein zwar unentbehrliches, aber subalternes Moment gegen die allgemeine wissenschaftliche Arbeit, technologische Anwendung der Naturwissenschaften nach der einen Seite, wie [gegen die] aus der gesellschaftlichen Gliederung in der Gesamtproduktion hervorgehende allgemeine Produktivkraft – die als Naturgabe der gesellschaftlichen Arbeit (obgleich historisches Produkt) erscheint. Das Kapital arbeitet so an seiner eignen Auflösung als die Produktion beherrschende Form.

Wenn so einerseits die Verwandlung des Produktionsprozesses aus dem einfachen Arbeitsprozeß in einen wissenschaftlichen Prozeß, der die Naturgewalten seinem Dienst unterwirft und so sie im Dienst der menschlichen Bedürfnisse wirken läßt, als Eigenschaft des *capital fixe* gegenüber der lebendigen Arbeit erscheint; wenn die einzelne Arbeit als solche überhaupt aufhört, als produktiv zu erscheinen, vielmehr nur produktiv ist in den gemeinsamen, die Naturgewalten sich unterordnenden Arbeiten und diese Erhebung der unmittelbaren Arbeit in gesellschaftliche als Reduktion der einzelnen Arbeit auf Hilfslosigkeit gegen die im Kapital repräsentierte, konzentrierte Gemeinsamkeit erscheint; so andrerseits erscheint nun als Eigenschaft des *capital circulant* das Erhalten der Arbeit in einem Produktionszweig durch *co-existing labour** in einem andren. In der kleinen Zirkulation avanciert** das Kapital dem Arbeiter das Salair, das dieser austauscht gegen zu seiner Konsumtion nötige Produkte. Das von ihm erhaltne Geld hat nur diese Macht, weil gleichzeitig neben ihm gearbeitet wird; und nur weil das Kapital sich seine Arbeit aneignet, kann es ihm im Geld Anweisung auf fremde Arbeit geben. Dieser Austausch der eignen Arbeit mit der fremden erscheint hier nicht durch die gleichzeitige Koexistenz der Arbeit der andren vermittelt und bedingt, sondern durch die Avance***, die das Kapital macht. Es erscheint als Eigenschaft des Teils des *circulating capital,* der an den Arbeiter ab-

* gleichzeitig existierende Arbeit

** schießt vor

*** Vorleistung

getreten wird, und des circulating capital überhaupt, daß der Arbeiter während der Produktion den zu seiner Konsumtion nötigen Stoffwechsel vornehmen kann. Es erscheint nicht als Stoffwechsel der gleichzeitigen Arbeitskräfte, sondern als Stoffwechsel des Kapitals; so, daß circulating capital existiert. So werden alle Kräfte der Arbeit transponiert in Kräfte des Kapitals; im capital fixe die Produktivkraft der Arbeit (die außer ihr gesetzt ist und als unabhängig (sachlich) von ihr existierend); und im capital circulant einerseits dies, daß der Arbeiter selbst die Bedingungen der Wiederholung seiner Arbeit sich vorausgesetzt hat, andrerseits der Austausch dieser seiner Arbeit durch die koexistierende Arbeit andrer vermittelt ist, erscheint so, daß das Kapital ihm die Avancen macht und andrerseits die Gleichzeitigkeit der Arbeitszweige setzt. (Die beiden letztren Bestimmungen gehören eigentlich in die Akkumulation.) Das Kapital setzt sich als Vermittler zwischen den verschiednen labourers* in der Form des capital circulant.

Das *capital fixe,* in seiner Bestimmung als Produktionsmittel, deren adäquateste Form die Maschinerie, produziert nur Wert, d. h. vermehrt den Wert des Produkts nur nach 2 Seiten hin: 1) soweit es *Wert* hat; d. h. selbst Produkt der Arbeit, ein gewisses Quantum Arbeit in vergegenständlichter Form ist; 2) insofern es das Verhältnis der Surplusarbeit zur notwendigen Arbeit vermehrt, indem es die Arbeit befähigt, durch Vermehrung ihrer Produktivkraft eine größre Masse zum Unterhalt des lebendigen Arbeitsvermögens nötiger Produkte in kürzrer Zeit zu schaffen. Es ist also eine höchst absurde bürgerliche Phrase, daß der Arbeiter mit dem Kapitalisten teilt, weil dieser durch das capital fixe (das übrigens selbst das Produkt der Arbeit und vom Kapital nur angeeignete *fremde* Arbeit) ihm seine Arbeit erleichtert (er raubt ihr durch die Maschine vielmehr alle Selbständigkeit und attrayanten** Charakter) oder seine Arbeit abkürzt. Das Kapital wendet die Maschine vielmehr nur an, soweit sie den Arbeiter befähigt, einen größeren Teil seiner Zeit für das Kapital zu arbeiten, zu einem größeren Teil seiner Zeit als ihm nicht angehöriger sich zu verhalten, länger für einen andren zu arbeiten. Durch diesen Prozeß wird

* Arbeitern

** anziehenden

in der Tat das Quantum zur Produktion eines gewissen Gegenstandes nötige Arbeit auf ein Minimum reduziert, aber nur damit ein Maximum von Arbeit in dem Maximum solcher Gegenstände verwertet werde. Die erste Seite ist wichtig, weil das Kapital hier – ganz unabsichtlich – die menschliche Arbeit auf ein Minimum reduziert, die Kraftausgabe. Dies wird der emanzipierten Arbeit zugute kommen und ist die Bedingung ihrer Emanzipation. Aus dem Gesagten geht die Absurdität Lauderdales hervor, wenn er das capital fixe zu einer von der Arbeitszeit unabhängigen, selbständigen Quelle des Werts machen will. Es ist solche Quelle nur, sofern es selbst vergegenständlichte Arbeitszeit und sofern es Surplusarbeitszeit setzt. Die Maschinerie selbst zu ihrer Anwendung setzt historisch voraus – sieh oben Ravenstone – überflüssige Hände. Nur wo der Überfluß an Arbeitskräften vorhanden, kommt die Maschinerie dazwischen, um Arbeit zu ersetzen. Es passiert nur in der Einbildung der Ökonomen, daß sie dem einzelnen Arbeiter beispringt. Nur mit Massen von Arbeitern kann sie wirken, deren Konzentration gegenüber dem Kapital eine seiner historischen Voraussetzungen, wie wir gesehn. Sie kommt nicht herein, um fehlende Arbeitskraft zu ersetzen, sondern um massenhaft vorhandne auf ihr nötiges Maß zu reduzieren. Nur wo das Arbeitsvermögen in Masse vorhanden, kommt die Maschinerie hinein. (Hierauf zurückzukommen.)

Lauderdale glaubt, große Entdeckung gemacht zu haben, daß Maschinerie nicht die Produktivkraft der Arbeit vermehrt, weil sie dieselbe vielmehr ersetzt oder tut, was die Arbeit nicht mit ihrer Kraft tun kann. Es gehört zum Begriff des Kapitals, daß die vermehrte Produktivkraft der Arbeit vielmehr als Vermehrung einer Kraft außer ihr und als ihre eigne Entkräftung gesetzt ist. Das Arbeitsmittel macht den Arbeiter selbständig – setzt ihn als Eigentümer. Die Maschinerie – als capital fixe– setzt ihn als unselbständig, setzt ihn als angeeignet. Diese Wirkung der Maschinerie gilt nur, soweit sie als capital fixe bestimmt, und sie ist nur dadurch als solche bestimmt, daß der Arbeiter als Lohnarbeiter und das tätige Individuum überhaupt als bloßer Arbeiter sich zu ihr verhält. [...]

Die Aneignung der lebendigen Arbeit durch das Kapital erhält in der Maschinerie auch nach dieser Seite hin eine unmittelbare Realität:

Es ist einerseits direkt aus der Wissenschaft entspringende Analyse und Anwendung mechanischer und chemischer Gesetze, welche die Maschine befähigt, dieselbe Arbeit zu verrichten, die früher der Arbeiter verrichtete. Die Entwicklung der Maschinerie auf diesem Weg tritt jedoch erst ein, sobald die große Industrie schon höhre Stufe erreicht hat und die sämtlichen Wissenschaften in den Dienst des Kapitals gefangengenommen sind; andrerseits die vorhandne Maschinerie selbst schon große Ressourcen gewährt. Die Erfindung wird dann ein Geschäft und die Anwendung der Wissenschaft auf die unmittelbare Produktion selbst ein für sie bestimmender und sie sollizitierender Gesichtspunkt. Dies ist aber nicht der Weg, worin die Maschinerie im großen entstanden ist, und noch weniger der, worin sie im Detail fortschreitet. Dieser Weg ist die Analyse – durch Teilung der Arbeit, die die Operationen der Arbeiter schon mehr und mehr in mechanische verwandelt, so daß auf einem gewissen Punkt der Mechanismus an ihre Stelle treten kann. (*Ad economy of power**) Es erscheint hier also direkt die bestimmte Arbeitsweise übertragen von dem Arbeiter auf das Kapital in der Form der Maschine und durch diese Transposition sein eignes Arbeitsvermögen entwertet. Daher der Kampf der Arbeiter gegen die Maschinerie. […]

(»Grundrisse …«, S. 584–591)

## 14.
## Entfremdung der Arbeitsbedingungen der Arbeit entsteht mit der Entwicklung des Kapitals (Verkehrung). Die Verkehrung liegt der kapitalistischen Produktionsweise zugrunde, ist nicht erst Folge der Distribution

Das fact, daß in der Entwicklung der Produktivkräfte der Arbeit die gegenständlichen Bedingungen der Arbeit, die vergegenständlichte Arbeit wachsen muß im Verhältnis zur lebendigen Arbeit – es ist dies eigentlich ein tautologischer Satz, denn was heißt wachsende Produktivkraft der Arbeit anders, als daß weniger unmittelbare Arbeit

* Ersparung von Kraft

erheischt ist, um ein größres Produkt zu schaffen, und daß also der gesellschaftliche Reichtum sich mehr und mehr ausdrückt in den von der Arbeit selbst geschaffnen Bedingungen der Arbeit – erscheint vom Standpunkt des Kapitals so, nicht daß das eine Moment der gesellschaftlichen Tätigkeit – die gegenständliche Arbeit – zum immer gewaltigern Leib des andren Moments, der subjektiven, lebendigen Arbeit wird, sondern daß – und dies ist wichtig für die Lohnarbeit – die objektiven Bedingungen der Arbeit eine immer kolossalere Selbständigkeit, die sich durch ihren very extent darstellt, gegen die lebendige Arbeit annehmen und der gesellschaftliche Reichtum in gewaltigern Portionen als fremde und beherrschende Macht der Arbeit gegenübertritt. Der Ton wird gelegt nicht auf das *Vergegenständlichtsein,* sondern das *Entfremdet-,* Entäußert-, Veräußertsein das Nicht-dem-Arbeiter-, sondern den personifizierten Produktionsbedingungen-, i.e. dem-Kapital-Zugehören, der ungeheuren gegenständlichen Macht, die die gesellschaftliche Arbeit selbst sich als eins ihrer Momente gegenübergestellt hat. Soweit auf dem Standpunkt des Kapitals und der Lohnarbeit die Erzeugung dieses gegenständlichen Leibes der Tätigkeit im Gegensatz zum unmittelbaren Arbeitsvermögen geschieht – dieser Prozeß der Vergegenständlichung in fact als Prozeß der Entäußerung vom Standpunkt der Arbeit aus oder der Aneignung fremder Arbeit vom Standpunkt des Kapitals aus erscheint –, ist diese Verdrehung und Verkehrung eine *wirkliche,* keine *bloß gemeinte,* bloß in der Vorstellung der Arbeiter und Kapitalisten existierende. Aber offenbar ist dieser Verkehrungsprozeß bloß *historische* Notwendigkeit, bloß Notwendigkeit für die Entwicklung der Produktivkräfte von einem bestimmten historischen Ausgangspunkt aus, oder Basis aus, aber keineswegs eine *absolute* Notwendigkeit der Produktion; vielmehr eine verschwindende, und das Resultat und der Zweck (immanente) dieses Prozesses ist diese Basis selbst aufzuheben, wie diese Form des Prozesses. Die bürgerlichen Ökonomen sind so eingepfercht in den Vorstellungen einer bestimmten historischen Entwicklungsstufe der Gesellschaft, daß die Notwendigkeit der *Vergegenständlichung* der gesellschaftlichen Mächte der Arbeit ihnen unzertrennbar erscheint von der Notwendigkeit der *Entfremdung* derselben gegenüber der lebendigen Arbeit. Mit der Aufhebung aber des *unmittelbaren* Charakters der lebendigen Arbeit als bloß *einzelner* oder, als bloß innerlich, oder bloß äußerlich allgemeiner, mit dem Setzen der Tätigkeit der Individuen als unmittelbar allgemeiner oder *gesellschaftlicher*, wird den gegenständlichen Momenten der Produktion diese Form der Entfremdung abgestreift; sie werden damit gesetzt als Eigentum, als der organische gesellschaftliche Leib, worin die Individuen sich reproduzieren als Einzelne, aber als gesellschaftliche Einzelne. Die Bedingungen, so zu sein in der Reproduktion ihres Lebens, in ihrem produktiven Lebensprozeß, sind erst gesetzt worden durch den historischen ökonomischen Prozeß selbst; sowohl die objektiven wie die subjektiven Bedingungen, die nur die zwei unterschiednen Formen derselben Bedingungen sind.

Die Eigentumslosigkeit des Arbeiters und das Eigentum der vergegenständlichten Arbeit an der lebendigen oder die Aneignung fremder Arbeit durch das Kapital – beides nur auf zwei entgegengesetzten Polen dasselbe Verhältnis ausdrückend – sind Grundbedingungen der bürgerlichen Produktionsweise, keineswegs ihr gleichgültige Zufälle. Diese Distributionsweisen sind die Produktionsverhältnisse selbst, nur sub specie distributionis. Es ist daher höchst absurd, wenn z.B. J. St. Mill sagt (»Principles of Political Economy« 2. ed. London, 1849, Bd. I, S. 239–240): »The laws and conditions of the production of wealth partake of the character of physical truths … It is not so with the distribution of wealth. That is a matter of human institutions solely.« (p. 239, 240).* Die »laws und conditions« der Produktion des Reichtums und die laws der »distribution des Reichtums« sind dieselben Gesetze unter verschiedner Form und beide wechseln, untergehn denselben historischen Prozeß; sind überhaupt nur Momente eines historischen Prozesses.

Es bedarf keines besondren Scharfsinns, um zu begreifen, daß, ausgehend f.i. von der aus der Auflösung der Leibeigenschaft hervorgegangenen freien Arbeit oder Lohnarbeit, die Maschinen im Gegensatz zur lebendigen Arbeit als ihr fremdes Eigentum und feindliche

* J.S. Mill sagt: »Die Gesetze und Bedingungen der Produktion von Reichtum haben am Charakter physikalischer Wahrheiten teil. Das gilt nicht für die Verteilung von Reichtum. Die ist lediglich eine Sache der menschlichen Institutionen.« (Prinzipien der Politischen Ökonomie, 2. Aufl. London 1849, Bd. 1)

Macht gegenüber allein *entstehn* können; d. h., daß sie ihr als Kapital gegenübertreten müssen. Ebenso leicht ist aber einzusehn, daß die Maschinen nicht aufhören werden, Agenten der gesellschaftlichen Produktion zu sein, sobald sie z. B. Eigentum der assoziierten Arbeiter werden. Im ersten Fall ist aber ihre Distribution, d. h., daß sie dem Arbeiter *nicht gehören*, ebensosehr Bedingung der auf der Lohnarbeit gegründeten Produktionsweise. Im zweiten Fall würde die veränderte Distribution ausgehn von einer *veränderten*, erst durch den geschichtlichen Prozeß entstandnen neuen Grundlage der Produktion.

(»Grundrisse ...«, S. 715–717)

## 15.
## Die Entdeckung der Produktion als Quelle des Reichtums: Die Physiokraten

Der Agrikulturarbeiter, auf das Minimum des Lohns angewiesen, das strict nécessaire*, reproduziert mehr als dies strict nécessaire, und dies Mehr ist die Grundrente, der *Mehrwert*, der von den Eigentümern der Grundbedingung der Arbeit, der Natur, angeeignet wird. Es wird also nicht gesagt: Der Arbeiter arbeitet über die für die Reproduktion seines Arbeitsvermögens notwendige Arbeitszeit hinaus; der Wert, den er schafft, ist daher größer als der Wert seines Arbeitsvermögens; oder die Arbeit, die er wiedergibt, ist größer als das Quantum Arbeit, das er in der Form des Salairs erhält; sondern: Die Summe der Gebrauchswerte, die er während der Produktion verzehrt, ist kleiner als die Summe der Gebrauchswerte, die er schafft, und so bleibt ein Surplus von Gebrauchswerten übrig. – Arbeitete er nur die Zeit, die zur Reproduktion seines eignen Arbeitsvermögens nötig, so bliebe nichts übrig. Aber es wird nur der Punkt festgehalten, daß die Produktivität der Erde ihn befähigt, in seiner Tagesarbeit, die als gegeben vorausgesetzt ist, mehr zu produzieren, als er zu konsumieren braucht, um fortzuexistieren. Dieser Surpluswert erscheint also als *Gabe der Natur*, durch deren Mitwirkung eine bestimmte

* Allernotwendigste

Masse organischen Stoffs – Samen von Pflanzen, Anzahl Tiere – die Arbeit befähigt, mehr unorganischen Stoff in organischen zu verwandeln.

Andrerseits ist es als selbstverständlich vorausgesetzt, daß der Grundeigentümer als Kapitalist dem Arbeiter gegenübertritt. Er zahlt ihm sein Arbeitsvermögen, das der Arbeiter ihm als Ware anbietet, und im Ersatz dafür erhält er nicht nur ein Äquivalent, sondern eignet sich die Verwertung dieses Arbeitsvermögens an. Die Entfremdung der gegenständlichen Bedingung der Arbeit und des Arbeitsvermögens selbst sind bei diesem Austausch vorausgesetzt. Vom feudalen Grundeigentümer wird ausgegangen, aber er tritt als Kapitalist auf, als bloßer Warenbesitzer, der die von ihm gegen Arbeit ausgetauschten Waren verwertet, nicht nur ihr Äquivalent, sondern ein Surplus über dieses Äquivalent zurückerhält, weil er das Arbeitsvermögen nur als Ware zahlt. Als Warenbesitzer tritt er dem freien Arbeiter gegenüber. Oder dieser Grundeigentümer ist wesentlich Kapitalist. Auch in dieser Hinsicht die Wahrheit des physiokratischen Systems, als die Loslösung des Arbeiters von der Erde und vom Grundeigentum Grundbedingung für die kapitalistische Produktion und die Produktion des Kapitals ist.

In demselben System daher die Widersprüche: daß ihm* das zuerst den *Mehrwert* aus der Aneignung fremder Arbeit erklärt und zwar letztre auf Grundlage des Warenaustauschs erklärt, der Wert überhaupt nicht eine Form der gesellschaftlichen Arbeit und der Mehrwert nicht Mehrarbeit ist, sondern der Wert bloßer Gebrauchswert, bloßer Stoff, und der Mehrwert bloße Gabe der Natur, die an die Stelle eines gegebnen Quantums organischen Stoffes ein größres Quantum der Arbeit zurückgibt. Einerseits ist die Grundrente – also die wirkliche ökonomische Form des Grundeigentums – von seiner feudalen Hülle abgeschält, auf bloßen Mehrwert, über das Arbeitssalair [hinaus], reduziert. Andrerseits ist wieder feudalistisch dieser Mehrwert aus der Natur, nicht aus der Gesellschaft, aus dem Verhältnis zur Erde, nicht aus dem Verkehr abgeleitet. Der Wert selbst löst sich in bloßen Gebrauchswert, daher Stoff auf. Andrerseits interessiert an diesem Stoff bloß die Quantität, der Überschuß der produzierten Gebrauchswerte

* In der Handschrift: es

über die konsumierten, also das bloß quantitative Verhältnis der Gebrauchswerte zueinander, der bloße Tauschwert derselben, der sich schließlich in Arbeitszeit auflöst.

Es sind dies alles Widersprüche der kapitalistischen Produktion, die sich aus der feudalen Gesellschaft herausarbeitet und letztere selbst nur mehr bürgerlich interpretiert, ihre eigentümliche Form aber noch nicht gefunden hat, wie etwa die Philosophie, die sich erst in der religiösen Form des Bewußtseins herauskonstruiert und damit einerseits die Religion als solche vernichtet, andrerseits positiv [sich] selbst nur noch in dieser idealisierten, in Gedanken aufgelösten religiösen Sphäre bewegt.

Daher auch in den Konsequenzen, die die Physiokraten selbst ziehn, die scheinbare Verherrlichung des Grundeigentums in [dessen] ökonomische Verneinung und Bestätigung der kapitalistischen Produktion umschlägt. Einerseits werden alle Steuern auf die Grundrente verlegt, oder das Grundeigentum wird in andren Worten partialiter konfisziert, was die französische Revolutionsgesetzgebung durchzuführen suchte und das Resultat der Ricardoschen ausgebildeten modernen Ökonomie ist. [...]

(Theorien über den Mehrwert, MEW, Bd. 26,1, S. 21 f.)

## 16.
## Das Kapital ist kein Ding, sondern ein spezifisches gesellschaftliches Verhältnis

Produktiv von Wert ist das Kapital nur als *Verhältnis*, sofern es als Zwang über die Lohnarbeit sie zwingt, Surplusarbeit zu arbeiten, oder die Produktivkraft der Arbeit anstachelt, um relativen Mehrwert zu schaffen. In beiden Fällen produziert es nur Wert als die der Arbeit entfremdete Macht ihrer eignen gegenständlichen Bedingungen über sie, überhaupt nur als eine der Formen der Lohnarbeit selbst, als Bedingung der Lohnarbeit. Aber in dem gewöhnlichen Sinn der Ökonomen, als in Geld oder Waren existierende aufgehäufte Arbeit, wirkt das Kapital, wie alle Arbeitsbedingungen, auch die unbezahlten Naturkräfte, produktiv im Arbeitsprozeß, in der Erzeugung von Gebrauchswerten, aber es wird nie Quelle von Wert. Es schafft keinen neuen Wert und setzt dem Produkt überhaupt nur Tauschwert hinzu, soweit es Tauschwert hat, d.h. sich selbst in vergegenständlichte Arbeitszeit auflöst, so daß die Arbeit die Quelle seines Werts ist.

Recht hat Lauderdale darin, daß, nachdem A. Smith die Natur des Mehrwerts und des Werts entwickelt, er mit Unrecht Kapital und Grund und Boden als selbständige Quellen des Tauschwerts darstellt. Sie sind Quellen von Revenue für ihre Besitzer, sofern sie Titel auf ein gewisses Quantum Surplusarbeit sind, das der Arbeiter über die zum Ersatz seines Salairs nötige Arbeitszeit hinaus arbeiten muß. So sagt A. Smith z.B.: »*Arbeitslohn, Profit und Bodenrente* sind die *drei Urquellen* alles Einkommens *sowohl wie alles Tauschwerts*.« (l.I,ch.VI, [p.105].)

So richtig es ist, daß sie die trois sources primitives de tout revenu*, so falsch ist es, daß sie aussi bien les trois sources primitives *de toute valeur échangeable*** sind, da der Wert einer Ware ausschließlich durch die in ihr enthaltne Arbeitszeit bestimmt ist. Nachdem A. Smith soeben noch Grundrente und Profit als bloße deductions*** dargestellt hat von dem Wert oder der Arbeit, die der Arbeiter dem Rohmaterial hinzufügt, wie kann er sie sources primitives de la valeur échangeable+ nennen? (Sie können es nur in dem Sinn sein, als sie die source primitive in Bewegung setzen, d.h. den Arbeiter zwingen, Surplusarbeit zu arbeiten.) Sofern sie Titel (Bedingungen) sind, um sich einen Teil des Werts, d.h. der in der Ware vergegenständlichten Arbeit, anzueignen, sind sie Einkommensquellen für ihre Eigentümer. Aber die Verteilung oder Aneignung von Wert ist doch keine Quelle des Werts, der angeeignet wird. Fände diese Aneignung nicht statt und erhielte der Arbeiter das ganze Produkt seiner Arbeit zum Lohn, so bliebe der Wert der produzierten Ware nach wie vor derselbe, obgleich er nicht mit Grundeigentümer und Kapitalist geteilt würde.

* drei Urquellen alles Einkommens

** ebensosehr die drei Urquellen alles Tauschwert

*** Abzüge

\+ Urquellen des Tauschwertes

Grundeigentum und Kapital, dadurch, daß sie Einkommensquellen für ihre Besitzer bilden, d.h. ihnen die Macht geben, einen Teil der von der Arbeit geschaffnen Werte sich anzueignen, werden dadurch nicht zu Quellen des Werts, den sie sich aneignen. Aber es ist ebenso falsch zu sagen, daß der Arbeitslohn eine source primitive de la valeur échangeable bilde, obgleich derselbe oder vielmehr der beständige Verkauf des Arbeitsvermögens eine Einkommensquelle für den Arbeiter bildet. Es ist die Arbeit und nicht der Arbeitslohn des Arbeiters, der Wert schafft. Der Arbeitslohn ist nur schon vorhandner Wert oder, wenn wir das Ganze der Produktion betrachten, der Teil des vom Arbeiter geschaffnen Werts, der von ihm selbst angeeignet wird, aber diese Aneignung schafft den Wert nicht. Sein Arbeitslohn kann daher steigen oder fallen, ohne daß der Wert der von ihm produzierten Ware davon berührt wird:

{Als Zitat zuzufügen zu dem Obigen, daß A. Smith die Rubriken, worunter der Wert der Ware angeeignet wird, zu Quellen dieses Werts macht: Nachdem er die Ansicht widerlegt, daß der Profit nur ein andrer Name für das salaire des Kapitalisten oder wages of labour of superintendence* schließt er: »Mithin bildet im *Preis* der Waren der *Profit* vom Fonds oder vom Kapital eine vom Arbeitslohn ganz *verschiedene Quelle des Wertes,* der durch ganz andere Prinzipien geregelt wird.« (b. I, ch. VI, [p.99].)

Nach Smith eben noch verteilte sich die valeur, die die Arbeiter den Materialien zufügen, zwischen ihnen und Kapitalisten in der Form von salaires und profit; die Arbeit ist also die einzige *source de valeur,* und aus dieser source de valeur entspringen prix des salaires et prix des profits**. Aber diese prix selbst sind keine *source de valeur.* Weder der Arbeitslohn noch der Profit.}

(Theorien über den Mehrwert, MEW, Bd. 26,1, S. 64–66)

* Lohn für die Arbeit der Oberaufsicht

** der Preis des Arbeitslohnes und der Preis des Profits

## 17.
## Produktive und unproduktive Arbeit

*Diese beiden von David Ricardo eingeführten und von Marx präzisierten Begriffe haben oft zu Verwechslungen geführt. Bei »produktiven« Arbeiten handelt es sich um Arbeiten, die für die Reproduktion des Kapitals (und erst recht dessen erweiterte Reproduktion oder Akkuluation) nützlich sind im Unterschied zu den »unnützen« unproduktiven Arbeiten. Der fortschrittliche Ökonom David Ricardo übte denn auch scharfe Kritik an der großen Zahl unnützer Bediensteter des Adels und des wohlhabenden Grundbesitzes: Kammerdiener, Zofen, Köche, Spaßmacher usw. kosteten einen Teil der Einnahmen ihrer Herrschaften, trugen aber nicht zur Vermehrung der Güter bei. Da es sich bei diesen »unproduktiven« Arbeiten meist um Dienstleistungen handelte, entstand der Irrtum, nur materielle Arbeiten seien produktiv und Dienstleistungen immer (notwendig) unproduktiv. Das war abermals eine Verwechslung der Art der Tätigkeit mit ihrer volkswirtschaftlichen Funktion im Kontext einer kapitalistischen Produktionsweise. Marx verdeutlicht diese fehlerhafte Verwechslung am Beispiel von Köchinnen, Schneiderinnen und Schreibkräften (von Anwälten). Sie alle können sowohl unproduktive als auch produktive Arbeiter(innen) sein, je nachdem, in welchem sozialen Zusammenhang sie tätig werden.*

*Die Physiokraten, deren großes Verdienst Marx immer betont hat, nahmen an, nur die agrarische Arbeit sei produktiv, weil sie mehr Nahrungsmittel erzeugt als für die Ernährung der Produzenten benötigt wird. Dieses Mehrprodukt (produit net) war für sie die Quelle des Mehrwerts (der Grundrente, in ihren Augen die einzige Quelle von Profit). Die Annahme, Dienstleistungen könnten niemals produktive Arbeiten sein, ist die letzte Form dieser Verwechslung. Noch Immanuel Kant und Hannah Arendt ist sie unterlaufen.*

*Für die Theorien über den Mehrwert und die Einschätzung ökonomisch unproduktiver Arbeit durch bürgerliche Autoren war die Entwicklung der bürgerlichen Gesellschaft relevant. Während die mutigen Pioniere der politischen Ökonomie im Interesse der »Produktion um der Produktion halber«, wie Marx konstatiert, sämtliche unproduktive*

*Arbeiten im Dienste der reichen Müßiggänger wie des Staates möglichst beseitigen wollten, erkannten spätere (apologetische) Autoren die Nützlichkeit dieser Berufsgruppen für die Sicherung der Stabilität der Klassengesellschaft.*

*Erstens* schließt A. Smith natürlich ein in den travail, qui se fixe et [se] réalise in a venal and exchangeable commodity* alle intellektuellen Arbeiten, die direkt in der materiellen Produktion konsumiert werden. Nicht nur der direkte Handarbeiter oder Maschinenarbeiter, sondern overlooker**, ingenieur, manager, commis etc., kurz, die Arbeit des ganzen Personals, das in einer bestimmten Sphäre der materiellen Produktion erheischt ist, um eine bestimmte Ware zu produzieren, dessen concours*** von Arbeiten (Kooperation) notwendig zur Herstellung der Waren ist. In der Tat fügen sie dem capital constant ihre Gesamtarbeit hinzu und erhöhen den Wert des Produkt, um diesen Betrag. (Wieweit dies von Bankiers etc. gilt?)

*Zweitens* sagt A. Smith, daß dies im ganzen, »generally«, nicht mit der Arbeit der unproduktiven Arbeiter der Fall ist. Wenn auch das Kapital sich der materiellen Produktion bemächtigt hat, also im großen und ganzen die häusliche Industrie verschwunden ist oder die des kleinen Handwerkers, der unmittelbar im Hause des Konsumenten ihm die Gebrauchswerte schafft, so weiß A. Smith sehr wohl, daß eine Nähterin, die ich ins Haus kommen lasse, um Hemden zu nähen, oder die Arbeiter, die Möbel reparieren, oder der Dienstbote, der das Haus wäscht, reinigt etc., oder die Köchin, die dem Fleisch etc. die genießbare Form gibt, ganz ebenso ihre Arbeit in einem Ding fixieren und in der Tat den Wert dieser Dinge erhöhen als die Nähterin, die in der Fabrik näht, der Maschinist, der die Maschine repariert, die Arbeiter, die die Maschine reinigen, die Köchin, die in einem Hotel kocht als Lohnarbeiterin eines Kapitalisten. Der Möglichkeit nach sind diese Gebrauchswerte auch Waren; die Hemden können ins Pfandhaus geschickt werden, das Haus wieder verkauft, die Möbel versteigert wer-

* die Arbeit, die sich fixiert und sich realisiert in einer käuflichen und austauschbaren Ware

** Aufseher

*** Zusammenwirken

den usw. Also der Möglichkeit nach haben diese Personen auch Waren produziert und den Gegenständen ihrer Arbeit Wert zugefügt. Dies ist aber eine sehr geringe Kategorie unter den unproduktiven Arbeitern und gilt weder von der Masse der menial servants* [noch von] Pfaffen, Regierungsleuten, Soldaten, Musikanten usw.

Aber wie groß oder klein die Anzahl dieser »unproduktiven Arbeiter« sei, so viel stellt sich jedenfalls heraus und ist admitted** durch dies beschränkende »seine Dienste vergehen *gewöhnlich* im Augenblick ihrer Leistung etc.«, daß es weder notwendig die Spezialität der Arbeit noch die Erscheinungsform ihres Produkts ist, die sie »produktiv« oder »unproduktiv« machen. Dieselbe Arbeit kann produktiv sein, wenn ich sie als Kapitalist, als Produzent kaufe, um sie zu verwerten, und unproduktiv, wenn ich sie als Konsument, Ausgeber von Revenue kaufe, um ihren Gebrauchswert zu verzehren, sei es, daß dieser Gebrauchswert mit der Tätigkeit des Arbeitsvermögens selbst verschwindet oder sich in einem Ding materialisiert, fixiert.

Die Köchin im Hotel produziert für den, der ihre Arbeit als Kapitalist gekauft hat, den Hotelbesitzer, eine Ware; der Konsument der mutton-chops*** hat ihre Arbeit zu zahlen und sie ersetzt dem Hotelbesitzer (von Profit abgesehn) den Fonds, woraus er fortfährt, die Köchin zu zahlen. Dagegen kaufe ich die Arbeit einer Köchin, damit sie mir das Fleisch etc. kocht, nicht um sie zu verwerten als Arbeit überhaupt, sondern [sie] zu genießen, zu gebrauchen als diese bestimmte konkrete Arbeit, so ist ihre Arbeit unproduktiv; obgleich diese Arbeit sich fixiert in einem materiellen Produkt und ebensogut verkäufliche Ware sein könnte (in ihrem Resultat), wie sie es in der Tat für den Hotelbesitzer ist. Der große Unterschied bleibt aber (der begriffliche): Die Köchin ersetzt mir (dem Privaten) nicht den Fonds, aus dem ich sie zahle, weil ich ihre Arbeit nicht als wertbildendes Element kaufe, sondern bloß ihres Gebrauchswerts halber. Ihre Arbeit ersetzt mir ebensowenig den Fonds, womit ich sie zahle, d. h. ihr Salair, wie mich etwa das Diner, das ich im Hotel esse, als solches noch befähigt, dasselbe Diner zum zweitenmal zu kaufen und daher zu essen.

* Dienstboten

** zugegeben

*** Hammelkoteletts

Dieser Unterschied findet aber auch zwischen den Waren statt. Die Ware, die der Kapitalist kauft, um sein capital constant zu ersetzen (z.B. Baumwollzeug, wenn er Kattundrucker ist), ersetzt ihren Wert im gedruckten Kattun. Kauft er sie dagegen, um den Kattun selbst zu verzehren, so ersetzt ihm die Ware nicht seine Auslage.

Die größte Masse der Gesellschaft, d.h. die Arbeiterklasse, muß sich übrigens diese Art Arbeit selbst verrichten; kann sie sich aber nur verrichten, wenn sie »produktiv« gearbeitet hat. Sie kann sich das Fleisch nur kochen, wenn sie ein Salair produziert hat, womit Fleisch zahlen, und ihre Möbel und Wohnung nur rein halten, ihre Stiefel nur putzen, wenn sie den Wert von Möbel, Hausmiete, Stiefel produziert hat. Bei dieser Klasse der produktiven Arbeiter selbst erscheint also als »unproduktive Arbeit« die, die sie für sich selbst verrichten. Diese unproduktive Arbeit befähigt sie niemals, dieselbe unproduktive Arbeit von neuem zu wiederholen, wenn sie nicht vorher produktiv gearbeitet haben.

*Drittens.* Andrerseits: Ein entrepreneur von Schauspielhäusern, Konzerten, Bordellen usw. kauft die temporäre Verfügung über das Arbeitsvermögen der Schauspieler, Musikanten, Huren etc. – in fact auf einem Umweg, der nur ökonomisch-formelles Interesse hat; für das Resultat die Bewegung dieselbe –; er kauft diese sog. »unproduktive Arbeit«, deren »Dienste im Augenblick ihrer Leistung vergehen« und sich nicht fixieren oder realisieren in »einem dauernden« (particular* heißt es auch) »Gegenstand oder einer verkäuflichen Ware« (außer ihnen selbst). Der Verkauf derselben an das Publikum erstattet ihm Salair und Profit. Und diese services, die er so gekauft hat, befähigen ihn, sie wieder zu kaufen, d.h., durch sie selbst wird der fonds erneuert, aus dem sie bezahlt werden. Dasselbe gilt z.B. von der Arbeit der clercs**, die ein advocat auf seinem bureau anwendet, außerdem daß diese services sich noch in sehr bulky »particular subjects«***, in der Form von ungeheuren Aktenstößen, meist verkörpern.

Es ist wahr, daß dem entrepreneur selbst diese services aus der Revenue des Publikums bezahlt werden. Aber es ist nicht minder wahr,

* besonderen
** Schreiber
*** umfangreichen »besonderen« Gegenständen

daß dies von allen Produkten gilt, soweit sie in die individuelle Konsumtion eingehn. Das Land kann zwar diese Dienste als solche nicht exportieren; aber es kann die Dienstverrichter exportieren. So exportiert Frankreich Tanzmeister, Köche usw. und Deutschland Schulmeister. Allerdings mit dem Export des Tanzmeisters und Schulmeisters wird auch seine Revenue exportiert, während der Export von Tanzschuhen und Büchern einen Return* ins Land bringt.

Wenn also einerseits ein Teil der sog. unproduktiven Arbeit sich in materiellen Gebrauchswerten verkörpert, die ebensogut Waren sein könnten (vendible commodities**), so kann andrerseits ein Teil der bloßen Dienste, die keine objektive Gestalt annehmen – nicht als Sache getrenntes Dasein von den Dienstleistenden erhalten, auch nicht als Wertbestandteil in eine Ware eingehn –, gekauft werden mit Kapital (von dem *unmittelbaren* Käufer der Arbeit), ihr eignes Salair ersetzen und einen Profit abwerfen. Kurz, die Produktion dieser Dienste kann teilweise ebensowohl unter das Kapital subsumiert werden wie ein Teil der Arbeit, die sich in nützlichen Dingen verkörpert, direkt von der Revenue gekauft und nicht unter die kapitalistische Produktion subsumiert wird. [...]

(Theorien über den Mehrwert, MEW, Bd. 26,1, S. 134–137)

## 18.
## Vulgarisierung der bürgerlichen politischen Ökonomie bei der Bestimmung produktiver Arbeit

Was die Polemik gegen A. Smiths Unterscheidung von produktiver und unproduktiver Arbeit besonders hervorrief – eine Polemik, die jedoch hauptsächlich auf die dii minorum gentium*** sich beschränkt (von denen Storch noch der bedeutendste), indem sie sich bei keinem bedeutenden Ökonomen findet, bei niemand, von dem

* Gegenwert
** verkäufliche Waren
*** Götter geringeren Geschlechts (kleine Geister)

man sagen könnte, daß er irgendeine Entdeckung in der politischen Ökonomie gemacht; sie ist dagegen das Steckenpferd der second-rate fellows* und ganz speziell der schulmeisterlichen Kompilatoren und Kompendienschreiber, auch schönschreibender Dilettanten und Vulgarisateurs auf diesem Gebiet –, sind folgende Umstände.

Der großen Masse sog. »höherer« Arbeiter – wie der Staatsbeamten, Militärs, Virtuosen, Ärzte, Pfaffen, Richter, Advokaten usw. –, die zum Teil nicht nur nicht produktiv sind, sondern wesentlich destruktiv, aber sehr großen Teil des »materiellen« Reichtums teils durch Verkauf ihrer »immateriellen« Waren, teils durch gewaltsame Aufdrängung derselben sich anzueignen wissen, war es keineswegs angenehm, *ökonomisch* in dieselbe Klasse mit den buffoons und menial servants** verwiesen zu werden und bloß als Mitkonsumenten, Parasiten der eigentlichen Produzenten (oder vielmehr Produktionsagenten) zu erscheinen. Es war dies eine sonderbare Entheiligung grade der Funktionen, die bisher mit einem Heiligenschein umgeben waren, abergläubische Verehrung genossen. Die politische Ökonomie in ihrer klassischen Periode, ganz wie die Bourgeoisie selbst in ihrer Parvenuperiode, verhält sich streng und kritisch zu der Staatsmaschinenerie etc. Später sieht sie ein und – zeigt sich auch praktisch – lernt sie durch die Erfahrung, daß aus ihrer eignen Organisation die Notwendigkeit der ererbten Gesellschaftskombination aller dieser zum Teil ganz unproduktiven Klassen hervorwächst.

Soweit jene »unproduktiven Arbeiter« nicht Genüsse schaffen und ihr Kauf daher ganz abhängt von der Art, wie der Produktionsagent sein Salair oder seinen Profit verausgaben will – sofern sie vielmehr teils durch physische Gebrechen (wie Ärzte) oder geistige Schwächen (wie Pfaffen) oder durch den Konflikt der Privatinteressen und der Nationalinteressen (wie Staatsleute, alle lawyers***, Polizisten, Soldaten) nötig werden oder sich selbst nötig machen, erscheinen sie dem A. Smith wie dem industriellen Kapitalisten selbst und der Arbeiterklasse als faux frais de production, die also möglichst auf das notwendigste Minimum zu reduzieren und möglichst wohlfeil her-

* zweitrangigen Burschen
** Possenreißern und Dienstboten
*** Juristen

zustellen sind. Die bürgerliche Gesellschaft produziert alles das in ihrer eignen Form wieder, was sie in feudaler oder absolutistischer Form bekämpft hatte. Zunächst also für die Sykophanten dieser Gesellschaft, speziell der höhern Stände, ein Hauptgeschäft, selbst den bloß parasitischen Teil dieser »unproduktiven Arbeiter« theoretisch zu restaurieren oder auch die übertriebnen Ansprüche des unentbehrlichen Teils derselben nachzuweisen. Es war in der Tat die *Abhängigkeit* der ideologischen etc. Klassen von den *Kapitalisten* proklamiert.

*Zweitens* aber wurde ein Teil der Produktionsagenten (der materiellen Produktion selbst) bald von diesen, bald von jenen Ökonomen als »unproduktiv« nachgewiesen. Z. B. der Grundeigentümer von dem Teil der Ökonomen, die das industrielle Kapital vertreten (Ricardo). Andre (z. B. Carey) erklärten den eigentlichen commerçant* für einen »unproduktiven« Arbeiter. Nun kamen gar Dritte, die den »Kapitalisten« selbst für unproduktiv erklärten oder wenigstens seine Ansprüche an den materiellen Reichtum auf »Salair«, d. h. auf den Lohn eines »produktiven Arbeiters«, reduzieren wollten. Viele der geistigen Arbeiter schienen dieser Skepsis sich anzuschließen. Es war also Zeit, Kompromiß zu machen und die »Produktivität« aller nicht direkt unter die Agenten der materiellen Produktion eingeschlossenen Klassen anzuerkennen. Eine Hand wäscht die andre, und wie in der »fable of the bees«** war nachzuweisen, daß auch vom »produktiven«, ökonomischen Standpunkt aus die bürgerliche Welt mit allen den »unproduktiven Arbeitern« die beste aller Welten ist; um so mehr, da die »unproduktiven Arbeiter« ihrerseits kritische Betrachtungen über die Produktivität der Klassen anstellten, die überhaupt »fruges consumere nati« oder auch über die Produktionsagenten, wie Grundeigentümer, die gar nichts tun, usw. Sowohl die *Nichtstuer* als ihre *Parasiten* mußten ihren Platz in der besten Weltordnung finden.

*Drittens:* Wie sich die Herrschaft des Kapitals entwickelte und in der Tat auch die nicht direkt auf Schöpfung des materiellen Reichtums

* Händler

** Anspielung auf Bernard Mandevilles »Bienenfabel«, London 1714, dt. Frankfurt 1968.

bezüglichen Produktionssphären immer mehr von ihm abhängig wurden – namentlich die positiven Wissenschaften (Naturwissenschaften) als Mittel der materiellen Produktion dienstbar gemacht wurden –, glaubten sykophantische underlings* der politischen Ökonomie jede Wirkungssphäre dadurch verherrlichen zu müssen und rechtfertigen, daß sie selbe »im Zusammenhang« mit der Produktion des materiellen Reichtums darstellten – als Mittel für denselben – und jeden damit beehrten, daß sie ihn zum »produktiven Arbeiter« im »ersten« Sinn machten, nämlich zu einem labourer, der im Dienst des Kapitals arbeite, ihm in der einen oder andren Weise in seiner Bereicherung nützlich sei, etc.

Da sind noch solche Leute wie Malthus vorzuziehn, die direkt die Notwendigkeit und Nützlichkeit *»unproduktiver* Arbeiter« und bloßer Parasiten verteidigen.

(Theorien über den Mehrwert, MEW, Bd. 26,1, S. 144–146)

## 19.
## Nassau Senior, Verherrlichung aller der Bourgeoisie nützlichen Tätigkeiten als produktiv. Liebedienerei der Bourgeoisie gegenüber dem bürgerlichen Staat

W. Nassau Senior, »Principes fondamentaux de l'écon. polit.«, traduits par Jean Arrivabene, Paris 1836. Nassau Senior setzt sich aufs hohe Pferd. »Nach Smith war der Gesetzgeber der Hebräer ein unproduktiver Arbeiter.« (l.c. p.198.) War es Moses von Ägypten oder Moses Mendelssohn? Moses würde sich schön bei Herrn Senior bedankt haben, ein Smithscher »travailleur productif« zu sein. Diese Menschen sind so unter ihre fixen Bourgeoisideen unterjocht, daß sie glauben würden, den Aristoteles oder den Julius Cäsar zu beleidigen, wenn sie dieselben »travailleurs improductifs« nennten. Diese würden schon den Titel »travailleurs« als eine Beleidigung betrachtet haben.

»Der Arzt, der durch eine Verordnung ein krankes Kind heilt und

* kleine eigennützige Ankläger

ihm so das Leben für viele Jahre erhält, *produziert* er nicht ein dauerhaftes Resultat?« (l.c.) Fadaise! Wenn das Kind stirbt, ist das Resultat nicht minder durable*. Und wenn das Kind ganz beim alten bleibt, muß sein *service* nicht minder bezahlt werden. Nach Nassau müßten die Ärzte nur bezahlt werden, sofern sie kurieren, und die Advokaten, soweit sie Prozesse gewinnen, und die Soldaten, soweit sie siegen.

Jetzt aber wird er wahrhaft erhaben: »Haben die Holländer, als sie sich der Tyrannei der Spanier widersetzten, oder die Engländer, als sie sich gegen eine Tyrannei empörten, die noch viel schrecklicher zu werden drohte, zeitweilige Resultate produziert?« (l.c. p. 198.)

Belletristische Scheiße! Holländer und Engländer revoltierten auf ihre eignen Kosten. Niemand zahlte sie dafür, daß sie »in Revolution« arbeiten. Bei travailleurs productifs oder improductifs handelt es sich aber immer um Käufer und Verkäufer von Arbeit. Welcher Blödsinn also!

Diese fade Belletristerei der Burschen, sobald sie gegen Smith polemisieren, zeigt nur, daß sie den »gebildeten Kapitalisten« vertreten, während Smith den offenherzig brutalen bourgeois parvenu** *auslegte.* Der gebildete Bourgeois und sein Wortführer sind beide so stupid, daß sie die Wirkung jeder Tätigkeit nach ihrer Wirkung auf den Beutel abmessen. Andrerseits sind sie so gebildet, daß sie auch die Funktionen und Tätigkeiten, die nichts mit der Produktion des Reichtums zu tun haben, *anerkennen,* und zwar anerkennen, indem auch diese ihren Reichtum »indirekt« vermehren etc., kurz, eine für den Reichtum »nützliche« Funktion ausüben.

Der Mensch selbst ist die Basis seiner materiellen Produktion, wie jeder andren, die er verrichtet. Alle Umstände also, die den Menschen affizieren, das *Subjekt* der Produktion, modifizieren plus ou moins*** alle seine Funktionen und Tätigkeiten, also auch seine Funktionen und Tätigkeiten als Schöpfer des materiellen Reichtums, der Waren. In dieser Hinsicht kann in der Tat nachgewiesen werden, daß *alle* menschlichen Verhältnisse und Funktionen, wie und worin

* dauerhaft

** Bourgeois-Emporkömmling

*** mehr oder weniger

sie sich immer darstellen, die materielle Produktion beeinflussen und mehr oder minder bestimmend auf sie eingreifen. […]

(Theorien über den Mehrwert, MEW, Bd. 26,1, S. 259f.)

»Die Arbeit einiger der angesehensten Stände der Gesellschaft ist, ebenso wie die der *Dienstboten, nicht wertbildend*« {sie hat value, kostet daher ein Äquivalent, aber sie produziert keine value} »und fixiert oder realisiert sich nicht in einem dauerhaften Gegenstand oder einer verkäuflichen Ware ... So sind zum Beispiel der Souverain mit allen seinen Justizbeamten und Offizieren, die ihm unterstehen, die ganze Armee und Flotte *unproduktive Arbeiter.* Sie sind die *Diener der* Gesellschaft und werden von einem Teil des jährlichen Produkts des *Fleißes anderer Leute* erhalten ... In *die gleiche Klasse* gehören ... Geistliche, Juristen, Ärzte, Literaten und Gelehrte aller Art; Schauspieler, Possenreißer, Musiker, Opernsänger, Ballettänzer usw.« (I.c. p. 94, 95.)

Dies ist die Sprache der noch revolutionären Bourgeoisie, die sich die ganze Gesellschaft, Staat etc. noch nicht unterworfen hat. Diese transzendenten Beschäftigungen, altehrwürdig, Souverain, Richter, Offiziere, Pfaffen etc., die Gesamtheit der alten ideologischen Stände, die sie erzeugen, ihre Gelehrten, Magister und Pfaffen werden *ökonomisch* gleichgestellt dem Schwarm ihrer eignen Lakaien und Lustigmacher, wie sie und die richesse oisive*, Grundadel und capitalistes oisifs**, sie unterhalten. Sie sind bloße *servants* des public***, wie die andren ihre servants sind. Sie leben von dem produce of *other* people's *industry*+, müssen also auf das unvermeidliche Maß reduziert werden. Staat, Kirche etc. bloß berechtigt, soweit sie Ausschüsse zur Verwaltung oder Handhabung der gemeinschaftlichen Interessen der produktiven Bourgeois sind; und ihre Kosten, da sie an und für sich zu den faux frais de production++ gehören, müssen auf das unentbehrliche Minimum reduziert werden. Diese Ansicht [hat] historisches Interesse in ihrem scharfen Gegensatz teils zur Ansicht des an-

* der müßige Reichtum

** müßige Kapitalisten

*** Diener der Gesellschaft

\+ Produkt von *anderer* Leute Fleiß

\++ Nebenkosten der Produktion

tiken Altertums, worin die materiell produktive Arbeit das Brandmal der Sklaverei trägt und bloß als Piedestal für den citoyen oisif* betrachtet wird, teils zu der Ansicht [der] aus der Auflösung des Mittelalters hervorgehenden absoluten oder aristokratisch-konstitutionellen Monarchie, wie Montesquieu, selbst noch in ihr befangen, sie so naiv in folgendem Satz ausspricht (l. VII, ch. IV »Esprit des lois«): »Wenn die Reichen nicht viel ausgeben, werden die Armen Hungers sterben.«

Sobald die Bourgeoisie dagegen das Terrain erobert hat, teils selbst des Staats sich bemächtigt, teils ein Kompromiß mit seinen alten Inhabern gemacht, ditto die ideologischen Stände als Fleisch von ihrem Fleisch erkannt und sie überall in ihre Funktionäre, sich gemäß, umgewandelt hat; sobald sie selbst nicht mehr als Repräsentant der produktiven Arbeit diesen gegenübersteht, sondern sich ihr gegenüber die eigentlichen produktiven Arbeiter erheben und ihr ebenfalls sagen, daß sie von other people's industry lebt; sobald sie gebildet genug ist, nicht ganz in der Produktion aufzugehn, sondern auch »gebildet« konsumieren zu wollen; sobald mehr und mehr die geistigen Arbeiten selbst in ihrem *Dienst* sich vollziehn, in den Dienst der kapitalistischen Produktion treten, wendet sich das Blatt, und sie sucht »ökonomisch« von ihrem eignen Standpunkt aus zu rechtfertigen, was sie früher kritisch bekämpfte. Ihre Wortführer und Gewissensbeschöniger in dieser line sind die Garniers etc. Es kommt hinzu der Eifer dieser Ökonomen, die selbst Pfaffen, Professoren etc. sind, ihre »produktive« Nützlichkeit zu beweisen, ihre Salaire »ökonomisch« zu rechtfertigen. [...]

(Theorien über den Mehrwert, MEW, Bd. 26,1, S. 273 f.)

## 20.
## Abschweifung über produktive Arbeit

Ein Philosoph produziert Ideen, ein Poet Gedichte, ein Pastor Predigten, ein Professor Kompendien usw. Ein Verbrecher produziert Verbrechen. Betrachtet man näher den Zusammenhang dieses letztren

* müßigen Bürger

Produktionszweigs mit dem Ganzen der Gesellschaft, so wird man von vielen Vorurteilen zurückkommen. Der Verbrecher produziert nicht nur Verbrechen, sondern auch das Kriminalrecht und damit auch den Professor, der Vorlesungen über das Kriminalrecht hält, und zudem das unvermeidliche Kompendium, worin dieser selbe Professor seine Vorträge als »Ware« auf den allgemeinen Markt wirft. Damit tritt Vermehrung des Nationalreichtums ein. Ganz abgesehn von dem Privatgenuß, den, wie uns ein kompetenter Zeuge, Prof. Roscher, [sagt,] das Manuskript des Kompendiums seinem Urheber selbst gewährt.*

Der Verbrecher produziert ferner die ganze Polizei und Kriminaljustiz, Schergen, Richter, Henker, Geschworene usw.; und alle diese verschiednen Gewerbszweige, die ebenso viele Kategorien der gesellschaftlichen Teilung der Arbeit bilden, entwickeln verschiedne Fähigkeiten des menschlichen Geistes, schaffen neue Bedürfnisse und neue Weisen ihrer Befriedigung. Die Tortur allein hat zu den sinnreichsten mechanischen Erfindungen Anlaß gegeben und in der Produktion ihrer Werkzeuge eine Masse ehrsamer Handwerksleute beschäftigt.

Der Verbrecher produziert einen Eindruck, teils moralisch, teils tragisch, je nachdem, und leistet so der Bewegung der moralischen und ästhetischen Gefühle des Publikums einen »Dienst«. Er produziert nicht nur Kompendien über das Kriminalrecht, nicht nur Strafgesetzbücher und damit Strafgesetzgeber, sondern auch Kunst, schöne Literatur, Romane und sogar Tragödien, wie nicht nur Müllners »Schuld« und Schillers »Räuber«, sondern selbst Ödipus. und Richard der Dritte beweisen. Der Verbrecher unterbricht die Monotonie und Alltagssicherheit des bürgerlichen Lebens. Er bewahrt es damit vor Stagnation und ruft jene unruhige Spannung und Beweglichkeit hervor, ohne die selbst der Stachel der Konkurrenz abstumpfen würde. Er gibt so den produktiven Kräften einen Sporn. Während das Verbrechen einen Teil der überzähligen Bevölkerung dem Arbeitsmarkt entzieht und damit die Konkurrenz unter den Arbeitern vermindert, zu einem gewissen Punkt den Fall des Arbeitslohns unter das Minimum verhindert, absorbiert der Kampf gegen das Verbrechen einen andern Teil derselben Bevölkerung. Der Verbrecher tritt so als eine jener natür-

* Der vorstehende Satz findet sich in der Handschrift quer am Rande und ist von Marx zur Einfügung an dieser Stelle bezeichnet.

lichen »Ausgleichungen« ein, die ein richtiges Niveau herstellen und eine ganze Perspektive »nützlicher« Beschäftigungszweige auftun.

Bis ins Detail können die Einwirkungen des Verbrechers auf die Entwicklung der Produktivkraft nachgewiesen werden. Wären Schlösser je zu ihrer jetzigen Vollkommenheit gediehn, wenn es keine Diebe gäbe? Wäre die Fabrikation von Banknoten zu ihrer gegenwärtigen Vollendung gediehn, gäbe es keine Falschmünzer? Hätte das Mikroskop seinen Weg in die gewöhnliche kommerzielle Sphäre gefunden (siehe Babbage) ohne Betrug im Handel? Verdankt die praktische Chemie nicht ebensoviel der Warenfälschung und dem Bestreben, sie aufzudecken, als dem ehrlichen Produktionseifer? Das Verbrechen, durch die stets neuen Mittel des Angriffs auf das Eigentum, ruft stets neue Verteidigungsmittel ins Leben und wirkt damit ganz so produktiv wie strikes auf Erfindung von Maschinen. Und verläßt man die Sphäre des Privatverbrechens: Ohne nationale Verbrechen, wäre je der Weltmarkt entstanden? Ja, auch nur Nationen? Und ist der Baum der Sünde nicht zugleich der Baum der Erkenntnis seit Adams Zeiten her? Mandeville in seiner »Fable of the Bees« (1705) hatte schon die Produktivität aller möglichen Berufsweisen usw. bewiesen und überhaupt die Tendenz dieses ganzen Arguments: »Das, was wir in dieser Welt das Böse nennen, das moralische so gut wie das natürliche, ist das große Prinzip, das uns zu sozialen Geschöpfen macht, die feste Basis, *das Leben und die Stütze aller Gewerbe und Beschäftigungen* ohne Ausnahme; hier haben wir den wahren Ursprung aller Künste und Wissenschaften zu suchen; und in dem Moment, da das Böse aufhörte, müßte die Gesellschaft verderben, wenn nicht gar gänzlich untergehen.« Nur war Mandeville natürlich unendlich kühner und ehrlicher als die philisterhaften Apologeten der bürgerlichen Gesellschaft.

(Theorien über den Mehrwert, MEW, Bd. 26,1, S. 363f.)

[...] Aus dem bisher (Gesagtem) geht hervor, daß *produktive Arbeit* zu sein eine Bestimmung der Arbeit ist, die zunächst absolut nichts zu tun hat mit dem *bestimmten Inhalt* der Arbeit, ihrer besondren Nützlichkeit oder dem eigentümlichen Gebrauchswert, worin sie sich darstellt.

*Dieselbe* Sorte Arbeit kann *produktiv* oder *unproduktiv* sein.

Z.B. Milton, who did the »Paradise Lost« for 5 l.* war ein *unproduktiver Arbeiter*. Der Schriftsteller dagegen, der Fabrikarbeit für seinen Buchhändler liefert, ist ein *produktiver Arbeiter.* Milton produzierte das »Paradise Lost« aus demselben Grund, aus dem ein Seidenwurm Seide produziert. Es war eine Betätigung *seiner* Natur. Er verkaufte später das Produkt für *5 l.* Aber der Leipziger Literaturproletarier, der unter Direktion seines Buchhändlers Bücher (z.B. Kompendien der Ökonomie) fabriziert, ist ein *produktiver Arbeiter;* denn sein Produkt ist von vornherein unter das Kapital subsumiert und findet nur zu dessen Verwertung statt. Eine Sängerin, die auf ihre eigene Faust ihren Gesang verkauft, ist ein *unproduktiver Arbeiter*. Aber dieselbe Sängerin, von einem entrepreneur engagiert, der sie singen läßt, um Geld zu machen, ist ein *produktiver Arbeiter;* denn sie produziert Kapital.

## 21.
## Unproduktive Arbeit als Arbeit, die Dienste leistet; Kauf von Dienstleistungen unter den Bedingungen des Kapitalismus. Vulgäre Auffassung des Verhältnisses von Kapital und Arbeit als eines Austauschs von Dienstleistungen

Es sind hier verschiedne Fragen zu unterscheiden.

Ob ich eine Hose kaufe oder ob ich Tuch kaufe und einen Schneidergesellen ins Haus nehme, dem ich seinen *Dienst* (i.e. seine Schneiderarbeit), dieses Tuch in Hose zu verwandeln, zahle, ist für mich, soweit es nur um die Hose zu tun, völlig gleichgültig. Ich kaufe die Hose von dem merchant-tailor**, statt in der letztren Art zu operieren, weil die letztre Art teuer ist und die Hose weniger Arbeit kostet, daher wohlfeiler ist, wenn der capitalist-tailor sie produziert, als wenn ich sie in der letztren Weise produzieren lasse. Aber in beiden Fällen verwandle ich das Geld, womit ich die Hose kaufe, nicht in Kapital,

* der das »Verlorene Paradies« für 5 Pfund Sterling schrieb

** Schneider (mit einem Stoff- und Kleiderlager)

sondern in Hose, und in beiden Fällen handelt es sich für mich darum, das Geld als bloßes Zirkulationsmittel zu brauchen, d. h., es in diesen bestimmten Gebrauchswert zu verwandeln. Hier fungiert das Geld also nicht als Kapital, obgleich es in dem einen Fall gegen *Ware* sich austauscht, in dem andren die *Arbeit* selbst als *Ware* kauft. Es funktioniert nur als Geld und bestimmter als Zirkulationsmittel.

Andrerseits ist der Schneidergeselle *kein produktiver Arbeiter*, obgleich seine Arbeit mir das Produkt, die Hose, und ihm den Preis seiner Arbeit, das Geld liefert. Es ist möglich, daß das Arbeitsquantum, das der Geselle liefert, größer ist als das in dem Preis, den er von mir erhält, enthaltne. Und dies ist sogar wahrscheinlich, da der Preis seiner Arbeit bestimmt ist durch den Preis, den die produktiven Schneidergesellen erhalten. Aber dies ist mir völlig gleichgültig. Ob er 8 oder 10 Stunden arbeitet, nachdem einmal der Preis festgesetzt, ist mir ganz indifferent. Das, worum es sich nur handelt, ist der *Gebrauchswert*, die Hose, wobei ich natürlich, ob ich sie in der einen oder andren Weise kaufe, das Interesse habe, möglichst wenig dafür zu zahlen, aber in dem einen Fall nicht mehr oder minder als in dem andren, oder nur ihren *normalen* Preis *für* sie zu *zahlen*. Es ist dies eine Ausgabe für meine Konsumtion, keine Vermehrung, sondern eine Verminderung meines Gelds. Es ist durchaus kein Mittel der Bereicherung, sowenig wie irgendeine andre Art, Geld für *meinen persönlichen* Konsum auszugeben, ein Mittel der Bereicherung ist.

Einer der *savants** des Paul de Kock mag mir sagen, daß ich ohne diesen Kauf, wie ohne den Kauf von Brot, nicht leben, also auch nicht mich *bereichern* kann, daß es also ein indirektes Mittel oder wenigstens eine Bedingung für meine Bereichrung ist. In derselben Art wie mein Blutumlauf, mein Atemprozeß Bedingungen für meine Bereicherung. Aber deswegen bereichert mich an und für sich weder mein Blutumlauf noch mein Atemprozeß, die beide vielmehr einen kostspieligen Stoffwechsel voraussetzen, ohne dessen Notwendigkeit es keine armen Teufel gäbe. Der bloße *unmittelbare* Austausch von Geld gegen Arbeit verwandelt daher nicht das Geld in Kapital oder die Arbeit in produktive Arbeit.

Was ist nun das Charakteristische in diesem Austausch? Wodurch

* Gelehrten

unterscheidet [er] sich vom Austausch des Gelds mit produktiver Arbeit? Einerseits dadurch, daß das Geld als Geld verausgabt wird, als selbständige Form des Tauschwerts, der in einen *Gebrauchswert*, in Lebensmittel, Gegenstand der persönlichen Konsumtion, verwandelt werden soll. Das Geld wird also nicht zu Kapital, sondern, umgekehrt, verliert sein Dasein als Tauschwert, um als Gebrauchswert verzehrt, aufgezehrt zu werden. Andrerseits hat für mich die Arbeit bloß Interesse als Gebrauchswert, als Dienst, wodurch Tuch in Hose verwandelt wird, der Dienst, den mir ihr bestimmter nützlicher Charakter leistet.

Dagegen besteht der Dienst, den derselbe Schneidergeselle, von einem merchant-tailor verwendet, diesem Kapitalisten leistet, keineswegs darin, daß er Tuch in Hosen verwandelt, sondern darin, daß die notwendige Arbeitszeit, die in einer Hose vergegenständlicht ist, = 12 Arbeitsstunden und der Lohn, den der Geselle erhält, = 6 Stunden. Der Dienst, den er ihm leistet, besteht also darin, daß er 6 Stunden umsonst arbeitet. Daß dies in Form von Hosenmacherei geschieht, *versteckt* nur das wirkliche Verhältnis. Sobald der merchant-tailor kann, sucht er die Hosen daher wieder in Geld zu verwandeln, d.h. in eine Form, worin der bestimmte Charakter der Schneiderarbeit gänzlich verschwunden ist und worin der geleistete Dienst sich daher so ausdrückt, daß statt Arbeitszeit von 6 Std., die sich in einer bestimmten Geldsumme ausdrückt, Arbeitszeit von 12 Std. vorhanden ist, die sich in der doppelten Geldsumme ausdrückt.

Ich kaufe die Schneiderarbeit wegen des Dienstes, den sie als *Schneiderarbeit* leistet, mein Bedürfnis der Kleidung zu befriedigen, daher einem meiner *Bedürfnisse* zu dienen. Der merchant-tailor kauft sie als ein Mittel, aus 1 Taler zwei zu machen. Ich kaufe sie, weil sie einen bestimmten Gebrauchswert produziert, einen bestimmten Dienst leistet. Er kauft sie, weil sie mehr Tauschwert liefert, als sie kostet, als ein bloßes Mittel, weniger Arbeit mit mehr Arbeit auszutauschen.

Wo der Austausch des Geldes direkt gegen Arbeit stattfindet, ohne daß letztre Kapital produziert, also *nicht produktive* Arbeit ist, wird sie als *Dienst* gekauft, was überhaupt nichts als ein Ausdruck für den besondren Gebrauchswert ist, den die Arbeit leistet wie jede andere Ware; aber spezifischer Ausdruck für den besondren Gebrauchswert der Arbeit, soweit diese nicht als *Sache* Dienste leistet, sondern als *Tätigkeit*, was sie jedoch keineswegs z. B. von einer Maschine unterscheidet, z. B. einer Uhr. Do ut facias, facio ut facias, facio ut des, do ut des sind hier ganz gleichgültige Formen desselben Verhältnisses, während in der kapitalistischen Produktion das do ut facias ein sehr spezifisches Verhältnis des gegenständlichen Werts, der gegeben, und der lebendigen Tätigkeit, die akkapariert wird, ausdrückt. Weil also in diesem Kaufen von *Diensten* das spezifische Verhältnis von Arbeit und Kapital gar nicht enthalten, entweder völlig ausgelöscht oder gar nicht vorhanden ist, ist es natürlich die Lieblingsform der Say, Bastiat und Konsorten, um das *Verhältnis von Kapital und Arbeit* auszudrücken. [...]

(Theorien über den Mehrwert, MEW, Bd. 26,1, S. 376–379)

Was *produktive Arbeit* ist oder *nicht*, ein Punkt, worüber viel gestritten worden ist hin und her, seit *Adam Smith* diese Unterscheidung machte, muß sich aus der Auseinanderlegung der verschiednen Seiten des Kapitals selbst ergeben. *Produktive Arbeit* ist bloß die, die *Kapital* produziert. Ist es nicht toll, fragt z. B. (wenigstens ähnlich) Herr Senior, daß der Klaviermacher ein *produktiver Arbeiter* sein soll, aber der *Klavierspieler* nicht, obgleich doch ohne den Klavierspieler das Klavier ein Nonsens wäre? Aber so ist es exakt. Der Klaviermacher reproduziert *Kapital;* der Klavierspieler tauscht seine Arbeit nur gegen Revenue aus. Aber der Klavierspieler produziert Musik und befriedigt unsern Tonsinn, produziert ihn auch gewissermaßen? In fact, so tut er: seine Arbeit produziert etwas; darum ist sie nicht *produktive Arbeit* im *ökonomischen* Sinn; sowenig als die Arbeit des Narren produktiv ist, der Hirngespinste produziert. *Produktiv ist die Arbeit nur, indem sie ihr eignes Gegenteil produziert.* Andre Ökonomen lassen daher den sogenannten improduktiven Arbeiter indirekt produktiv sein. Zum Beispiel der Klavierspieler gibt Stimulus zur Produktion; teils indem er unsre Individualität tatkräftiger, lebensvoller stimmt, oder auch in dem gemeinen Sinn, daß er ein neues Bedürfnis erweckt, zu dessen Befriedigung mehr Fleiß in der unmittelbaren materiellen Produktion angewandt wird. Darin ist schon zugegeben, daß nur die Arbeit, die Kapital produziert, produktiv ist; daß also die Arbeit, die das nicht tut, wie *nützlich* sie immer sein mag – sie kann ebensogut schädlich sein – für die Kapitalisierung nicht produktive, hence unproduktive Arbeit ist. Andre Ökonomen sagen, der Unterschied von produktiv und unproduktiv müsse nicht auf die Produktion, sondern auf die Konsumtion bezogen werden. Quite the contrary. Der Tabakproduzent ist produktiv, obgleich der Tabakkonsum improduktiv ist. Die Produktion für unproduktive Konsumtion ist quite as productive as that for productive consumption; always supposed that it produces or reproduces capital. »Produktiver Arbeiter [ist] derjenige, der *unmittelbar* seines *Meisters Reichtum* vermehrt«, sagt *Malthus* daher sehr richtig (IX, 40)*; wenigstens nach einer Seite hin richtig. Der Ausdruck ist zu abstrakt, da er in dieser Fassung ebenso vom Sklaven gilt. Des master's wealth, im Verhältnis zum Arbeiter, ist die Form des Reichtums selbst in seinem Verhältnis zur Arbeit, das Kapital. Productive labourer he that directly augments capital.**

[...]

Alle Fortschritte der Zivilisation daher, oder in andren Worten alle Vermehrung der *gesellschaftlichen Produktivkräfte*, if you want der *Produktivkräfte der Arbeit selbst*, – wie sie resultieren von Wissenschaft, Erfindungen, Teilung und Kombination der Arbeit, verbesserten Kommunikationsmitteln, Schaffen des Weltmarkts, Maschinerie etc. – bereichern nicht den Arbeiter, sondern das *Kapital;* vergrößern also nur die die Arbeit beherrschende Macht; vermehren nur die Produktivkraft des Kapitals. Da das Kapital der Gegensatz des Arbeiters ist, vermehren sie nur die *objektive Macht* über die Arbeit. Die *Verwandlung der Arbeit* (als lebendiger zweckmäßiger Tätigkeit) in *Kapital* ist *an sich* das Resultat des Austauschs zwischen Kapital und Arbeit, insofern sie dem Kapitalisten das Eigentumsrecht auf das Produkt der Arbeit gibt (und das Kommando über dieselbe). *Gesetzt* wird *diese Verwandlung* erst im *Produktionsprozeß* selbst. Die Frage, ob das Kapital produktiv sei oder nicht, ist also absurd. Die Arbeit selbst ist *nur produktiv* als in das Kapital aufgenommen, wo das Kapital die Grundlage der Produktion bildet, und der Kapitalist also der

* Die Produktion für unproduktive Konsumtion ist ebenso produktiv wie die für produktive Konsumtion; immer vorausgesetzt, daß sie Kapital produziert. »Ein produktiver Arbeiter ist der, der direkt den Reichtum seines Masters vergrößert.«

** Produktiver Arbeiter ist, wer direkt Kapital vermehrt

Kommandeur der Produktion ist. Die Produktivität der Arbeit wird ebenso zur Produktivkraft des Kapitals, wie der allgemeine Tauschwert der Waren sich im Geld fixiert. Die Arbeit, wie sie im Gegensatz zum Kapital *für sich* im Arbeiter existiert, die Arbeit also in ihrem *unmittelbaren Dasein,* getrennt vom Kapital, ist *nicht produktiv.* Als Tätigkeit des Arbeiters wird sie auch nie *produktiv*, dieweil sie nur in den einfachen, nur formell verändernden Prozeß der Zirkulation eingeht. Diejenigen daher, die nachweisen, daß alle dem Kapital zugeschriebne Produktivkraft eine *Verrückung* ist, eine *Transposition der Produktivkraft* der Arbeit, vergessen eben, daß das Kapital selbst wesentlich diese *Verrückung, diese Transposition* ist und daß die Lohnarbeit als solche das Kapital voraussetzt, also auch ihrerseits betrachtet diese *Transsubstantiation* ist; der notwendige Prozeß, ihre eignen Kräfte als dem Arbeiter *fremde* zu setzen. Zugleich die Lohnarbeit bestehn lassen und das Kapital aufheben, ist daher sich selbst widersprechende und auflösende Forderung. Andre, selbst Ökonomen, z.B. Ricardo, Sismondi etc., sagen, daß *nur die Arbeit,* nicht das Kapital produktiv ist. Aber dann fassen sie das Kapital nicht in seiner *spezifischen Formbestimmtheit* als ein in sich reflektiertes *Produktionsverhältnis,* sondern denken nur an seine stoffliche Substanz, Rohstoff etc. Diese stofflichen Elemente aber machen nicht das Kapital zum Kapital. […]

(»Grundrisse ...«, S. 213–216)

## 22.

## Linguet – Polemik gegen die bürgerlich-liberale Ansicht von der Freiheit des Arbeiters

Satirisch-ironische Beschreibung der zeitgenössischen Lohnarbeit
Simon Nicolas-Henri Linguet (1736–1794): »Théorie des lois civiles fondamentaux de la société«, t. 1.2 London 1767.

Es entspricht dem Plan meiner Schrift, sozialistische und kommunistische Schriftsteller im ganzen von den historischen Reviews auszuschließen. Letztre sollen nur zeigen. In welcher Form die* Ökonomen teils sich selbst kritisieren, teils die historisch entscheidenden Formen, worin die Gesetze der politischen Ökonomie zuerst ausgesprochen und weiterentwickelt wurden. Ich schließe daher bei der Betrachtung des Mehrwerts solche Schriftsteller des 18. Jahrhunderts wie Brissot, Godwin usw. aus, ganz wie die Sozialisten und Kommunisten des 19ten Jahrhunderts. Die paar sozialistischen Schriftsteller, auf die ich in dieser Rundschau zu sprechen kommen werde, stellen sich entweder selbst auf den Standpunkt der bürgerlichen Ökonomie oder bekämpfen sie von ihrem eignen Standpunkt aus.

Linguet jedoch ist kein Sozialist. (Er war vielmehr Reaktionär.) Seine Polemik gegen die bürgerlich-liberalen Ideale seiner aufklärerischen Zeitgenossen, gegen die beginnende Herrschaft der Bourgeoisie hüllt sich halb ernsthaft, halb ironisch in reaktionären Schein. Er verteidigt den asiatischen Despotismus gegen die zivilisierten europäischen Formen desselben; so die Sklaverei gegen die Lohnarbeit.

Vol. I. Der einzige Satz gegen Montesquieu: l'esprit des lois, c'est la propriété**, zeigt die Tiefe seiner Anschauung.

Die einzigen Ökonomen, die Linguet sich gegenüber fand, waren die Physiokraten.

Die Reichen haben sich aller Produktionsbedingungen bemächtigt; *Entfremdung der Produktionsbedingungen,* die in ihrer einfachsten Form die Naturelemente selbst sind. »In unseren zivilisierten Ländern sind alle Elemente [der Natur] Sklaven.« (p. 188.) Um sich einen Teil dieser von den Reichen angeeigneten Schätze anzueignen, muß man sie durch strenge Arbeit kaufen, die den Reichtum dieser Reichen vermehrt. »Auf diese Weise hat die ganze gefangengenommene Natur aufgehört, ihren Kindern mühelos zugängliche Hilfsquellen zur Erhaltung ihres Lebens zu bieten. Man muß ihre Wohltaten mit beharrlichen Anstrengungen und ihre Geschenke mit hartnäckiger Arbeit bezahlen.« [l. c. p. 188.] (Hier klingt in den dons de la nature*** die physiokratische Ansicht durch.)

* In der Handschrift: diese

** der Geist der Gesetze, das ist das Eigentum

*** Geschenken der Natur

»Der Reiche, *der sich ihren ausschließlichen Besitz angemaßt hat,* gestattet nur um diesen Preis, daß ein kleines Teilchen davon wieder der Gesamtheit zufließe. *Um zur Teilnahme an ihren Schätzen zugelassen zu werden, muß man für* ihre *Vermehrung arbeiten.*« (p. 189.) »Man muß also auf diese Chimären von Freiheit verzichten.« (p. 190.) Die Gesetze sind da, um »eine frühere Usurpation« (des Privateigentums) »zu heiligen, um neue zu verhindern« (p. 192). »Sie sind gewissermaßen eine Verschwörung gegen den zahlreichsten Teil des Menschengeschlechts.« (I. c. p. 195) (nämlich der Nichtbesitzenden). »Die Gesellschaft hat die Gesetze gemacht und nicht die Gesetze die Gesellschaft.« (p. 230.) »Das Eigentum ist früher da als die Gesetze.« (p. 236.) Die société selbst – daß der Mensch in société lebt, statt als unabhängiges, selbständiges Individuum – ist die Wurzel der propriété, der auf ihr basierten Gesetze und der notwendigen Sklaverei.

Auf der einen Seite lebten friedlich und isoliert cultivateurs* und pasteurs**. Auf der andren Seite »Jäger, gewöhnt, von Blut zu leben, sich zu Banden zu vereinigen, um die *Tiere,* von denen sie sich nährten, leichter überlisten und niederschlagen zu können, und die Teilung der Beute zu vereinbaren.« (p. 279.) »Bei den Jägern mußte sich das erste Anzeichen der Gesellschaft zeigen.« (p.278.) »*Die wahre Gesellschaft bildete sich auf Kosten* der *Hirten und Ackerbauer und beruhte auf ihrer Unterjochung*« durch die Bande der chasseurs réunis***. (p. 289.) Alle Pflichten der Gesellschaft lösen sich auf in commander und obéir+. »Diese Degradierung eines Teils des Menschengeschlechts hat zuerst die Gesellschaft veranlaßt und dann die Gesetze geschaffen.« (p. 294.)

Entblößt von den Produktionsbedingungen, zwingt die Not die Arbeiter, um zu leben, an der Vermehrung des fremden Reichtums zu arbeiten. »Es ist die Unmöglichkeit, auf andere Weise zu leben, die unsere Tagelöhner zwingt, die Erde umzugraben, deren Früchte sie nicht genießen werden, und unsere Maurer, Gebäude zu errichten, in

* Ackerbauern

** Hirten

*** vereinigten Jäger

\+ Befehlen und Gehorchen

denen sie nicht wohnen werden. Das Elend schleppt sie auf den Markt, wo sie auf die Herren warten, die so gnädig sein möchten, sie zu kaufen. *Es zwingt sie, sich vor dem* Reichen *auf die Knie zu werfen damit er ihnen erlaube ihn zu bereichern.*« (p. 274.)

»Die Gewalt war also die erste Veranlassung der Gesellschaft und die Macht ihr erstes Bindeglied.« (p. 302.) »Ihre« (des hommes*) »erste Sorge war ohne Zweifel die, sie sich ohne Nahrung zu verschaffen ..., die zweite mußte sein, zu trachten, *sie sich ohne Arbeit zu verschaffen.« (p. 307, 308.)* »Dazu konnten sie nur dadurch gelangen, daß *sie sich die Frucht fremder Arbeit aneigneten*« (p. 308.) »Die ersten Eroberer wurden nur Despoten, um straflos faul sein zu können, und Könige, um die nötigen Mittel zum Leben zu haben, was die Idee der Herrschaft ... sehr verengt und vereinfacht.« (p. 309.) »Die Gesellschaft wurde aus der Gewalt geboren und das Eigentum aus der Usurpation.« (p. 347.) »Sobald es Herren und Sklaven gab, war die Gesellschaft gebildet.« (p.343.) »Von Anfang an waren die beiden Pfeiler der Gemeinschaft die Sklaverei des größten Teils der Männer einerseits und die aller Frauen anderseits ... Auf Kosten von drei Vierteln ihrer Mitglieder sicherte die Gesellschaft das Glück, den Reichtum, die Muße der kleinen Zahl der Eigentümer, die sie allein im Blickfeld hatte.« (p. 365.)

Vol. II: »Es handelt sich also nicht darum, zu untersuchen, ob die Sklaverei an und für sich gegen die Natur ist, sondern ob sie gegen die Natur der Gesellschaft ist ..., sie ist von ihr nicht zu trennen.« (p. 256.) »Die Gesellschaft und die Knechtung sind gleichzeitig entstanden.«(p. 257.) »Die dauernde Sklaverei ... das unzerstörbare Fundament der Gesellschaften.« (p. 347.)

»Nur dann gibt es Menschen, die darauf angewiesen sind, ihren Lebensunterhalt aus der Freigebigkeit eines anderen Menschen zu beziehen, *wenn dieser durch das ihnen abgenommene Gut reich genug geworden ist*, ihnen einen kleinen Teil *zurückgeben* zu können. Seine angebliche Großmut kann nichts anderes sein als eine *Rückerstattung eines gewissen Teils ihrer Arbeitsergebnisse, die er sich angeeignet hat.*« (p. 242.) »Ist es nicht diese Pflicht, zu säen, ohne für sich zu ernten, sein Wohlbefinden dem eines anderen zu opfern, ohne Hoffnung zu

* der Menschen

arbeiten – worin *die Knechtschaft besteht*? Und beginnt deren eigentliche Epoche nicht in dem Augenblick, da es Menschen gab, die man mit Stockschlägen – für einige Maß Hafer, die sie nach der Rückkehr in den Stall erhielten zur Arbeit zwingen konnte? Nur in einer voll entwickelten Gesellschaft *erscheinen* dem hungrigen Armen die Lebensmittel als genügendes *Äquivalent* für seine Freiheit; aber in einer Gesellschaft, die am Beginn ihrer Entwicklung steht, würde freien Menschen dieser ungleiche Tausch grauenhaft erscheinen. Nur *Kriegsgefangenen* kann man dies vorschlagen. Erst nachdem man ihnen den Genuß all ihres Vermögens genommen hat, kann man ihnen das Notwendige allein geben.« (p. 244, 245.)

*»Das Wesen der Gesellschaft ... besteht darin, den Reichen von der Arbeit zu befreien;* das gibt ihm neue Organe, nicht ermüdende Glieder, die alle mühseligen Arbeiten auf sich nehmen, *deren Frucht er sich aneignet*. Das ist der Plan, der ihm erlaubt, ungestört Sklaverei zu betreiben. Er kauft die Menschen, die ihm dienen sollen.« (p. 461.) »Als man die Sklaverei abschaffte, behauptete man, weder den Reichtum noch seine Vorteile abzuschaffen ... Es war daher notwendig, daß die Dinge, bis auf den Namen, in demselben Zustand blieben. Es war immer notwendig, daß der größere Teil der Menschen von der Bezahlung und in der Abhängigkeit des kleineren Teils lebte, *der sich alle Güter angeeignet hatte*. Die Sklaverei ist also auf Erden verewigt worden, aber unter einem sanfteren Namen. Sie ist jetzt bei uns zulande mit dem Titel ›Dienerschaft‹ geschmückt.« (p.462.)

Unter diesen domestiques*, sagt L[inguet], verstehe er nicht die Lakaien etc.: »Die Städte und Dörfer werden von einer anderen Art Diener bewohnt, viel zahlreicher, nützlicher, arbeitsamer und bekannt unter dem Namen *Tagelöhner, Handarbeiter* usw. Sie sind nicht entehrt durch die glänzenden Farben des Luxus; sie seufzen unter ekelhaften Lumpen, die die Livree der Armut bilden. *Sie haben nie teil an dem Überfluß, dessen Quelle ihre Arbeit ist*. Der Reichtum scheint ihnen eine Gnade zu erweisen, wenn er die *Geschenke* entgegennimmt, *die sie ihm machen*. Sie müssen für die *Dienste* dankbar sein, *die sie ihm erweisen*. Er überhäuft sie mit der beleidigendsten Mißachtung, während sie seine Knie umfangen, um von ihm die

* Dienern

*Erlaubnis* zu erhalten, *ihm nützlich zu sein*. Er läßt sich bitten, dies zu gestatten, und *bei diesem einzigartigen Austausch zwischen tatsächlicher Verschwendung und eingebildeter Wohltätigkeit* sind Hochmut und Verachtung *auf der Seite des Empfangenden* und Untertätigkeit, Besorgnis und Diensteifer *auf der Seite des Gebenden*. Das ist die Art Diener, die in der Tat die Sklaven bei uns abgelöst haben.« (p. 463, 464.)

»Es handelt sich darum, zu untersuchen, welches der wirkliche Gewinn ist, den ihnen die *Abschaffung der Sklaverei* gebracht hat. Ich sage es mit ebensoviel Schmerz wie Freimut: Ihr ganzer Gewinn besteht darin, daß sie stets von der Furcht gepeinigt werden, Hungers zu sterben, ein Unglück, vor dem wenigstens ihre Vorgänger auf der untersten Stufe der Menschheit bewahrt blieben.« (p. 464.) »Er ist frei, sagt ihr! Ach! gerade darin besteht sein Unglück. Niemand geht ihn etwas an; aber auch er geht niemanden etwas an. Wenn man ihn braucht, *mietet* man ihn *so billig* wie möglich. Die geringe Entlohnung, die man ihm verspricht, kommt kaum *dem Preis seines Unterhalts für den Arbeitstag gleich, den er im Austausch hingibt*. Man setzt *Aufseher«* (overlookers) »über ihn, *die ihn zwingen, seine Arbeit rasch auszuführen;* man treibt ihn an; man stachelt ihn an, aus Furcht, eine geschickt verborgene und nur zu verständliche Faulheit könne ihn die Hälfte seiner Kraft verbergen lassen; man ist besorgt, die Hoffnung, *bei der Beschäftigung mit derselben Arbeit längere Zeit* zu *verweilen*, könne die Flinkheit seiner Arme hemmen und seine Werkzeuge abstumpfen. Die *schmutzige Ökonomie. die ihn mit unruhigen Augen verfolgt, überhäuft ihn mit Vorwürfen bei der geringsten Rast, die er sich gestatten könnte,* und wenn er sich einen Augenblick ausruht, *behauptet sie, daß er sie bestehle*. Ist er fertig, dann entläßt man ihn, wie man ihn genommen, mit der kältesten Gleichgültigkeit und ohne sich darum zu kümmern, ob die zwanzig oder dreißig Sous, die er für einen harten Arbeitstag erhalten hat, für seinen Unterhalt ausreichen, *wenn er am folgenden Tag keine Arbeit findet*.« (p. 466. 467.)

»Frei ist er! Gerade deshalb bedaure ich ihn. Man schont ihn deshalb viel weniger bei den Arbeiten, zu denen man ihn anwendet. Man ist deshalb viel hemmungsloser, sein Leben zu vergeuden. Der Sklave war für seinen Herrn wertvoll wegen des Geldes, das er ihn gekostet hatte. Aber der Handarbeiter kostet den reichen Schwelger nichts, der ihn beschäftigt. Unter der Sklaverei hatte das Blut der Menschen einen gewissen Preis. Sie waren mindestens die Summe wert, zu der man sie auf dem Markt feilhielt. Seitdem man sie nicht mehr feilhält, haben sie in Wirklichkeit keinen eigenen Wert mehr. In einer Armee gilt der Schanzgräber viel weniger als das Zugpferd, weil das Pferd sehr teuer und der Schanzgräber umsonst zu haben ist. Die Abschaffung der Sklaverei ließ diese Wertauffassung aus dem kriegerischen in das gewöhnliche Leben übergehen. *Und es gibt seitdem keinen wohlhabenden Bürger, der hierbei nicht genauso rechnet wie die Kriegshelden.«* (p. 467)

»Die Tagelöhner werden geboren. wachsen heran und werden erzogen« (züchten sich heran) »zum Dienst am Reichtum, ohne dem Reichen die geringsten Kosten zu verursachen. wie das Wild, das er auf seinen Gütern niederknallt. Es scheint, daß er wirklich das Geheimnis besitzt, dessen sich ohne Grund der unglückliche Pompejus rühmte. Er braucht bloß mit dem Fuße auf die Erde zu stampfen, und ihr entsteigen Legionen arbeitsamer Menschen, die sich um die Ehre streiten, ihm dienen zu dürfen. Verschwindet einer aus dieser Menge der Söldlinge, die seine Häuser bauen oder seine Gärten nach der Schnur bepflanzen, so ist der Platz, den er frei zurückläßt, nicht sichtbar; er ist sofort wieder ausgefüllt, ohne daß sich jemand darum kümmerte. Man verliert ohne Bedauern einen Tropfen aus dem Wasser eines großen Flusses, weil ohne Unterlaß neue Fluten heranströmen. So ist es auch mit den Handarbeitern. Die Leichtigkeit, sie zu ersetzen, nährt ihnen gegenüber die Gefühllosigkeit des *Reichen«* (dies die Form bei Linguet; noch nicht Kapitalist) (p. 468).

»Diese, sagt man, haben keinen Herrn ... ein reiner Mißbrauch des Worts. Was soll das heißen, sie haben keinen Herrn? Sie haben einen, und es ist der furchtbarste, despotischste von allen Herren: die *Not*. Diese treibt sie in die grausamste Abhängigkeit. *Sie haben nicht einem einzelnen Menschen zu gehorchen, sondern allen insgesamt*. Es ist nicht bloß ein einziger Tyrann, dessen Launen sie schmeicheln und dessen Gunst sie suchen müssen – das zöge der Abhängigkeit Grenzen und machte sie erträglicher. *Sie werden die Diener eines jeden, der Geld hat*, wodurch ihre Sklaverei eine unendliche Ausdehnung und Härte erhält. Man sagt: Wenn sie sich bei einem Herrn nicht wohlfühlen, haben sie doch den Trost, es ihm sagen und sich einen anderen suchen zu können; die Sklaven können weder das eine noch das andere; sie sind also unglücklicher. Welcher Sophismus! Man bedenke nur, daß die Zahl derjenigen, *die arbeiten lassen,* sehr gering ist, die Zahl der Arbeiter dagegen gewaltig.« (p. 470, 471.) »Worauf reduziert sich für sie jene scheinbare Freiheit, die ihr ihnen verliehen habt? *Sie leben bloß von der Vermietung ihrer Arme. Sie müssen also jemand finden, der sie mietet, oder Hungers sterben. Heißt das frei sein*?« (p. 472.)

»Das Schrecklichste ist, daß die Geringfügigkeit dieser Bezahlung noch ein Grund ist, sie herabzusetzen. Je mehr der Tagelöhner von der Not bedrückt ist, desto billiger muß er sich verkaufen. Je dringender seine Notlage ist, desto weniger einträglich ist seine Arbeit. Die Augenblicksdespoten, die er unter Tränen beschwört, seine Dienste anzunehmen, erröten nicht, ihm gewissermaßen den Puls zu befühlen, um sich zu vergewissern, wieviel Kraft ihm noch geblieben ist: Nach dem Grade seiner Schwäche bemessen sie die Bezahlung, die sie ihm anbieten. Je näher er ihnen dem Untergang durch Entkräftung zu sein scheint, desto mehr beschneiden sie das, was ihn retten könnte. Und was die Barbaren, die sie sind, ihm geben, dient weniger dazu, sein Leben zu verlängern, als seinen Tod hinauszuschieben.« (p. 482, 483.) »Die Unabhängigkeit« (du journalier*) »... ist eine der verderblichsten Geißeln, die das Raffinement der modernen Zeiten hervorgebracht hat. Sie vermehrt den Überfluß des Reichen und den Mangel des Armen Der erspart alles, was der andere ausgibt, Dieser ist gezwungen, nicht am Überflüssigen, sondern am Notwendigsten zu sparen.« (p. 483.)

»Wenn es heute so leicht ist, riesige Armeen zu unterhalten, die sich mit dem Luxus verbinden, um die Ausrottung des Menschengeschlechts zu vollenden, so ist nur die Abschaffung der Sklaverei daran schuld ... Erst seitdem es keine Sklaven mehr gibt, liefern Ausschweifung und Bettelarmut Kriegshelden zu fünf Sous den Tag.« (p. 484, 485.)

»Ich ziehe« (die asiatische Sklaverei) »hundertmal jeder anderen Art der Existenz von Menschen vor, die gezwungen sind, ihr Leben durch Tagelöhnerarbeit zu fristen.« (p.496.)

»Ihre« (der esclaves** und der journaliers) »Ketten sind aus demsel-

* des Tagelöhners

** Sklaven

ben Stoff gemacht und bloß anders gefärbt. Hier sind sie schwarz und erscheinen massiv; dort haben sie weniger düstere Farben und scheinen leichter zu sein; aber man wäge sie unparteiisch, und man wird keinen Unterschied bemerken; beide sind von der Not gefertigt. Sie haben genau das gleiche Gewicht, oder vielmehr, wenn die eine einige Lot mehr wiegt, so ist es jene, die äußerlich leichter erscheint.« (p. 510.)

Er ruft den französischen Aufklärern mit Bezug auf die Arbeiter zu: »Seht ihr nicht, daß die Unterjochung, die Ausrottung, um es geradeheraus zu sagen, dieses so großen Teiles der Herde den Reichtum der Hirten erzeugt? ... Glaubt mir, in seinem« (du berger*) »Interesse, in eurem und selbst in ihrem, laßt sie« (die Schafe) »in der Überzeugung, in der sie leben, daß der Köter, der sie ankläfft, für sich allein mehr Kraft besitzt als sie alle zusammen. Laßt sie stumpfsinnig beim bloßen Anblick seines Schattens davonlaufen. Alle werden dabei gewinnen. Ihr werdet es um so leichter haben, sie zusammenzutreiben, um ihnen die Wolle zu scheren. Sie sind um so leichter davor geschützt, von den Wölfen gefressen zu werden. Freilich nur, um von den Menschen verzehrt zu werden. Aber das ist einmal ihr Schicksal von dem Augenblick an, da sie den Stall betreten haben. Ehe ihr davon sprecht, sie von dort herauszuführen, beginnt damit, den Stall niederzureißen, das heißt die Gesellschaft.« (p. 512, 513.)

(Theorien über den Mehrwert, MEW, Bd. 26,1, S. 320–325)

## 23.
## Malthus gegen Ricardo – Anpassung der Theorie an die Interessen der alten Oberklasse

Entwicklung der Produktivkräfte als Grundprinzip Ricardos in der Einschätzung ökonomischer Erscheinungen – Malthus' Verteidigung der reaktionärsten Elemente der herrschenden Klassen. Faktische Widerlegung der Malthusschen Bevölkerungstheorie durch Darwin

* des Hirten

Ricardo betrachtete mit Recht, für seine Zeit, die kapitalistische Produktionsweise als die vorteilhafteste für die Produktion überhaupt, als die vorteilhafteste zur Erzeugung des Reichtums. Er will die *Produktion der Produktion halber,* und dies ist *recht.* Wollte man behaupten, wie es sentimentale Gegner Ricardos getan haben, daß die Produktion nicht als solche der Zweck sei, so vergißt man, daß Produktion um der Produktion halber nichts heißt, als Entwicklung der menschlichen Produktivkräfte, also *Entwicklung des Reichtums der menschlichen Natur als Selbstzweck.* Stellt man, wie Sismondi, das Wohl der einzelnen diesem Zweck gegenüber, so behauptet man, daß die Entwicklung der Gattung *aufgehalten* werden muß, um das Wohl der einzelnen zu sichern, daß also z. B. kein Krieg geführt werden dürfe, worin einzelne jedenfalls kaputtgehn. (Sismondi hat nur recht gegen die Ökonomen, die diesen Gegensatz *vertuschen,* leugnen.) Daß diese Entwicklung der Fähigkeiten der Gattung *Mensch,* obgleich sie sich zunächst auf Kosten der Mehrzahl der Menschenindividuen und ganzer Menschenklassen macht, schließlich diesen Antagonismus durchbricht und zusammenfällt mit der Entwicklung des einzelnen Individuums, daß also die höhere Entwicklung der Individualität nur durch einen historischen Prozeß erkauft wird, worin die Individuen geopfert werden, wird nicht verstanden, abgesehn von der Unfruchtbarkeit solcher erbaulichen Betrachtungen, da die Vorteile der Gattung im Menschenreich wie im Tier- und Pflanzenreich sich stets durchsetzen auf Kosten der Vorteile von Individuen, weil diese Gattungsvorteile zusammenfallen mit den *Vorteilen besondrer Individuen,* die zugleich die Kraft dieser Bevorzugten bilden.

Die Rücksichtslosigkeit Ricardos war also nicht nur *wissenschaftlich ehrlich,* sondern *wissenschaftlich geboten* für seinen Standpunkt. Es ist ihm aber deshalb auch ganz gleichgültig, ob die Fortentwicklung der Produktivkräfte Grundeigentum totschlägt oder Arbeiter. Wenn dieser Fortschritt das Kapital der industriellen Bourgeoisie entwertet, so ist es ihm ebenso willkommen. Wenn die Entwicklung der Produktivkraft der Arbeit das *vorhandne* capital fixe um die Hälfte entwertet, was liegt dran, sagt Ricardo. Die Produktivität der menschlichen Arbeit hat sich verdoppelt. Hier ist also *wissenschaft-*

*liche Ehrlichkeit*. Wenn die Auffassung Ric[ardos] im ganzen im Interesse der *industriellen Bourgeoisie* ist, so nur, *weil* und *soweit* deren Interesse koinzidiert mit dem der Produktion oder der produktiven Entwicklung der menschlichen Arbeit. Wo sie in Gegensatz dazu tritt, ist er ebenso *rücksichtslos* gegen die Bourgeoisie, als er es sonst gegen das Proletariat und die Aristokratie ist.

Aber Malthus! Ce misérable* zieht aus den wissenschaftlich gegebenen (und von ihm stets *gestohlenen)* Vordersätzen nur solche Schlüsse, die der Aristokratie gegen die Bourgeoisie und beiden *gegen* das Proletariat »*angenehm*« sind (nützen). Er will deshalb nicht die *Produktion um der Produktion* willen, sondern nur soweit sie das *Bestehende* erhält oder ausbauscht, dem Vorteil der herrschenden Klassen konveniert.

Gleich seine erste Schrift, eines der merkwürdigsten literarischen Beispiele vom Erfolg des Plagiats auf Kosten der Originalwerke, hatte den *praktischen* Zweck, die Perfektibilitätstendenzen der Französischen Revolution und *ihrer Anhänger in England* im Interesse der *bestehenden* englischen Regierung und *Grundaristokratie* als Utopie »ökonomisch« nachzuweisen. D.h., es war ein panegyrisches Pamphlet für die bestehenden Zustände gegen die historische Entwicklung, dazu eine Rechtfertigung des Kriegs gegen das revolutionäre Frankreich.

Seine Schriften 1815 über Schutzzölle und Grundrente sollten teils die frühere Apologie des Elends der Produzenten bestätigen, speziell aber das reaktionäre Grundeigentum gegen das »aufgeklärte«, »liberale« und »progressive« Kapital verteidigen, ganz speziell einen beabsichtigten *Rückschritt* der englischen Gesetzgebung im Interesse der Aristokratie gegen die industrielle Bourgeoisie rechtfertigen. Endlich seine »principles of political economy« *gegen* Ricardo hatten wesentlich den Zweck, die absoluten Forderungen des »industriellen Kapitals« und der Gesetze, unter denen sich seine Produktivität entwickelt, zu den den existierenden Interessen der Grundaristokratie, der »Established Church« (zu der Malthus gehörte), der Regierungspensionäre und Steuerverzehrer »vorteilhaften« und »wünschenswerten Grenzen« zurückzuführen. Einen

* Dieser Elende

Menschen aber, der die Wissenschaft einem nicht aus ihr selbst (wie irrtümlich sie immer sein mag), sondern *von außen*, ihr *fremden, äußerlichen Interessen* entlehnten Standpunkt zu *akkommodieren* sucht, nenne ich »*gemein*«. [...]

(Theorien über den Mehrwert, MEW, Bd. 26,2, S. 110–112)

## 24.
## Relative Vermehrung der Mittelklassen im Verlauf der kapitalistischen Entwicklung

Erstens übersieht er*, daß in der Wirklichkeit, wo nicht nur Kapitalist und workman, sondern capitalist, workman, landlord, moneyed interest, fixed incomes** vom Staat etc. sich gegenüberstehn, der Fall der Warenpreise, der beide, industriellen Kapitalisten und workmen, trifft, den andren Klassen zugut kommt.

Zweitens, daß die kapitalistische Produktion keineswegs auf einer willkürlichen Stufe produziert, sondern je mehr sie sich entwickelt, um so mehr gezwungen ist, auf einer Stufenleiter zu produzieren, die mit der immediate demand*** nichts zu tun hat, sondern von einer beständigen Erweiterung des Weltmarkts abhängt. Er flüchtet zu der abgeschmackten Sayschen Voraussetzung, als ob der Kapitalist nicht für den Profit, den Mehrwert, sondern für den Konsum, den Gebrauchswert – seinen eignen Konsum – direkt produziere. Er übersieht, daß die Ware in Geld verwandelt werden muß. Die demand der Arbeiter genügt nicht, da der Profit ja grade dadurch herkommt, daß die demand der Arbeiter kleiner als der Wert ihres Produkts, und um so größer ist, je relativ kleiner diese demand. Die demand der capitalists untereinander genügt ebensowenig. Die Überproduktion bringt keinen *permanenten* Fall des Profits hervor, aber sie ist permanent

* David Ricardo

** Kapitalist, Arbeiter, Grundbesitzer, Geldeinkommen und Empfänger festen Einkommens

*** unmittelbaren Nachfrage

*periodisch*. Es folgt ihr Unterproduktion usw. Die Überproduktion geht grade daraus hervor, daß die Masse des Volks nie mehr als die average quantity of necessaries* konsumieren kann, ihre Konsumtion also nicht entsprechend wächst mit der Produktivität der Arbeit. Doch dieser ganze Abschnitt gehört in die *Konkurrenz der Kapitalien*. Alles, was Ric[ardo] darüber sagt, ist keinen Schuß Pulver wert. (Es ist dies ch. XXI »*Effects of Accumulation on Profits and Interest*«.)**

»Es gibt nur einen Fall, und auch dieser wird nur *zeitweilig* auftreten, in dem die Akkumulation von Kapital bei niedrigem Nahrungsmittelpreis von einem Fall des Profits begleitet sein kann, und zwar dann, wenn die zum Unterhalt der Arbeit bestimmten Fonds sich sehr viel rascher als die Bevölkerung vermehren; dann werden die Löhne hoch und die Profite niedrig sein.« (l.c. p. 343.) [...]

(Theorien über den Mehrwert, MEW, Bd. 26,1, S. 469)

Die Konkurrenz der Kapitalien wird [von Ricardo] nicht betrachtet, ebensowenig das Kreditwesen, ebensowenig die wirkliche Konstitution der Gesellschaft, die keineswegs bloß aus den Klassen der Arbeiter und industriellen Kapitalisten besteht, wo also Konsumenten und Produzenten nicht identisch, die erstere Kategorie (deren Revenuen zum Teil sekundäre, vom Profit und Salair abgeleitete, keine primitiven sind) der Konsumenten viel weiter ist als die zweite, und daher die Art, wie sie ihre Revenue spendet, und der Umfang der letztren sehr große Modifikationen im ökonomischen Haushalt und speziell im Zirkulations- und Reproduktionsprozesse des Kapitals hervorbringt. [...]

(Theorien über den Mehrwert, MEW, Bd. 26,1, S. 493)

Daher der Arbeiter die Entwicklung der Produktivkräfte seiner eignen Arbeit als ihm feindlich, und mit Recht, betrachtet; anderseits der Kapitalist ihn als ein beständig aus der Produktion zu entfernendes Element behandelt. Dies sind die Widersprüche, worin sich R[icardo] in diesem Kapitel herumarbeitet. Was er vergißt hervorzuheben, die beständige Vermehrung der zwischen workmen auf der einen Seite, Kapitalist und landlord auf der andren Seite, in der Mitte stehenden und

* durchschnittliche Quantität lebensnotwendiger Güter

** »Die Folgen der Akkumulation von Profit und Zinsen«

sich in stets größrem Umfang, großenteils von der Revenue direkt fed* Mittelklassen, die als eine Last auf der working** Unterlage lasten und die soziale Sicherheit und Macht der upper ten thousand*** vermehren. Die Bourgeois stellen die Verewigung der wages-slavery durch Anwendung der Maschinerie als »Apologie« derselben auf. [...]

(Theorien über den Mehrwert, MEW, Bd. 26,1, S. 576)

## 25.
## Die Mittelklasse entwickelt Wissenschaft und Technik – dafür bedarf sie der Muße

(James) Mill vertuscht den Gegensatz von Kapital und Arbeit nicht. Es ist nötig, daß die *Profitrate* groß sei, damit die von unmittelbarer Arbeit unabhängige Gesellschaftsklasse bedeutend sei; dazu muß also das Salair relativ klein sein. Es ist nötig, daß die Arbeitermasse nicht Herr ihrer Zeit und Sklave ihrer Bedürfnisse sei, damit sich die menschlichen (gesellschaftlichen) Fähigkeiten frei in Klassen entwickeln können, denen diese Arbeiterklasse nur als Unterlage dient. Die letztren repräsentieren die Entwicklungslosigkeit, damit andre Klassen die menschliche Entwicklung repräsentieren. Dies in fact der Gegensatz, in dem sich die bürgerliche Gesellschaft entwickelt und alle bisherige Gesellschaft entwickelt hat, als *notwendiges Gesetz*, i.e. das Bestehende als das absolute Vernünftige ausgesprochen.

»Die *menschliche perfectibilité*+ oder das Vermögen, beständig von einer Stufe der Wissenschaft und des Glücks zu einer andren, größern fortzuschreiten, scheint großenteils von einer Klasse von Menschen abzuhängen, die *Herren ihrer Zeit* sind, i.e., die reich genug sind, um aller Sorge für die Mittel, in einem gewissen Zustand von Genuß zu leben, überhoben zu sein. Durch diese Menschenklasse wird die

* direkt ernährten

** arbeitenden

*** oberen zehntausend

\+ Vervollkommnungsfähigkeit

Domäne der Wissenschaft kultiviert und vergrößert; sie verbreiten Licht; ihre Kinder empfangen beßre Erziehung und bereiten sich vor, die wichtigsten und delikatesten Funktionen der Gesellschaft auszuüben; sie werden Gesetzgeber, Richter, Verwalter, Lehrer, Erfinder in den Künsten, Leiter aller großen und nützlichen Arbeiten, worauf sich die Herrschaft der Menschengattung über die Naturkräfte erstreckt.« ([ed. Parisot, Paris 1823] p. 65.) »Das *Interesse der Kapitalien* muß *sehr stark* sein, damit ein beträchtlicher Teil der Gesellschaft à même* ist, die Vorteile zu genießen, die die *Muße* verschafft.« (l.c. p. 67.) [...]

(Theorien über den Mehrwert, MEW, Bd. 26,3, S. 93f.)

»Es *ist klar, daß nicht alle Menschen zu den Mittelklassen gehören können*. Die oberen und die unteren Klassen sind unvermeidlich« (natürlich, keine Mitte ohne Extreme) »und überdies sehr nützlich. Wenn man der Gesellschaft die Hoffnung nähme zu steigen und die Furcht zu sinken und wenn nicht die Arbeit ihre Belohnung und die Trägheit ihre Strafe mit sich brächte, würde man nirgends jene Emsigkeit, jenen Eifer sehen, womit jeder dahin strebt, seine Lage zu verbessern, was die wichtigste Triebfeder des allgemeinen Wohls bildet.« (l.c. p. 112.)

Die Untern müssen sein, damit die Obern zu fallen fürchten, und die Obern, damit die Untern zu steigen hoffen. Damit die indolence sa punition** hat, muß der Arbeiter arm und der Rentier oder der von Malthus so sehr geliebte Grundeigentümer reich sein. Was versteht aber Malthus unter der récompense du travail***? Wie wir später sehn werden, daß der Arbeiter einen Teil seiner Arbeit ohne Äquivalent verrichten muß. Schöner Stachel, wenn die »récompense« und nicht der Hunger der Stachel wäre. Das Ganze kömmt höchstens darauf hinaus, daß ein Arbeiter hoffen kann, auch einmal Arbeiter zu exploitieren.

»Je mehr sich das Monopol ausdehnt«, sagt Rousseau, »desto schwerer wird die Kette für die Ausgebeuteten.«

Anders der »tiefe Denker« Malthus. Seine höchste Hoffnung – die

* in der Lage ist
** die Trägheit, die ihre Strafe enthält
*** Belohnung für die Arbeit

er selbst als plus ou moins* utopistisch bezeichnet – ist, daß die Masse der classe moyenne** wächst und das Proletariat (das arbeitende) einen immer verhältnismäßig kleinren Teil der Gesamtpopulation bildet (wenn es auch absolut wächst). Dies ist in der Tat der *Gang* der Bourgeoisgesellschaft.

(Theorien über den Mehrwert, MEW, Bd. 26,3, S. 57)

### Unproduktive bezahlte Arbeit im Interesse der kapitalistischen Produktionsweise

Es gehört noch nicht hierher, kann hier aber schon erinnert werden, wie dem Schaffen der Surplusarbeit auf der Einen Seite entspricht ein Schaffen von Minus-Arbeit, relativer idleness (oder *nichtproduktiver* Arbeit im besten Fall) auf der andren. Es versteht sich dies erstens vom Kapital von selbst; dann aber auch den Klassen, mit denen es teilt; also von den vom Surplusproduce lebenden Paupers, flunkeys, Jenkinses etc., kurz, dem ganzen train von retainers***; dem Teil der *dienenden* Klasse, der nicht von Kapital, sondern von Revenue lebt. Wesentlicher Unterschied dieser *dienenden* und der *arbeitenden* Klasse. In bezug auf die ganze Gesellschaft das Schaffen der *disponiblen Zeit* dann auch als Schaffen der Zeit zur Produktion von Wissenschaft, Kunst etc. Es ist keineswegs der Entwicklungsgang der Gesellschaft, daß, weil Ein Individuum seine Not befriedigt hat, es nun seinen Überfluß schafft; sondern, weil Ein Individuum oder Klasse von Individuen gezwungen wird mehr zu arbeiten als zur Befriedigung seiner Not nötig – weil *Surplusarbeit* auf der einen Seite –, wird Nichtarbeit und Surplusreichtum auf der andren gesetzt. Der Wirklichkeit nach existiert die Entwicklung des Reichtums nur in diesen Gegensätzen: der Möglichkeit nach ist eben seine Entwicklung die Möglichkeit der Aufhebung dieser Gegensätze. Oder weil ein Individuum nur *seine eigne* Not befriedigen kann, indem es zugleich die Not und ein Surplus über dieselbe für ein *andres* Individuum befriedigt. Bei der Sklaverei

* mehr oder weniger

** Mittelklasse

*** Anhang von Gefolgsleuten, Pauper, Lakaien und Leute wie Jenkins dies brutal. Erst unter der Bedingung der Lohnarbeit führt es zur *Industrie, industriellen* Arbeit. – Malthus daher auch ganz konsequent, wenn er neben Surplusarbeit und Surpluskapital das Verlangen stellt von Surplusidlers, consuming without producing oder die Notwendigkeit von Verschwendung, Luxus, Spendieren etc. […]

(»Grundrisse …«, S. 304 f.)

## 26.
## Richard Jones »über Akkumulation und Profitrate« und über die Quelle des Mehrwerts*

Abgesehn von dem Schrecken, den das Gesetz vom Fall der Profitrate den Ökonomen einflößt, ist seine wichtigste Konsequenz die, daß es stets wachsende Konzentration der Kapitalien voraussetzt, also stets wachsende Entkapitalisierung der kleinren Kapitalisten. Dies ist überhaupt das Resultat aller Gesetze der kapitalistischen Produktion. Und streifen wir dieser Tatsache den gegensätzlichen Charakter ab, der sie auf Basis der kapitalistischen Produktion bezeichnet, was drückt dies factum aus, dieser Progress of centralisation? Weiter nichts, als daß die Produktion ihren Privatcharakter verliert und gesellschaftlicher Prozeß wird, nicht formal, wie bei allem Austausch die Produktion gesellschaftlich ist durch die absolute Abgängigkeit der Produzenten voneinander und die Notwendigkeit, ihre Arbeit als abstrakt gesellschaftliche (Geld) darzustellen, sondern reell. Indem die Produktionsmittel als gemeinschaftliche und daher nicht durch das Eigentum des einzelnen, sondern durch ihr Verhältnis zur Produktion – als gesellschaftliche Produktionsmittel – angewandt werden, ebenso die Arbeiten auf gesellschaftlicher Stufenleiter ausgeführt werden.

*Jones* hat einen eignen Abschnitt überschrieben: *»Causes which determine the inclination to accumulate«***. [Als solche nennt er]:

* Marx bezieht sich auf Richard Jones' »Text-book of Lectures on Political Economy of Nations«, Hertford, 1852

** *»Ursachen, die die Neigung zu akkumulieren bestimmen«*

»1. Differenzen des Temperaments und der Disposition des Volkes.

2. Differenzen der Verhältnisse, in denen die Revenuen der Nation unter die verschiedenen Klassen der Bevölkerung verteilt werden.

3. Verschiedene Grade der Sicherung des Genusses des gesparten Kapitals.

4. Verschiedene Grade der Leichtigkeit, die aufeinanderfolgenden Ersparnisse ebenso profitabel wie sicher anzulegen.

5. Verschiedenheiten der Möglichkeiten für die verschiedenen Schichten der Bevölkerung, ihre Lage durch Sparen zu verbessern.« (p. 24.)

Diese 5 Gründe reduzieren sich in der Tat alle darauf, daß die Akkumulation von der Stufe der *kapitalistischen Produktionsweise* abhängt, die eine bestimmte Nation erreicht hat.

D'abord* *Nr.2*. Wo die kapitalistische Produktion entwickelt, bildet Profit die Hauptsource** der Akkumulation, d.h. die Kapitalisten haben den größten Teil der national revenue in Händen und selbst [ein] Teil der landlords sucht zu kapitalisieren.

*Nr.3*. Die (juristisch-polizeiliche) Sicherheit wächst im Verhältnis, wie die Kapitalisten das Staatsregime unter ihre Hände bekommen.

*Nr.4*. Mit der Entwicklung des Kapitals wachsen die Produktionssphären einerseits. Andrerseits Organisation des Kredits, um jeden farthing in den Händen der money-lenders (banquiers)*** zu sammeln.

*Nr.5*. In der kapitalistischen Produktion hängt die bettering+ bloß vom Geld ab, und jeder kann sich einbilden, Rothschild zu werden.

*Nr.1* bleibt. Alle Völker haben nicht gleiche Anlage zur kapitalistischen Produktion. Einige Urvölker, wie Türken, haben weder Temperament noch Disposition dazu. Aber dies Ausnahmen. Mit der Entwicklung der kapitalistischen Produktion wird ein average++ Niveau der bürgerlichen Gesellschaft und damit der Temperamente und dispo-

* Zunächst

** Hauptquelle

*** Geldverleiher (Bankiers)

\+ Besserstellung

++ durchschnittliches

sitions in den verschiedensten Völkern geschaffen. Wesentlich kosmopolitisch wie das Christentum. Christentum daher auch spezielle Religion des Kapitals. In beiden gilt nur der Mensch. An und für sich ist ein Mensch so wenig und so viel wert wie der andre. In dem einen hängt alles davon ab, ob er den Glauben, und in dem andren, ob er Kredit hat. Außerdem kommt bei dem einen allerdings die Gnadenwahl hinzu. Bei dem andren der Zufall, ob er von Haus aus Geld hat oder nicht. […]

(Theorien über den Mehrwert, MEW, Bd. 26,3, S. 440–442)

## 27. Das Kapital ist kein Ding und keine kommerzielle Idee, sondern ein spezifisches Produktionsverhältnis (zwischen besitzlosen Arbeitern und Eigentümern von Produktionsmitteln)

Wenn der Ökonom, solange er den kapitalistischen Produktionsprozess bloss unter dem Gesichtspunkt des *Arbeitprozesses* betrachtet, das Kapital für ein blosses *Ding* erklärt, Rohstoff, Instrument usw., so fällt ihm dann wieder ein, dass der Produktionsprozess doch auch Verwertungsprozess ist und jene Dinge mit Bezug auf den Verwertungsprozess nur als *Wert* in Betracht kommen. »Dasselbe Kapital existiert bald unter der Form einer Geldsumme, bald unter der eines Rohstoffs, eines Instruments, einer fertigen Ware. Diese *Dinge* sind eigentlich nicht *das Kapital;* es haust in dem *Wert,* den sie haben.« Sofern dieser Wert »sich erhält, nicht mehr untergeht, sich vervielfältigt, sich von der Ware losreisst, die ihn geschaffen hatte, gleich einer metaphysischen und unsubstantiellen Qualität immer im Besitz desselben Produzenten (d.h. Kapitalisten) bleibt«, wird das, was soeben noch für ein *Ding,* jetzt für eine *»kommerzielle Idee«* erklärt.

Das Produkt des kapitalistischen Produktionsprozesses ist weder ein blosses *Produkt* (Gebrauchswert), noch blosse *Ware,* d.h. Produkt, das einen Tauschwert hat, sondern sein *spezifisches Produkt* ist der *Mehrwert.* Sein Produkt sind *Waren,* die mehr Tauschwert besitzen, d.h. mehr Arbeit darstellen als für ihre Produktion in der Form von Geld oder Waren vorgeschossen wurde. Im kapitalistischen Produktionsprozess erscheint der *Arbeitsprozess* nur als *Mittel*, der *Verwertungsprozess* oder die *Produktion von Mehrwert* als Zweck. Sobald sich der Oekonom hierauf besinnt, wird Kapital erklärt als Reichtum, der in der Produktion verwandt wird, um »Profit« zu machen.

Wir haben gesehn, dass die Verwandlung von Geld in Kapital in zwei selbständige, ganz verschiedenen Sphären angehörige und getrennt von einander existierende Prozesse zerfällt. Der erste Prozess gehört der Sphäre der *Warenzirkulation* an und geht daher auf dem *Warenmarkt* vor. Es ist der *Kauf und Verkauf des Arbeitsvermögens*. Der zweite Prozess ist der *Konsum des gekauften Arbeitsvermögens* oder der *Produktionsprozess* selbst. In dem ersten Prozess stehn sich Kapitalist und Arbeiter nur als Geldbesitzer und Warenbesitzer gegenüber und ihre Transaktion ist, wie die zwischen allen Käufern und Verkäufern, ein Austausch von Equivalenten. Im zweiten Prozess erscheint der Arbeiter *pro tempore* als lebendiger Bestandteil des Kapitals selbst und die Kategorie des Austauschs ist hier gänzlich ausgeschlossen, da der Kapitalist alle Faktoren des Produktionsprozesses, sachliche wie persönliche, sich durch Kauf angeeignet hat, bevor dieser Prozess beginnt. Obgleich aber beide Prozesse selbständig neben einander existieren, bedingen sie sich wechselseitig. Der erste leitet den zweiten ein, und der zweite führt den ersten aus.

Der erste *Prozess*, der *Kauf und Verkauf des Arbeitsvermögens*, zeigt uns Kapitalist und Arbeiter nur als Käufer und Verkäufer von Ware. Was den Arbeiter von andern Warenverkäufern unterscheidet, ist nur die *spezifische Natur*, der *spezifische Gebrauchswert* der von ihm verkauften Ware. Aber der besondere Gebrauchswert der Waren ändert durchaus nichts an der ökonomischen Formbestimmtheit der Transaktion, nichts daran, dass der Käufer Geld und der Verkäufer Ware vorstellt. Um also zu *beweisen*, dass das Verhältnis zwischen Kapitalist und Arbeiter durchaus nichts als ein Verhältnis zwischen Warenbesitzern ist, die zu ihrem wechselseitigen Vorteil und durch einen freien Kontrakt Geld und Ware mit einander austauschen, genügt es den ersten Prozess zu isolieren und an seinem formellen Charakter festzuhalten. Dies einfache Kunststück ist keine Hexerei, aber es bildet den ganzen Weisheitsvorrat der Vulgärökonomie.

Wir haben gesehn, dass der Kapitalist sein Geld nicht nur in Arbeitsvermögen, sondern in die gegenständlichen Faktoren des Arbeitsprozesses, die Produktionsmittel, verwandeln muss. Betrachten wir aber das gesamte Kapital auf der einen Seite, also die Gesamtheit der Käufer von Arbeitsvermögen auf der einen Seite, und die Gesamtheit der Verkäufer von Arbeitsvermögen, die Gesamtheit der Arbeiter auf der andren, so ist der Arbeiter eben gezwungen statt einer Ware, sein eigenes Arbeitsvermögen als Ware zu verkaufen, weil ihm auf der andren Seite sämtliche Produktionsmittel, sämtliche gegenständliche Bedingungen der Arbeit ebensogut wie sämtliche Lebensmittel, Geld, Produktionsmittel und Lebensmittel als fremdes Eigentum gegenüberstehn, weil also aller *gegenständliche Reichtum* als Eigentum der *Warenbesitzer* dem Arbeiter *gegenübersteht*. Es ist unterstellt, dass er als *Nichteigentümer* arbeitet und die *Bedingungen seiner Arbeit* ihm als *fremdes Eigentum* gegenüberstehn. Dass Kapitalist Nr. I Geldbesitzer ist und von dem Kapitalisten Nr. II, der Produktionsmittel besitzt, diese Produktionsmittel kauft, während der Arbeiter mit dem von dem Kapitalisten Nr. I erhaltenen Geld Lebensmittel von dem Kapitalisten Nr. III kauft, ändert durchaus nichts an dem Umstand, dass die Kapitalisten Nr. I, II und III zusammen die ausschliesslichen Besitzer von Geld, Produktionsmitteln und Lebensmitteln sind. Der Mensch kann nur leben, soweit er seine Lebensmittel produziert und er kann nur Lebensmittel produzieren, sofern er sich im Besitz von Produktionsmitteln, im Besitz der gegenständlichen Bedingungen der Arbeit befindet. Es versteht sich also von vorn herein, dass der Arbeiter, der von Produktionsmitteln entblösst ist, von Lebensmitteln entblösst ist, wie umgekehrt ein Mensch, der von Lebensmitteln entblösst ist, kein Produktionsmittel schaffen kann. Was also selbst im ersten *Prozess,* bevor sich Geld oder Ware wirklich in *Kapital* verwandelt haben, ihnen von vorn herein den *Charakter von Kapital* aufdrückt, ist weder ihre Natur als Geld, noch ihre Natur als Ware, noch der stoffliche Gebrauchswert dieser Waren als Lebensmittel und Produktionsmittel zu dienen, sondern der Umstand, dass dies Geld und diese Ware, diese Produktionsmittel und

Lebensmittel als *selbständige Mächte,* personifiziert in ihren Besitzern, dem von allem gegenständlichen Reichtum entblössten *Arbeitsvermögen* gegenübertreten, dass also die zur Verwirklichung der Arbeit notwendigen sachlichen Bedingungen dem Arbeiter selbst *entfremdet* sind, vielmehr als mit eigenem Willen und eigener Seele begabte *Fetische* erscheinen, dass *Waren* als *Käufer* von *Personen* figurieren. Der Käufer des Arbeitsvermögens ist nur die Personifikation von *vergegenständlichter* Arbeit, die einen Teil ihrer selbst in der Form von Lebensmitteln an den Arbeiter abgibt, um das *lebendige Arbeitsvermögen* ihrem andern Teil einzuverleiben und durch diese Einverleibung sich ganz zu erhalten und über ihr ursprüngliches Mass hinaus zu wachsen. Es ist nicht der Arbeiter, der Lebensmittel und Produktionsmittel kauft, sondern die Lebensmittel kaufen den Arbeiter, um ihn den Produktionsmitteln einzuverleiben.

*Lebensmittel* sind eine besondre stoffliche Existenzform, worin das Kapital dem Arbeiter gegenübertritt, bevor er sie durch Verkauf seines Arbeitsvermögens aneignet. Aber sobald der Produktionsprozess beginnt, ist das Arbeitsvermögen bereits verkauft, die Lebensmittel also, wenigstens de jure, in den Konsumtionsfonds des Arbeiters übergegangen. Diese Lebensmittel bilden kein Element des Arbeitsprozesses, welcher neben dem wirkenden Arbeitsvermögen selbst nichts voraussetzt ausser Arbeitsmaterial und Arbeitsmittel. In der Tat muss der Arbeiter sein Arbeitsvermögen durch Lebensmittel erhalten, aber diese seine Privatkonsumtion, die zugleich Reproduktion seines Arbeitsvermögens ist, fällt ausserhalb des Produktionsprozesses der Ware. Es ist möglich, dass in der kapitalistischen Produktion tatsächlich die ganze disponible Zeit des Arbeiters vom Kapital absorbiert wird, dass also der Verzehr der Lebensmittel tatsächlich als ein blosser Incident des Arbeitsprozesses selbst erscheint, wie der Verzehr von Kohle durch die Dampfmaschine, von Oel durch das Rad oder von Heu durch das Pferd, wie die ganze Privatkonsumtion des arbeitenden Sklaven, und in diesem Sinn zählt *Ricardo* z.B. neben Rohmaterial, Werkzeugen usw. »Nahrung und Kleidung« auf als Dinge, die »effect to labour« geben und daher als »Kapital« im Arbeitsprozess dienen. Wie sich das aber immer *tatsächlich* gestalten mag, die Lebensmittel, sobald der freie Arbeiter sie verzehrt, sind Waren, die er *gekauft* hat.

Sobald sie in seine Hand übergehen, also um so mehr, sobald sie von ihm verzehrt werden, haben sie aufgehört, Kapital zu sein. Sie bilden also keines der *stofflichen Elemente*, worin das *Kapital* im *unmittelbaren Produktionsprozess* erscheint, obgleich sie die *stoffliche Existenzform* des *variablen Kapitals*, bilden, das auf dem *Markt*, innerhalb der *Zirkulationssphäre* als Käufer von Arbeitsvermögen auftritt.

(Resultate des unmittelbaren Produktionsprozesses, S. 28–31)

## 28.
## Von der formellen zur reellen Subsumtion der Arbeit unters Kapitalverhältnis

### Zur Geschichte der kapitalistischen Produktionsweise

Worin der selbst nur formell unter das Kapital subsumierte Arbeitsprozess von vorn herein sich unterscheidet und wodurch er sich mehr und mehr unterscheidet, selbst auf Basis der alten überlieferten Arbeitsweise – ist die *Stufenleiter*, worin er ausgeführt wird, also auf der einen Seite der Umfang der vorgeschossenen Produktionsmittel, andrerseits die Anzahl der von demselben employer kommandierten Arbeiter. Was z.B. auf Basis der zünftigen Produktionsweise als Maximum erscheint (z.B. mit Bezug auf die Gesellenanzahl) kann kaum ein Minimum bilden für das Kapitalverhältnis. Denn in der Tat kann dies nur noch ganz nominell eintreten, wo der Kapitalist nicht wenigstens so viel Arbeiter beschäftigt, dass der von ihm produzierte Mehrwert als Revenu für seine Privatkonsumtion, und als Akkumulationsfonds hinreicht, so dass er selbst unmittelbarer Arbeit enthoben ist, und nur noch als *Kapitalist* arbeitet, als Oberaufseher und Leiter des Prozesses, gleichsam die mit Willen und Bewusstsein begabte Funktion des in seinem Verwertungsprozess begriffenen Kapitals vollzieht. Diese Erweiterung der *Stufenleiter* bildet denn auch die reale Basis, worauf sich die spezifisch kapitalistische Produktionsweise unter sonst günstigen historischen Verhältnissen, wie denen des

16. Jahrhunderts z. B., erhebt, obgleich sie natürlich *sporadisch*, als nicht die Gesellschaft beherrschend, an einzelnen Punkten erscheinen kann innerhalb früherer Gesellschaftsformen.

Am deutlichsten wird der unterscheidende Charakter der *formellen Subsumtion der Arbeit unter das Kapital* durch Vergleich mit Zuständen, wo das Kapital bereits in bestimmten, untergeordneten Funktionen, aber noch nicht in seiner herrschenden, die allgemeine Gesellschaftsform bestimmenden Funktion als unmittelbarer Käufer von Arbeit und als unmittelbarer Aneigner des Produktionsprozesses existiert. Das *Wucherkapital* z. B., soweit es den unmittelbaren Produzenten, wie in Indien z. B., Rohmaterial, Arbeitsinstrument oder auch beides in der Form von Geld vorschiesst. Die ungeheuren Zinsen, die es zieht, die Zinsen, die es überhaupt, abgesehn von ihrer Grösse, dem unmittelbaren Produzenten so erpresst, sind nur ein andrer Name für Mehrwert. Es verwandelt in der Tat sein Geld dadurch in Kapital, dass es den unmittelbaren Produzenten unbezahlte Arbeit erpresst, Surplusarbeit. Aber es mischt sich nicht in den Produktionsprozess selbst, der nach wie vor in seiner herkömmlichen Weise neben ihm vorgeht. Es schiesst auf teils aus der *Verkümmrung* dieser Produktionsweise, teils ist es ein Mittel sie zu *verkümmern* und in den ungünstigsten Bedingungen sie fortvegetieren zu machen. Hier findet *noch nicht* die formelle Subsumtion der Arbeit unter das Kapital statt. Ein andres Beispiel ist das *Kaufmannskapital;* so weit es einer Anzahl unmittelbarer Produzenten Aufträge gibt, dann ihre Produkte sammelt und sie verkäuft, wobei es auch das Rohmaterial etc. vorschiessen mag oder auch Geldvorschüsse machen usw. Es ist diese Form, woraus sich zum Teil das moderne Kapitalverhältnis entwickelt hat, und die hier und da noch immer den Uebergang zum eigentlichen Kapitalverhältnis bildet. Auch hier findet noch keine formelle Subsumtion der Arbeit unter das Kapital statt. Der unmittelbare Produzent bleibt immer noch zugleich der Warenverkäufer und Anwender seiner eigenen Arbeit. Es ist hier aber schon mehr als in dem Verhältnis des Wucherkapitals der Uebergang vorhanden. Beide Formen, auf die wir gelegentlich später zurückkommen, reproduzieren sich als Neben- und Uebergangsformen innerhalb der kapitalistischen Produktionsweise.

## Reelle Subsumtion der Arbeit unter das Kapital oder die spezifisch kapitalistische Produktionsweise

Es ist Ch. III ausführlich entwickelt worden, wie sich mit der *Produktion des relativen Mehrwerts* – (für den einzelnen Kapitalisten, soweit er die *Initiative* ergreift, dadurch gestachelt, dass der Wert = der gesellschaftlich notwendigen Arbeitszeit, die im Produkt vergegenständlicht; dass also *Mehrwert* für ihn kreiert ist, sobald der *individuelle* Wert seines Produkts *unter* dessen gesellschaftlichem Wert steht, und daher *über* seinem individuellen Wert verkauft werden kann)– die ganze reale Gestalt der Produktionsweise ändert und eine spezifisch *kapitalistische Produktionsweise* (auch technologisch) entspringt, auf deren Basis und mit der sich zugleich auch erst die dem kapitalistischen *Produktionsprozesse* entsprechenden *Produktionsverhältnisse* zwischen den verschiedenen Agenten der Produktion, und speziell zwischen Kapitalist und Lohnarbeiter, entwickeln.

Die *gesellschaftlichen* Produktivkräfte der Arbeit, oder die Produktivkräfte direkt *gesellschaftlicher, vergesellschafteter* (gemeinsamer) Arbeit, durch die Kooperation, die Teilung der Arbeit innerhalb des Ateliers, die Anwendung der *Maschinerie,* und überhaupt die Verwandlung des Produktionsprozesses in bewusste *Anwendung* der Naturwissenschaft, Mechanik, Chemie etc. für bestimmte Zwecke, *Technologie* usw., ebenso wie das allem diesen entsprechende *Arbeiten auf grosser Stufenleiter* usw. (es ist nur diese vergesellschaftete Arbeit, die fähig ist, die *allgemeinen* Produkte der menschlichen Entwicklung, wie Mathematik etc. auf den *unmittelbaren* Produktionsprozess anzuwenden, wie andrerseits die Entwicklung dieser Wissenschaften eine bestimmte Höhe des materiellen Produktionsprozesses voraussetzt), diese Entwicklung der Produktivkraft der *vergesellschafteten Arbeit* im Gegensatz zur mehr oder minder isolierten Arbeit der Einzelnen usw. und mit derselben die *Anwendung der Wissenschaft,* dieses *allgemeinen* Produkts der gesellschaftlichen Entwicklung auf den *unmittelbaren Produktionsprozess,* dies alles stellt sich dar als *Produktivkraft des Kapitals,* nicht als Produktivkraft der Arbeit, oder nur als Produktivkraft der Arbeit, soweit sie mit dem Kapital identisch ist, und jedenfalls nicht als Produktivkraft weder des einzelnen Arbeiters, noch der im Produktionsprozess kombinierten Arbeiter. Die Mystifikation, die im Kapitalverhältnis überhaupt liegt, wird jetzt viel weiter entwickelt, als es bei der nur formellen Subsumtion der Arbeit unter das Kapital der Fall war und sein konnte. Andrerseits tritt hier auch die historische Bedeutung der kapitalistischen Produktion, eben durch die Umwandlung des unmittelbaren Produktionsprozesses selbst und die Entwicklung der gesellschaftlichen Produktivkräfte der Arbeit, erst schlagend hervor (spezifisch hervor).

Es ist nachgewiesen worden (Ch. III), wie nicht nur »vorgestellt«, sondern »tatsächlich« das »Gesellschaftliche« etc. seiner Arbeit dem Arbeiter nicht nur fremd, sondern feindlich und gegensätzlich, und als im Kapital vergegenständlicht und personifiziert gegenübertritt.

Wie die Produktion des absoluten Mehrwerts als materieller Ausdruck der formellen Subsumtion der Arbeit unter das Kapital, so kann die Produktion des relativen Mehrwerts als die der reellen Subsumtion der Arbeit unter das Kapital betrachtet werden.

Jedenfalls entsprechen den beiden Formen des Mehrwerts – dem absoluten und relativen – wenn sie jede für sich in getrennter Existenz betrachtet werden – und der absolute Mehrwert geht stets dem relativen vorher – zwei getrennte Formen der Subsumtion der Arbeit unter das Kapital, oder zwei getrennte Formen der kapitalistischen Produktion, von denen die erste immer den Vorläufer der andern bildet, obgleich die weiter entwickelte, die zweite, wieder die Basis für die Einführung der ersten in neuen Produktionszweigen bilden kann.

## Nachträgliches über die formelle Subsumtion der Arbeit unter das Kapital

Bevor wir weiter zur Betrachtung der reellen Subsumtion der Arbeit unter das Kapital fortschreiten, noch folgendes Nachträgliche aus meinen Heften.

Die auf dem absoluten Surpluswert beruhende Form nenne ich *Formelle Subsumtion der Arbeit unter das Kapital*, weil sie sich nur *formell* von den frühern Produktionsweisen unterscheidet, auf deren Grundlage sie unmittelbar entspringt (eingeführt wird), sei es nun, dass darin der Producer selfemploying, sei es, dass die unmittelbaren Produzenten Surplusarbeit für andre liefern müssen. Der *Zwang*, der ausgeübt wird, ist andrer Art, id est die Methode, wodurch die Surplusarbeit erzwungen wird. Das wesentliche bei der *formellen Subsumtion* ist:

1) das reine Geldverhältnis zwischen dem, der die Surplusarbeit aneignet und dem, der sie liefert: soweit *Unterordnung* entspringt, entspringt sie aus dem *bestimmten Inhalt* des Verkaufs, nicht aus einer *ihm* vorausgesetzten *Unterordnung*, wodurch der Produzent in andres Verhältnis als das Geldverhältnis (Verhältnis von Warenbesitzer zu Warenbesitzer) gegen den Exploiteur seiner Arbeit infolge politischen etc. Verhältnisses gestellt wäre; es ist *nur* als Besitzer der Arbeitsbedingungen, dass hier der Käufer den Verkäufer in eine *ökonomische* Abhängigkeit bringt; kein politisches und sozial fixiertes Verhältnis von Ueber- und Unterordnung;

2) was in dem ersten Verhältnis eingeschlossen ist – denn sonst hätte der Arbeiter nicht sein Arbeitsvermögen zu verkaufen, dass seine *objektiven Arbeitsbedingungen* (Produktionsmittel) und *subjektiven Arbeitsbedingungen* (Lebensmittel) ihm als *Kapital*, als monopolisiert vom Käufer seines Arbeitsvermögens gegenüberstehn. Je vollständiger diese *Arbeitsbedingungen* ihm als fremdes Eigentum gegenüberstehn, umso vollständiger findet *formell* das *Verhältnis von Kapital und Lohnarbeit* statt, also formelle Subsumtion der Arbeit unter das Kapital, die Bedingung und Voraussetzung der *reellen* Subsumtion.

In der Produktionsweise selbst findet hier noch kein Unterschied statt. Der *Arbeitsprozess*, *technologisch* betrachtet, geht grad vor sich wie früher, nur jetzt als dem Kapital *untergeordneter* Arbeitsprozess. Es entwickelt sich jedoch im Produktionsprozess selbst, wie früher entwickelt, 1) ein *ökonomisches* Verhältnis der Ueber- und Unterordnung, indem der Konsum des Arbeitsvermögens vom Kapitalisten geschieht, daher von ihm überwacht und dirigiert wird; 2) es entwickelt sich grosse Kontinuität und Intensivität der Arbeit und grössere Oekonomie in der Anwendung der Arbeitsbedingungen, indem alles aufgeboten wird, damit das Produkt nur *gesellschaftlich notwendige* (oder rather noch weniger) *Arbeitszeit* darstellt und dies sowohl mit Bezug auf die lebendige Arbeit, die zu seiner Produktion verwandt wird, als in Bezug auf die *vergegenständlichte* Arbeit, die als Wert der angewandten Produktionsmittel wertbildend in es eingeht.

Bei der *formellen Subsumtion* der Arbeit unter das Kapital erhält der *Zwang zur Surplusarbeit* – und damit einerseits zur Bildung von Bedürfnissen und von Befriedigungsmitteln dieser Bedürfnisse, wie der Produktionsmasse über das Mass der traditionellen Bedürfnisse des Arbeiters hinaus – und Schaffung *freier Zeit* zur Entwicklung, unabhängig von der materiellen Produktion, *nur* eine *andre* Form als in früheren Produktionsweisen, aber eine Form, die die Kontinuität und Intensivität der Arbeit steigert, die Produktion vermehrt, der Entwicklung der *Variationen der Arbeitsvermögen* günstiger ist, und damit der Differenzierung der Arbeits- und Erwerbsweisen, endlich das Verhältnis der Besitzer der Arbeitsbedingungen und der Arbeiter selbst in ein reines *Kauf- und Verkaufverhältnis* oder *Geldverhältnis* auflöst, und das Exploitationsverhältnis von allen patriarchalischen und politischen oder auch religiösen Verquickungen *ausscheidet*. Allerdings erzeugt das *Produktionsverhältnis* selbst ein neues Verhältnis der *Ueber- und Unterordnung* (das auch *politische* etc. Ausdrücke seiner selbst produziert). Je weniger die kapitalistische Produktion über das formelle Verhältnis herauskommt, um so weniger ist auch jenes Verhältnis entwickelt, da es nur kleine Kapitalisten voraussetzt, die in Bildungs- und Beschäftigungsweise nur wenig von den Arbeitern selbst verschieden sind.

Der Unterschied in der *Art des Verhältnisses, der Ueber- und Unterordnung*, ohne die Produktionsweise selbst noch zu berühren, zeigt sich am meisten, wo *ländliche* und *häusliche* Nebenarbeiten, die bloss für den Bedarf der Familie betrieben wurden, in selbständig kapitalistische Arbeitszweige verwandelt werden.

Der Unterschied der *formell* vom Kapital subsumierten Arbeit von früherer Anwendungsart der Arbeit tritt in demselben Umfang hervor, worin die *Grösse des Kapitals* wächst, das der einzelne Kapitalist anwendet, also die *Anzahl der gleichzeitig von ihm beschäftigten Arbeiter*. Erst mit einem gewissen Minimum von Kapital hört der Kapitalist auf selbst Arbeiter zu sein und [beginnt] sich nur die Direktion des Arbeitsprozesses und den Handel mit den produzierten Waren vorzubehalten. Auch tritt erst die *reelle* Subsumtion der Arbeit unter das Kapital ein, *die eigentlich kapitalistische Produktionsweise*, wo sich Kapitalien von gewisser Grösse unmittelbar der Produktion bemächtigt haben, sei es dass der Kaufmann industrieller Kapitalist wird, sei es dass sich auf Basis der *formellen Subsumtion* grössre industrielle Kapitalisten gebildet haben. [...]

(Resultate des unmittelbaren Produktionsprozesses, S. 48–53)

Das allgemein Charakteristische der *formellen Subsumtion* bleibt, id est die direkte *Unterordnung des Arbeitsprozesses* in welcher Weise technologisch immer betrieben, *unter das Kapital*. Aber auf dieser Basis erhebt sich eine technologisch und sonstig *spezifische*, die *reale Natur des Arbeitsprozesses* und seine *realen Bedingungen umwandelnde Produktionsweise, kapitalistische Produktionsweise*. Erst sobald diese eintritt, findet statt *reale Subsumtion der Arbeit unter das Kapital*. »*Agriculture for subsistance* ... changed for *agriculture for trade* ..., the *improvement of the national territory* ... proportioned to this *change*«. (49, *Note. A. Young. Political Arithmetic. London* 1774).

Die reale Subsumtion der Arbeit unter das Kapital wird entwickelt in allen den Formen, die den relativen Mehrwert im Unterschied vom absoluten entwickeln.

Mit der realen Subsumtion der Arbeit unter das Kapital findet eine völlige (und sich beständig fortsetzende und wiederholende) Revolution in der Produktionsweise selbst statt, in der Produktivität der Arbeit und im Verhältnis von Kapitalist und Arbeiter.

Bei der reellen Subsumtion der Arbeit unter das Kapital treten alle früher von uns entwickelten changes im Arbeitsprozess selbst ein. Es werden die *sozialen Produktivkräfte der Arbeit* entwickelt und es wird mit der Arbeit auf grosser Stufenleiter die Anwendung von Wissenschaft und Maschinerie auf die unmittelbare Produktion. Einerseits schafft die *kapitalistische Produktionsweise*, die sich jetzt als eine Produktionsweise sui generis gestaltet, eine veränderte Gestalt der materiellen Produktion. Andrerseits bildet diese Veränderung der materiellen Gestalt die Basis für die Entwicklung des Kapitalverhältnisses, dessen adäquate Gestalt daher einem bestimmten Entwicklungsgrad der Produktivkräfte der Arbeit entspricht.

Man hat bereits gesehn, dass ein bestimmtes und stets *wachsendes Minimum von Kapital* in der Hand der einzelnen Kapitalisten einerseits notwendige Voraussetzung, andrerseits beständiges Resultat der *spezifisch* kapitalistischen Produktionsweise. Der Kapitalist muss Eigentümer oder Besitzer von Produktionsmitteln auf einer *gesellschaftlichen Stufenleiter* sein, in einem Wertumfang, der alles Verhältnis zu der möglichen Produktion des Einzelnen oder seiner Familie verloren hat. Das *Minimum des Kapitals* ist um so grösser in einem Geschäftszweig, je mehr er kapitalistisch betrieben wird, je höher die gesellschaftliche Produktivität der Arbeit in ihm entwickelt ist. In demselben Umfang muss das Kapital an Wertgrösse zunehmen und gesellschaftliche Dimensionen annehmen, also allen *individuellen* Charakter abstreifen. Eben die Produktivität der Arbeit, Masse der Produktion, Masse der Bevölkerung, Masse der Surplusbevölkerung, die diese Produktionsweise entwickelt, ruft mit freigesetzten Kapital und Arbeit beständig neue Geschäftszweige hervor, in denen das Kapital wieder auf kleiner Stufenleiter arbeiten kann und wieder die verschiedenen Entwicklungen durchlaufen, bis auch diese neuen Geschäftszweige auf gesellschaftlicher Stufenleiter betrieben werden. Dieser Prozess beständig. Gleichzeitig die *kapitalistische Produktion* tendierend sich alle ihrer bisher noch nicht bemächtigten *Industriezweige*, wo nur noch *formelle Subsumtion*, zu erobern. Sobald sie sich der Agrikultur, Minenindustrie, Manufaktur der Hauptkleidungsstoffe usw. bemächtigt hat, ergreift sie die andren Sphären, wo nur noch *formell* oder auch noch selbständige Handwerker. Schon bei Betrachtung der Maschinerie bemerkt worden, wie die Einführung der Maschinerie in einem Zweig, sie in andren Zweigen und zugleich in andern Arten desselben Zweiges mit sich führt. Z.B. die Maschinenspinnerei führt zur Maschinenweberei; die Maschinenspinnerei in der Baumwollindustrie zur Maschinenspinnerei in Wolle, Leinen, Seide usw. Die gehäufte Anwendung der Maschinerie in Kohlenbergwerken, Baumwollmanufactures usw. machte Einführung der grossen Produktionsweise im Maschinenbau selbst notwendig. Abgesehn von den gesteigerten Mitteln des Verkehrs, die diese Produktionsweise auf grosser Stufenleiter erheischte, ist es andrerseits nur durch Einführung der Maschinerie im Maschinenbau selbst namentlich der zyklischen Prime Motors – die die Einführung von Dampfschiffen und Eisenbahnen möglich machte, den ganzen Schiffsbau umwälzte. Die grosse Industrie wirft in die ihr noch nicht unterworfenen Zweige solche Menschenmassen, oder erzeugt in ihnen solche relative Surpluspopulation, wie zur Verwandlung des Handwerks oder des kleinen formell-kapitalistischen Betriebs in grosse Industrie erheischt ist. [...] (Resultate des unmittelbaren Produktionsprozesses, S. 60–62)

## 29.
## Vulgärökonomie und Kritik am Zinseinkommen

Die Polemik der bürgerlichen Ökonomen im 17. Jahrhundert (Child, Culpeper etc.) gegen den Zins als selbständige Form des Mehrwerts ist nur der Kampf der aufkommenden industriellen Bourgeoisie gegen die altmodischen Wucherer, Monopoliseurs des Geldvermögens damals. Das zinstragende Kapital ist hier noch an ante diluvian form of capital*, die erst dem industriellen Kapital untergeordnet werden und die abhängige Stellung davon bekommen muß, die es auf Basis der kapitalistischen Produktion theoretisch und praktisch einnehmen muß. Die Bourgeoisie stand nicht an, die Staatshilfe hier wie anderwärts zu Hilfe zu nehmen, wo es galt, die vorgefundnen, überlieferten Produktionsverhältnisse ihren eignen adäquat zu machen.

Es ist klar, daß eine andre Verteilung des Profits zwischen verschiednen Sorten Kapitalisten, also Heraufsetzen des industriellen Profits durch Herabsetzen des Zinsfußes und umgekehrt, das Wesen der kapitalistischen Produktion in keiner Weise berührt. Der gegen das zinstragende Kapital als die »Grundform« des Kapitals gerichtete Sozialismus ist also nicht nur selbst bis über die Ohren in dem bürgerlichen Horizont befangen. Soweit seine Polemik nicht ein mißverstandner, in dunklem Drang gegen das Kapital selbst gerichteter Angriff und Kritik ist welcher es aber identifiziert mit einer abgeleiteten Form desselben –, ist er durchaus nichts als sozialistisch verkleidetes Drängen nach Entwicklung des bürgerlichen Kredits, drückt also nur die Unentwickeltheit der Verhältnisse in dem Lande aus, worin solche

* eine antediluvianische Form des Kapitals

Polemik sich sozialistisch gebart, ist selbst nur ein theoretisches Symptom der kapitalistischen Entwicklung, obgleich dieses bürgerliche Streben sehr haarsträubende Formen, wie z. B. die des »credit gratuit« annehmen kann. So St.-Simonismus mit seiner Verherrlichung des Bankiertums. *(Credit mobilier* später.) [...]

(Theorien über den Mehrwert, MEW, Bd. 26,3, S. 459)

Der *Profit* enthält immer noch Beziehung auf das prozessierende Kapital, auf den Prozeß, worin der Mehrwert (er selbst) erzeugt wird. Im *zinstragenden Kapital* ist nicht, wie im *Profit*, die Gestalt des Mehrwerts entfremdet, fremdartig geworden, ohne unmittelbar seine einfache Gestalt und damit seine Substanz und seinen Entstehungsgrund erkennen zu lassen; im *Zins* ist vielmehr *ausdrücklich* diese entfremdete Form als das *Wesentliche* gesetzt, vorhanden, ausgesprochen. Sie ist als *gegensätzlich* gegen die wirkliche Natur des Mehrwerts verselbständigt, fixiert. Im zinstragenden Kapital ist das Verhältnis des Kapitals zur Arbeit ausgelöscht. In der Tat unterstellt der Zins den Profit, von dem er nur ein Teil ist und wie der Mehrwert sich teilt zwischen Zins und Profit, zwischen verschiednen Sorten Kapitalisten, ist in der Tat für den Lohnarbeiter ganz gleichgültig.

Der *Zins* ist ausdrücklich gesetzt als offspring of capital*, getrennt, unabhängig, und außerhalb des kapitalistischen Prozesses selbst. Er kommt dem *Kapital als Kapital* zu. Er geht ein in den Produktionsprozeß und kommt daher aus ihm heraus. Das Kapital ist mit ihm geschwängert. Es bringt den Zins nicht aus dem Produktionsprozeß heraus, sondern bringt ihn in denselben hinein. Der Überschuß des Profits über den Zins, das Quantum Mehrwert, das das Kapital erst dem Produktionsprozeß verdankt, erst als funktionierendes Kapital erzeugt, erhält daher, gegenüber dem Zins, als der dem *Kapital an sich*, dem *Kapital für sich*, dem *Kapital als Kapital* zukommenden Wertschöpfung, eine besondre Gestalt als *industrieller Profit* (Unternehmungsprofit, industriell oder kommerziell, je nachdem der Produktionsprozeß oder der Zirkulationsprozeß betont wird). Damit wird auch noch die letzte Form des Mehrwerts, die einigermaßen an seinen Ursprung erinnert, nicht nur in einer entfremdeten, sondern

* Frucht des Kapitals

in direktem Gegensatz dazu gefaßten Form gesondert und aufgefaßt, und damit schließlich die Natur des Kapitals und des Mehrwerts, wie der kapitalistischen Produktion überhaupt, gänzlich mystifiziert. [...]

(Theorien über den Mehrwert, MEW, Bd. 26,3, S. 480f.)

In diesen zwei Formen des Mehrwerts ist also die Natur desselben, das Wesen des Kapitals und der Charakter der kapitalistischen Produktion vollständig nicht nur ausgelöscht, sondern ins Gegenteil verkehrt. Aber, insofern auch der Charakter und die Gestalt des Kapitals vollendet, als die Versubjektivierung der Sachen, die Versachlichung der Subjekte, die Verkehrung von Ursache und Wirkung, das religiöse Quidproquo, die reine Form des Kapitals G – G', sinnlos, ohne alle Vermittlung dargestellt und ausgedrückt wird. Ebenso die Verknöcherung der Verhältnisse, ihre Darstellung als Verhältnis der Menschen zu Sachen von bestimmtem sozialen Charakter, ganz anders herausgearbeitet als in der einfachen Mystifikation der Ware und der schon komplizierteren des Geldes. Die Transsubstantiation, der Fetischismus ist vollendet.

Der *Zins* an sich drückt also grade das Dasein der Arbeitsbedingungen als *Kapital* in ihrem gesellschaftlichen Gegensatz und ihrer Metamorphose als persönliche Mächte gegenüber der Arbeit und über die Arbeit aus. Er resümiert den *entfremdeten* Charakter der Arbeitsbedingungen im Verhältnis zur Tätigkeit des Subjekts. Er stellt das Eigentum des Kapitals oder das bloße Kapitaleigentum als Mittel dar, die Produkte fremder Arbeit sich anzueignen als Herrschaft über fremde Arbeit. Aber er stellt diesen Charakter des Kapitals dar als etwas, was ihm außer dem Produktionsprozeß selbst zukommt und keineswegs das Resultat der spezifischen Bestimmtheit dieses Produktionsprozesses selbst ist. Er stellt es dar nicht im Gegensatz zur Arbeit, sondern umgekehrt, ohne Verhältnis zur Arbeit und als bloßes Verhältnis eines Kapitalisten zum andren. Also als eine dem Verhältnis des Kapitals zur Arbeit selbst äußerliche und gleichgültige Bestimmung. Die Verteilung des Profits unter den Kapitalisten ist dem Arbeiter als solchem gleichgültig. In dem *Zins* also, der Gestalt des Profits, worin der *gegensätzliche Charakter* des Kapitals sich einen besondren Ausdruck gibt, gibt er sich einen Ausdruck, worin dieser Gegensatz völlig ausgelöscht und ausdrücklich von ihm abstrahiert ist.

Soweit er überhaupt, außer der Fähigkeit des Gelds, der Waren etc., ihren eignen Wert zu verwerten darstellt, den Mehrwert als aus ihnen herauswachsend, als ihre natürliche Frucht darstellt, also bloßer Ausdruck der Kapitalmystifikation in der äußersten Form ist – soweit er überhaupt gesellschaftliches Verhältnis *als solches* darstellt –, drückt er bloß Verhältnis zwischen Kapitalisten aus, keineswegs zwischen Kapital und Arbeit.

Andrerseits gibt diese Form des *Zinses* dem andren Teil des Profits die *qualitative Form* des *industriellen Profits,* des Arbeitslohns für die Arbeit des industriellen Kapitalisten, nicht als Kapitalisten, sondern als *Arbeiter* (Industrieller). Die besondren Funktionen, die der Kapitalist als solcher im Arbeitsprozeß zu verrichten hat und die ihm grade im Unterschied vom Arbeiter zukommen, werden als bloße Arbeitsfunktionen dargestellt. Er schafft Mehrwert, nicht weil er *als Kapitalist* arbeitet, sondern weil er, der Kapitalist, auch *arbeitet.* Grade als wenn ein König, der als König die Armee nominell kommandiert, gesetzt würde, sie zu kommandieren, nicht weil er als Eigentümer der Königswürde *kommandiert,* den Feldherrn spielt, sondern daß er König ist, weil er k*ommandiert*, die Funktion des Feldherrn ausübt. Wird ein Teil des Mehrwerts so in dem Zins ganz getrennt vom Exploitationsprozeß, so wird der andre Teil – im industriellen Profit – dargestellt als sein direktes Gegenteil, nicht Aneignung von fremder Arbeit, sondern Wertschöpfung eigner Arbeit. Dieser Teil des Mehrwerts ist also gar nicht mehr Mehrwert, sondern das Gegenteil, Äquivalent für vollbrachte Arbeit. Da der *entfremdete Charakter* des Kapitals, sein Gegensatz zur Arbeit, jenseits des Exploitationsprozesses, der *wirklichen Aktion dieser Entfremdung* vorliegt, ist aller gegensätzliche Charakter von diesem Prozeß selbst entfernt. Daher erscheint die *wirkliche* Exploitation, das, worin der gegensätzliche Charakter sich verwirklicht und erst real manifestiert, grade als ihr Gegenteil, als eine stofflich besondere Art der Arbeit, aber als derselben gesellschaftlichen Bestimmtheit der Arbeit – der Lohnarbeit – angehörig. Derselben *Kategorie* Arbeit. Die Arbeit des Exploitierens ist hier identifiziert mit der Arbeit, die exploitiert wird.

Diese Verwandlung eines Teils des Profits in *industriellen Profit* geht, wie wir sehn, aus der Verwandlung des andren Teils in Zins hervor. Auf den einen fällt die gesellschaftliche Form des Kapitals – daß er Eigentum ist; auf den andren die ökonomische Funktion des Kapitals, seine Funktion im Arbeitsprozeß, aber befreit, abstrahiert von der gesellschaftlichen Form. der gegensätzlichen Form, worin es diese Funktion ist. Wie sich dies weiter mit Weisheitsgründen rechtfertigt, näher zu sehn bei der apologetischen Darstellung des Profits als *labour of superintendence**. Der Kapitalist hier mit seinem *manager* identifiziert, wie Smith schon bemerkt hat.

Allerdings geht ein Stück wages ein (da wo manager diese wages nicht bezieht). Das Kapital in dem Produktionsprozeß erscheint als Direktor der Arbeit, als Kommandeur derselben (captain of industry**) und spielt so eine tätige Rolle im Arbeitsprozeß selbst. Soweit diese Funktionen aber aus der spezifischen Form der kapitalistischen Produktion hervorgehn – also aus der Herrschaft des Kapitals über die Arbeit als *seine* Arbeit und daher über die Arbeiter als seine Instrumente, aus der Natur des Kapitals, das als die *gesellschaftliche Einheit*, das Subjekt der gesellschaftlichen Form der Arbeit, erscheint, die sich in ihm als Macht über die Arbeit personifiziert –, ist diese mit der Exploitation verbundne Arbeit (die auch an einen manager übertragen werden kann) eine Arbeit, die allerdings so gut wie die des Lohnarbeiters in den Wert des Produkts eingeht, ganz wie bei der *Sklaverei* die Arbeit des *Sklavenaufsehers* so gut bezahlt werden muß als die des Arbeiters selbst. Hat sich der Mensch sein Verhältnis zu seiner eignen Natur, zu der äußren Natur und zu den andren Menschen in *religiöser* Form verselbständigt, so daß er von diesen Vorstellungen beherrscht wird, so bedarf er der *Priester* und *ihrer* Arbeit. Mit dem Verschwinden der religiösen Form des Bewußtseins und seiner Verhältnisse hört aber auch diese Arbeit des Priesters auf, in den gesellschaftlichen Produktionsprozeß einzugehn. Mit dem *Priester* hört die Arbeit des Priesters auf und so mit dem Kapitalisten die Arbeit, die er *qua**** Kapitalist verrichtet oder durch einen andren verrichten läßt. (Das Beispiel mit der Sklaverei durch Zitate auszuführen.)

Übrigens, diese Apologie, den Profit auf Arbeitslohn zu reduzieren

* Arbeit der Oberaufsicht

** Industriekapitän

*** als

als wages of labour of superintendence*, dreht sich selbst gegen die Apologeten; indem englische Sozialisten nun mit Recht geantwortet haben: Well, Ihr sollt künftig nur die wages gewöhnlicher manager beziehn. Euer industrial profit soll nicht dem Namen, sondern der Sache nach auf wages of superintendence oder direction of labour reduziert werden. [...]

(Theorien über den Mehrwert, MEW, Bd. 26,3, S. 485–487)

## 30.
## Managereinkommen ist Lohn für Aufsicht und Anleitung der Arbeiter – nicht Profit

Und weiter sagen sie (die englischen Sozialisten): Das Amt der Direktion, die labour of superintendence, kann jetzt ebenso auf dem Markt gekauft werden und ist relativ ebenso wohlfeil zu produzieren und daher zu kaufen, wie jedes andre Arbeitsvermögen. Die kapitalistische Produktion selbst hat es dahin gebracht, daß die labour of direction, ganz getrennt vom Kapitaleigentum, sei es an eignem oder fremdem Kapital, auf der Straße herumläuft. Es ist durchaus nutzlos geworden, daß diese labour of direction von *Kapitalisten* ausgeübt werde. Sie ist realiter vorhanden, getrennt vom Kapital, nicht in der sham separation von industrial capitalist und moneyed capitalist, sondern von industrial managers etc., von jeder Sorte Kapitalist. Bester Beweis: Die von den Arbeitern selbst errichteten Kooperativfabriken. Sie liefern den Beweis, daß der Kapitalist als Funktionär der Produktion ebenso überflüssig für die Arbeiter geworden, als ihm selbst die Funktion des landlords als der bürgerlichen Produktion überflüssig erscheint. *Zweitens:* Soweit die Arbeit des Kapitalisten nicht aus dem Prozeß als kapitalistischem hervorgeht, also mit dem Kapital von selbst aufhört, soweit sie nicht Name für die Funktion, fremde Arbeit zu exploitieren; soweit sie aus der gesellschaftlichen Form der Arbeit

* Lohn für die Arbeit der Oberaufsicht

hervorgeht, der Kooperation, Teilung der Arbeit etc., ist sie ganz ebenso vom Kapital unabhängig, wie diese Form selbst, sobald sie die kapitalistische Hülle abgestreift. Zu sagen, daß diese Arbeit als *kapitalistische Arbeit,* als Funktion des Kapitalisten notwendig sei, heißt weiter nichts, als daß der vulgarian sich die im Schoße des Kapitals entwickelte gesellschaftliche Produktivkraft und gesellschaftlichen Charakter der Arbeit sich nicht losgetrennt von dieser kapitalistischen Form, von der Form der Entfremdung, des Gegensatzes und des Widerspruchs ihrer Momente, nicht getrennt von ihrer Verkehrung und ihrem Quidproquo *vorstellen* kann. Et c'est justement ce que nous affirmons.*

(Theorien über den Mehrwert, MEW, Bd. 26,3, S. 487f.)

* Genau das ist es, was wir bestätigen.

B

# PROGNOSE UND UTOPIE

*In den »Grundrissen der Kritik der politischen Ökonomie« (1857/58) erlaubt sich Karl Marx – im Unterschied zu seinen vorsichtigeren Formulierungen im »Kapital« (1867) – an einigen Stellen noch konkrete Angaben über die Lebensweise der Menschen in einer postkapitalistischen Gesellschaft: Arbeit werde dann ihren Lastcharakter verloren haben und zu anziehender Tätigkeit werden. Durch die langjährige Lebensweise unter den Bedingungen des Kapitalismus wird die »Arbeitsamkeit« zu einem allgemeinen Charakter der Menschen geworden sein. Die »verfügbare Zeit« für die Entwicklung wissenschaftlicher und künstlerischer Fähigkeiten wird geradezu »Übermenschen« entstehen lassen. So heißt es z. B. einmal, daß sich im »Kopf der [durch die veränderten Gesellschaftsverhältnisse – I. F.] gewordenen Menschen das akkumulierte Wissen der Gesellschaft« befinden werde (Grundrisse, S. 600).*

## 31.
## Umrisse einer postkapitalistischen Produktionsweise bei einem anonymen linken Ricardianer: »The source and remedy of the national difficulties, deduced from principles of political economy«, in a letter to Lord John Russel, London 1821

Es kann dies nun heissen:

Wenn alle arbeiten müssen, der Gegensatz von Ueberarbeiteten und Müssiggängern wegfällt – und dieß wäre jedenfalls die Consequenz davon, daß das Capital aufhörte zu existiren, daß Product nicht mehr Titel auf fremde *surpluslabour* gäbe – und ausserdem die Entwicklung der Productionskräfte wie das Capital sie hervorgebracht hat, in Betracht gezogen wird, so wird die Gesellschaft die nöthige abundance in 6 Stunden produciren, mehr als jetzt in 12 und zugleich werden alle 6 Stunden »disposable time«, den wahren Reichthum haben; Zeit, die nicht durch unmittelbar productive Arbeit absorbirt wird, sondern zum enjoyment, zur Musse, daß es zur freien Thätigkeit und Entwicklung Raum giebt. Die Zeit ist der *Raum* für die Entwicklung der faculties etc. Man weiß, daß die Oekonomen selbst die slavelabour der wageslabourers dadurch rechtfertigen, daß sie die Musse, freie Zeit für andre, einen andren Theil der Gesellschaft – und damit für die Gesellschaft – der wages labourers schafft.

Oder es kann auch heissen: Die Arbeiter arbeiten jetzt 6 Stunden Zeit hinaus über das was sie zu ihrer eignen Reproduction (jetzt) brauchen. (Dieß kann auch kaum die Ansicht des Verfassers sein, da er das was sie jezt brauchen als unmenschliches Minimum darstellt.) Hört das Capital auf, so arbeiten sie nur mehr 6 Stunden und die Müssiggänger müssen ebenso viel arbeiten. Der materielle Reichthum für alle würde dadurch auf das Niveau der Arbeiter herabgedrückt. Aber alle hätten disposable time, freie Zeit zu ihrer Entwicklung.

Der Verfasser ist sich offenbar selbst nicht klar. Nevertheless, bleibt immer der schöne Satz: »Eine Nation ist wirklich reich, wenn 6 statt 12 Stunden gearbeitet wird. Wealth is disposable time, and nothing more.«

Auch Ric., in dem chapter »Riches and value, their distinctive properties« sagt, daß der eigentliche Reichthum darin besteht, daß möglichst viel values in use von möglichst wenig value geschaffen werden; d.h. in andren Worten, daß in möglichst kurzer Arbeitszeit eine möglichst grosse abundance of material wealth geschaffen wird. Auch hier die »disposable time« und der Genuß des in der Arbeitszeit der andren geschaffnen, als der wahre wealth, aber wie alles in der capitalistischen Production, und daher bei ihren Interpreten, im Gegensatz. Der Gegensatz von Riches und value bei Ric. später in der Form, daß das produit net möglichst groß sein soll im Verhältnis zum produit brut, was wieder in dieser gegensätzlichen Form meint, daß die Klassen der Gesellschaft, deren Zeit nur theilweise oder gar nicht in der materiellen Production absorbirt ist, obgleich sie die Früchte derselben genießen, möglichst zahlreich sein sollen gegen die Klassen, deren Zeit ganz in der materiellen Production absorbirt ist und deren Consum daher ein bloses item der Productionskosten bildet, blose Bedingung für sie solche Lastthiere zu sein. Es ist immer der Wunsch den möglichst kleinsten Theil der Gesellschaft zur Sklaverei der Arbeit, zur Zwangsarbeit zu verdammen. Dieß das Höchste, wozu es auf dem capitalistischen Standpunkt gebracht wird.

Dieß hebt der Verfasser auf. *Time of labour*, auch wenn der Tauschwerth aufgehoben, bleibt immer die schaffende Substanz des Reichthums und das Maaß der *Kost*, die seine Production erheischt. Aber free time, *disposable time* ist der Reichthum selbst – theils zum Genuß der Producte, theils zur free activity, die nicht wie die labour durch den Zwang eines äusseren Zwecks bestimmt ist, der erfüllt werden muß, dessen Erfüllung Naturnothwendigkeit oder sociale Pflicht, wie man will.

Es versteht sich von selbst, daß die time of labour selbst, dadurch, daß sie auf normales Maaß beschränkt, ferner nicht mehr für einen andren, sondern für mich selbst geschieht, zusammen mit der Aufhebung der socialen Gegensätze zwischen master and men etc, als wirklich sociale Arbeit, endlich als Basis der *disposable time* einen ganz andren freiern Charakter erhält und daß die *time of labour* eines man, der zugleich der man of disposable time ist, viel höhere Qualität besitzen muß, als die des Arbeitsthiers.

(Theorien über den Mehrwert, MEW, Bd. 26,3, S. 252–253)

## 32.
## Wenn die assoziierten Produzenten herrschen, wenden sie selbst die Produktionsmittel an, statt von ihnen angewandt zu werden

Es ist nichts hierzu Nötigendes in den sozusagen physischen Bedingungen der Produktion da. The workmen, if domineering, if allowed to produce for themselves, would only soon, and without any great exertion, bring up the capital (to use a phrase of the econ[omic] vulgarians) up to the standard of their wants.* Dies ist der sehr große Unterschied: Ob die vorhandnen Produktionsmittel ihnen als Kapital gegenüberstehn, und daher *nur* soweit von ihnen angewandt werden können als nötig, um den surplus value and the surplus produce for their employers** zu vermehren, ob diese Produktionsmittel *sie* beschäftigen, oder ob sie, als Subjekte, die Produktionsmittel – im Akkusativ – anwenden, um Reichtum für sich selbst zu erzeugen. Natürlich ist dabei vorausgesetzt, daß die kapitalistische Produktion bereits die Produktivkräfte der Arbeit überhaupt zu der nötigen Höhe entwickelt hat, worauf diese Revolution eintreten kann. [...]

(Theorien über den Mehrwert, MEW, Bd. 26,2, S. 583)

* Wenn die Arbeiter herrschen, es ihnen erlaubt ist für sich zu produzieren, dann würden sie bald und ohne jede große Anstrengung das Kapital aufbringen (um diesen Ausdruck der Vulgärökonomie zu benutzen) bis zu dem Umfang der ihnen erwünscht ist.

** um den Mehrwert und das Mehrprodukt für ihre Unternehmer

## 33.
## Umrisse einer künftigen Gesellschaft in den »Grundrissen«

*Im Unterschied zu den unscharfen und groben Formulierungen in politischen Kampftexten, in denen die »klassenlose Gesellschaft« und das »gesellschaftliche Eigentum an den Produktionsmitteln« beschworen werden, enthalten viele Stellen in den »Grundrissen« anschaulichere und differenziertere Skizzen, die einen Eindruck von der Veränderung vermitteln, die Marx für möglich und wünschenswert hielt. Ausschlaggebend ist dabei die These, daß nur die kapitalistische Produktionsweise die notwendigen Voraussetzungen für diese Veränderung schaffen kann. Durch ihren Zwang zur Steigerung der Arbeitsproduktivität und damit zur »Einsparung« der Zeit, die zur Herstellung der Güter erforderlich ist, die zur Produktion und zum Konsum gesellschaftlich entwickelter Menschen nötig sind, kann nur diese »widerspruchsvolle« und mit erheblichen Belastungen für Mensch und Natur verbundene Produktionsweise die notwendigen Vorbedingungen für die neue Gesellschaftsformation und die in ihr lebenden Menschen schaffen.*

*In dieser postkapitalistischen Gesellschaft werden »allseitig entwickelte Individuen« sowohl ihre gesellschaftliche Organisation bewußt selbst gestalten als auch das komplexe System der industriellen Produktion samt der in ihm enthaltenen Naturwissenschaft als ihnen gehörig erkennen. Sozialsystem, Wissenschaft und Technik werden ihnen nicht mehr als undurchschaubar, fremd und feindlich gegenüberstehen. Unter den Bedingungen der kapitalistischen Produktionsweise wären sowohl die Sozialordnung als auch die in der Technik enthaltene Wissenschaft dem Kapital subsumiert. An einigen Stellen gelangt Marx allerdings zu utopischen Formulierungen. So wenn er davon spricht, daß allseitig entwickelte Individuen »das akkumulierte Wissen der Menschheit« in sich enthalten werden. Der Akzent dieses Zukunftsbildes liegt nicht auf der Eigentumsfrage und auch nicht auf der »gesamtgesellschaftlichen Planung«, sondern beim allseitig entwickelten gesellschaftlichen Individuum. Die kapitalistische Produktionsweise hat aber das welthistorische Verdienst, diese Individuen ermöglicht zu haben, indem sie sie durch unbarmherzigen Zwang dazu brachte, die in ihnen angelegten Potenzen allseitig zu entwickeln, wenn auch zunächst in »entfremdeter Gestalt«.*

## 34.
## Kritik an Adam Smith' Auffassung von Arbeit unter allen Produktionsweisen als »Opfer und Last«

*Arbeit kann zu »travail attractif«, anziehende Tätigkeit, werden, wenn die assoziierten Produzenten als allseitig entwickelte sich zu automatischen Maschinen, Kooperation usw. als ihnen gehörige Mittel verhalten. Adam Smith unterstellt Arbeit als notwendig »Opfer« und verkennt, daß produktive Tätigkeit auch Bedürfnis und Glück sein kann.*

*A. Smiths* Ansicht, daß nie *die Arbeit ihren Wert wechselt* in dem Sinn, daß *bestimmtes Quantum Arbeit für den Arbeiter* immer bestimmtes *Quantum Arbeit ist,* d.h. bei A. Smith *quantitativ gleich großes Opfer* ist. Ob ich viel oder wenig für eine Arbeitsstunde erhalte – was von ihrer Produktivität abhängt und andren Umständen – ich habe eine Stunde *gearbeitet.* Was ich habe zahlen müssen für das Resultat meiner Arbeit, meinen Arbeitslohn, ist immer dieselbe *Arbeitsstunde,* das Resultat mag wechseln, wie es will. »Gleiche Quantitäten der Arbeit müssen zu allen Zeiten und an allen Orten für den, welcher arbeitet, einen gleichen Wert haben. In seinem normalen Zustand von Gesundheit, Kraft und Tätigkeit und nach dem gewöhnlichen Grad von Geschicklichkeit und Gewandtheit, die er besitzen kann, muß er immer die *nämliche Portion seiner Ruhe, Freiheit,* und seines *Glücks* geben. Wie die Quantität von Waren, die er als Belohnung seiner Arbeit erhält, auch beschaffen sei, der *Preis, den er zahlt,* ist immer derselbe. Dieser Preis kann zwar bald eine kleinere, bald eine größere Qualität dieser Waren kaufen, aber bloß weil ihr Wert wechselt, nicht der Wert der Arbeit, der sie kauft. Die Arbeit allein wechselt also nie ihren eignen Wert. Sie ist also der *Realpreis* der

Waren, das Geld ist nur ihr Nominalwert.« (ed. von Garnier, t.I, p. 64–66.) (Heft, S. 7.)

Du sollst arbeiten im Schweiß deines Angesichts! war Jehovas Fluch, den er Adam mitgab. Und so als Fluch nimmt A. Smith die Arbeit. Die »Ruhe« erscheint als der adäquate Zustand, als identisch mit »Freiheit« und »Glück«. Daß das Individuum »in seinem normalen Zustand von Gesundheit, Kraft, Tätigkeit, Geschicklichkeit, Gewandtheit« auch das Bedürfnis einer normalen Portion von Arbeit hat und von Aufhebung der Ruhe, scheint A. Smith ganz fernzuliegen. Allerdings erscheint das Maß der Arbeit selbst äußerlich gegeben, durch den zu erreichenden Zweck und die Hindernisse, die zu seiner Erreichung durch die Arbeit zu überwinden. Daß aber diese Überwindung von Hindernissen an sich Betätigung der Freiheit – und daß ferner die äußren Zwecke den Schein bloß äußrer Naturnotwendigkeit abgestreift erhalten und als Zwecke, die das Individuum selbst erst setzt, gesetzt werden – also als Selbstverwirklichung, Vergegenständlichung des Subjekts, daher reale Freiheit, deren Aktion eben die Arbeit, ahnt A. Smith ebensowenig. Allerdings hat er recht, daß in den historischen Formen der Arbeit als Sklaven-, Fronde-, Lohnarbeit die Arbeit stets repulsiv, stets als *äußre Zwangsarbeit* erscheint und ihr gegenüber die Nichtarbeit als »Freiheit und Glück«. Es gilt doppelt: von dieser gegensätzlichen Arbeit und, was damit zusammenhängt, der Arbeit, die sich noch nicht die Bedingungen, subjektive und objektive, geschaffen hat (oder auch gegen den Hirten- etc. -zustand, der sie verloren hat), damit die Arbeit travail attractif, Selbstverwirklichung des Individuums sei, was keineswegs meint, daß sie bloßer Spaß sei, bloßes amusement, wie Fourier es sehr grisettenmäßig naiv auffaßt. Wirklich freie Arbeiten, z.B. Komponieren, ist grade zugleich verdammtester Ernst, intensivste Anstrengung. Die Arbeit der materiellen Produktion kann diesen Charakter nur erhalten, dadurch, daß 1) ihr gesellschaftlicher Charakter gesetzt ist, 2) daß sie wissenschaftlichen Charakters, zugleich allgemeine Arbeit ist, nicht Anstrengung des Menschen als bestimmt dressierter Naturkraft, sondern als Subjekt, das in dem Produktionsprozeß nicht in bloß natürlicher, naturwüchsiger Form, sondern als alle Naturkräfte regelnde Tätigkeit erscheint. Übrigens denkt

A. Smith nur an die Sklaven des Kapitals. Zum Beispiel selbst der halbkünstlerische Arbeiter des Mittelalters ist nicht zu rangieren unter seine Definition. […] (»Grundrisse ...«, S. 504f.)

## 35.

## Allseitig entwickelte gesellschaftliche Individuen in einer künftigen Gesellschaftsformation und ihre Voraussetzungen

### Widerspruch zwischen der Grundlage der bürgerlichen Produktion (*Wertmaß*) und ihrer Entwicklung selbst. Maschinen etc.

Der Austausch von lebendiger Arbeit gegen vergegenständlichte, d.h. das Setzen der gesellschaftlichen Arbeit in der Form des Gegensatzes von Kapital und Lohnarbeit – ist die letzte Entwicklung des *Wertverhältnisses* und der auf dem Wert beruhenden Produktion. Ihre Voraussetzung ist und bleibt – die Masse unmittelbarer Arbeitszeit, das Quantum angewandter Arbeit als der entscheidende Faktor der Produktion des Reichtums. In dem Maße aber, wie die große Industrie sich entwickelt, wird die Schöpfung des wirklichen Reichtums abhängig weniger von der Arbeitszeit und dem Quantum angewandter Arbeit als von der Macht der Agentien, die während der Arbeitszeit in Bewegung gesetzt werden und die selbst wieder – deren powerful effectiveness – selbst wieder in keinem Verhältnis steht zur unmittelbaren Arbeitszeit, die ihre Produktion kostet, sondern vielmehr abhängt vom allgemeinen Stand der Wissenschaft und dem Fortschritt der Technologie, oder der Anwendung dieser Wissenschaft auf die Produktion. (Die Entwicklung dieser Wissenschaft, besonders der Naturwissenschaft und mit ihr aller andren, steht selbst wieder im Verhältnis zur Entwicklung der materiellen Produktion.) Die Agrikultur z.B. wird bloße Anwendung der Wissenschaft des materiellen Stoffwechsels, wie er am vorteilhaftesten zu regulieren für den ganzen Gesellschaftskörper. Der wirkliche Reichtum manifestiert sich vielmehr – und dies enthüllt die große Industrie – im ungeheuren

Mißverhältnis zwischen der angewandten Arbeitszeit und ihrem Produkt wie ebenso im qualitativen Mißverhältnis zwischen der auf eine reine Abstraktion reduzierten Arbeit und der Gewalt des Produktionsprozesses, den sie bewacht. Die Arbeit erscheint nicht mehr so sehr als in den Produktionsprozeß eingeschlossen, als sich der Mensch vielmehr als Wächter und Regulator zum Produktionsprozeß selbst verhält. (Was von der Maschinerie, gilt ebenso von der Kombination der menschlichen Tätigkeit und der Entwicklung des menschlichen Verkehrs.) Es ist nicht mehr der Arbeiter, der modifizierten Naturgegenstand als Mittelglied zwischen das Objekt und sich einschiebt; sondern den Naturprozeß, den er in einen industriellen umwandelt, schiebt er als Mittel zwischen sich und die unorganische Natur, deren er sich bemeistert. Er tritt neben den Produktionsprozeß, statt sein Hauptagent zu sein. In dieser Umwandlung ist es weder die unmittelbare Arbeit, die der Mensch selbst verrichtet, noch die Zeit, die er arbeitet, sondern die Aneignung seiner eignen allgemeinen Produktivkraft, sein Verständnis der Natur und die Beherrschung derselben durch sein Dasein als Gesellschaftskörper – in einem Wort die Entwicklung des gesellschaftlichen Individuums, die als der große Grundpfeiler der Produktion und des Reichtums erscheint. Der *Diebstahl an fremder Arbeitszeit, worauf der jetzige Reichtum beruht,* erscheint miserable Grundlage gegen diese neuentwickelte, durch die große Industrie selbst geschaffne. Sobald die Arbeit in unmittelbarer Form aufgehört hat, die große Quelle des Reichtums zu sein, hört und muß aufhören, die Arbeitszeit sein Maß zu sein und daher der Tauschwert [das Maß] des Gebrauchswerts. Die *Surplusarbeit der Masse* hat aufgehört, Bedingung für die Entwicklung des allgemeinen Reichtums zu sein, ebenso wie die *Nichtarbeit der Wenigen* für die Entwicklung der allgemeinen Mächte des menschlichen Kopfes. Damit bricht die auf dem Tauschwert ruhnde Produktion zusammen, und der unmittelbare materielle Produktionsprozeß erhält selbst die Form der Notdürftigkeit und Gegensätzlichkeit abgestreift. Die freie Entwicklung der Individualitäten, und daher nicht das Reduzieren der notwendigen Arbeitszeit, um Surplusarbeit zu setzen, sondern überhaupt die Reduktion der notwendigen Arbeit der Gesellschaft zu einem Minimum, der dann die künstlerische, wissenschaftliche etc. Ausbildung der Individuen durch die für sie alle freigewordne Zeit und geschaffnen Mittel entspricht. Das Kapital ist selbst der prozessierende Widerspruch [dadurch], daß es die Arbeitszeit auf ein Minimum zu reduzieren stört, während es andrerseits die Arbeitszeit als einziges Maß und Quelle des Reichtums setzt. Es vermindert die Arbeitszeit daher in der Form der notwendigen, um sie zu vermehren in der Form der überflüssigen; setzt daher die überflüssige in wachsendem Maß als Bedingung – question de vie et de mort* – für die notwendige. Nach der einen Seite hin ruft es also alle Mächte der Wissenschaft und der Natur, wie der gesellschaftlichen Kombination und des gesellschaftlichen Verkehrs ins Leben, um die Schöpfung des Reichtums unabhängig (relativ) zu machen von der auf sie angewandten Arbeitszeit. Nach der andren Seite will es diese so geschaffnen riesigen Gesellschaftskräfte messen an der Arbeitszeit und sie einbannen in die Grenzen, die erheischt sind, um den schon geschaffnen Wert als Wert zu erhalten. Die Produktivkräfte und gesellschaftlichen Beziehungen – beides verschiedne Seiten der Entwicklung des gesellschaftlichen Individuums – erscheinen dem Kapital nur als Mittel und sind für es nur Mittel, um von seiner bornierten Grundlage aus zu produzieren. In fact aber sind sie die materiellen Bedingungen, um sie in die Luft zu sprengen. »Wahrhaft reich eine Nation. wenn statt 12 Stunden 6 gearbeitet werden. *Wealth* ist nicht Kommando von Surplusarbeitszeit« (realer Reichtum), »sondern *verfügbare Zeit* außer der in der unmittelbaren Produktion gebrauchten für *jedes Individuum* und die ganze Gesellschaft.« [»The Source and Remedy« etc. 1821, p. 6.]

Die Natur baut keine Maschinen, keine Lokomotiven, Eisenbahnen, electric telegraphs, selfacting mules etc. Sie sind Produkte der menschlichen Industrie; natürliches Material, verwandelt in Organe des menschlichen Willens über die Natur oder seiner Betätigung in der Natur. Sie sind *von der menschlichen Hand geschaffne Organe des menschlichen Hirns;* vergegenständlichte Wissenskraft. Die Entwicklung des capital fixe zeigt an, bis zu welchem Grade das allgemeine gesellschaftliche Wissen, knowledge, zur *unmittelbaren Produktivkraft* geworden ist und daher die Bedingungen des gesellschaftlichen

* eine Frage von Leben und Tod

Lebensprozesses selbst unter die Kontrolle des general intellect gekommen und ihm gemäß umgeschaffen sind. Bis zu welchem Grade die gesellschaftlichen Produktivkräfte produziert sind, nicht nur in der Form des Wissens, sondern als unmittelbare Organe der gesellschaftlichen Praxis; des realen Lebensprozesses.

*Nach einer andren Seite noch zeigt die Entwicklung des capital fixe den Grad der Entwicklung des Reichtums überhaupt an oder der Entwicklung des Kapitals.* Der Gegenstand der unmittelbar auf den Gebrauchswert und ebenso unmittelbar auf den Tauschwert gerichteten Produktion ist das Produkt selbst, das für die Konsumtion bestimmt ist. Der auf die Produktion des capital fixe gerichtete Teil der Produktion produziert nicht unmittelbare Gegenstände des Genusses, noch unmittelbare Tauschwerte; wenigstens nicht unmittelbar realisierbare Tauschwerte. *Es hängt also von dem schon erreichten Grad der Produktivität ab – davon, daß ein Teil der Produktionszeit hinreicht für die unmittelbare Produktion –, daß ein wachsend großer auf die Produktion der Mittel der Produktion verwandt wird.* Es gehört dazu, daß die Gesellschaft abwarten kann; einen großen Teil des schon geschaffnen Reichtums entziehn kann, sowohl dem unmittelbaren Genuß, wie der für den unmittelbaren Genuß bestimmten Produktion, um diesen Teil für *nicht unmittelbar produktive* Arbeit zu verwenden (innerhalb des materiellen Produktionsprozesses selbst). Dies erfordert Höhe der schon erreichten Produktivität und relativen Überflusses, und zwar solche Höhe direkt im Verhältnis zur Verwandlung von capital circulant in capital fixe. Wie die *Größe der relativen Surplusarbeit abhängt von der Produktivität der notwendigen Arbeit, so die Größe der auf die Produktion des capital fixe* verwandten Arbeitszeit – lebendiger, wie vergegenständlichter – *von der Produktivität der für die direkte Produktion von Produkten bestimmten Arbeitszeit. Surplusbevölkerung* (von diesem Standpunkt aus) wie *Surplusproduktion* ist hierfür Bedingung. Das heißt, das Resultat der auf die unmittelbare Produktion verwandten Zeit muß relativ zu groß sein, um es unmittelbar auf die Reproduktion des in diesen Industriezweigen verwandten Kapitals zu bedürfen. *Je weniger das capital fixe* unmittelbar Früchte bringt, in den *unmittelbaren Produktionsprozeß* eingreift, desto größer muß diese relative *Surpluspopulation und Surplusproduk-*

*tion* sein; also mehr, um Eisenbahnen zu bauen, Kanäle, Wasserleitungen, Telegraphen etc., als um direkt in dem unmittelbaren Produktionsprozeß tätige Maschinerie. Daher – worauf wir später zurückkommen werden – in der beständigen Über- und Unterproduktion der modernen Industrie beständige Schwankungen und Krämpfe von dem Mißverhältnis, worin bald zu wenig, bald zu viel capital circulant in capital fixe verwandelt wird.

Die *Schöpfung von viel disposable time* außer der notwendigen Arbeitszeit für die Gesellschaft überhaupt und jedes Glied derselben (d.h. Raum für die Entwicklung der vollen Produktivkräfte der einzelnen, daher auch der Gesellschaft), diese Schöpfung von Nicht-Arbeitszeit erscheint auf dem Standpunkt des Kapitals, wie aller frühren Stufen, als Nicht-Arbeitszeit, freie Zeit für einige. Das Kapital fügt hinzu, daß es die Surplusarbeitszeit der Masse durch alle Mittel der Kunst und Wissenschaft vermehrt, weil sein Reichtum direkt in der Aneignung von Surplusarbeitszeit besteht; da sein *Zweck direkt der Wert,* nicht der Gebrauchswert. Es ist so, malgré lui*, instrumental in creating the means of social disposable time**, um die Arbeitszeit für die ganze Gesellschaft auf ein fallendes Minimum zu reduzieren, und so die Zeit aller frei für ihre eigne Entwicklung zu machen. Seine Tendenz aber immer, einerseits *disposable time zu schaffen, andrerseits to convert it into surplus labour****. Gelingt ihm das erstre zu gut, so leidet es an Surplusproduktion, und dann wird die notwendige Arbeit unterbrochen, weil *keine surplus labour vom Kapital* verwertet werden kann. Je mehr dieser Widerspruch sich entwickelt, um so mehr stellt sich heraus, daß das Wachstum der Produktivkräfte nicht mehr gebannt sein kann an die Aneignung fremder surplus labour, sondern die Arbeitermasse selbst ihre Surplusarbeit sich aneignen muß. Hat sie das getan – und hört damit die *disposable time* auf, *gegensätzliche* Existenz zu haben –, so wird einerseits die notwendige Arbeitszeit ihr Maß an den Bedürfnissen des gesellschaftlichen Individuums haben, andrerseits die Entwicklung der gesellschaftlichen Produktivkraft so rasch wachsen, daß, obgleich nun auf den

* gegen seinen eigenen Willen

** ein Mittel zur Schaffung von verfügbarer Zeit

*** es in Mehrarbeit zu verwandeln

Reichtum aller die Produktion berechnet ist, die *disposable time* aller wächst. Denn der wirkliche Reichtum ist die entwickelte Produktivkraft aller Individuen. Es ist dann keineswegs mehr die Arbeitszeit, sondern die disposable time das Maß des Reichtums. Die *Arbeitszeit als Maß des Reichtums* setzt den Reichtum selbst als auf der Armut begründet und die disposable time nur existierend *im und durch den Gegensatz zur Surplusarbeitszeit* oder Setzen der ganzen Zeit des Individuums als Arbeitszeit und Degradation desselben daher zum bloßen Arbeiter, Subsumtion unter die Arbeit. *Die entwickeltste Maschinerie zwingt den Arbeiter daher jetzt länger zu arbeiten, als der Wilde tut oder als* er *selbst mit den einfachsten, rohsten Werkzeugen tat.*

»Wäre die ganze Arbeit eines Landes nur hinreichend, den Unterhalt der ganzen Bevölkerung aufzubringen, gäbe es keine *Surplusarbeit,* folglich auch nichts, das als Kapital akkumuliert werden könnte. Produziert das Volk in einem Jahr genug für den Lebensunterhalt während 2 Jahre, müssen die Konsumtionsmittel für ein Jahr zugrunde gehen, oder die Bevölkerung muß ein Jahr lang aufhören, produktiv zu arbeiten. Aber die *Besitzer des Mehrprodukts oder des Kapitals* beschäftigen die Bevölkerung *mit etwas, das nicht direkt* und *unmittelbar produktiv ist,* z.B. mit dem Bau von Maschinerie. So geht's weiter.« (*The Source and Remedy of the National Difficulties*)*

Wie mit der Entwicklung der großen Industrie die Basis, auf der sie ruht, Aneignung fremder Arbeitszeit, aufhört, den Reichtum auszumachen oder zu schaffen, so hört mit ihr die *unmittelbare Arbeit* auf, als solche Basis der Produktion zu sein, indem sie nach der einen Seite hin in mehr überwachende und regulierende Tätigkeit verwandelt wird; dann aber auch, weil das Produkt aufhört, Produkt der vereinzelten unmittelbaren Arbeit zu sein, und vielmehr die *Kombination* der gesellschaftlichen Tätigkeit als der Produzent erscheint. »Sobald Teilung der Arbeit entwickelt. fast jede Arbeit eines einzelnen Individuums ist ein Teil *of a whole, having no value or utility of itself. There is nothing on which the labourer can seize: this is my produce, this I will*

* Anonym, The Source and Remedy of the National Difficulties, deduced from Principles of Political Economy in a letter to Lord John Russel, London 1821. Ein von Marx hier zitierter Text eines linken Ricardians. (Quelle und Abhilfe nationaler Schwierigkeiten...)

*keep to myself.*« (Labour defended, 1, 2, XI.)* Im unmittelbaren Austausch erscheint die vereinzelte unmittelbare Arbeit als realisiert in einem besondren Produkt oder Teil des Produkts und ihr gemeinschaftlicher gesellschaftlicher Charakter – ihr Charakter als Vergegenständlichung der allgemeinen Arbeit und Befriedigung des allgemeinen Bedürfnisses – nur gesetzt durch den Austausch. Dagegen in dem Produktionsprozeß der großen Industrie, wie einerseits in der Produktivkraft des zum automatischen Prozeß entwickelten Arbeitsmittels die Unterwerfung der Naturkräfte unter den gesellschaftlichen Verstand Voraussetzung ist, *so andrerseits die Arbeit des Einzelnen in ihrem unmittelbaren Dasein gesetzt als aufgehobne einzelne, d.h. als gesellschaftliche Arbeit. So fällt die andre Basis dieser Produktionsweise weg.*

(»Grundrisse ...«, S. 592–597)

Die wirkliche Ökonomie – Ersparung – besteht in Ersparung von Arbeitszeit; (Minimum (und Reduktion zum Minimum) der Produktionskosten); diese Ersparung aber identisch mit Entwicklung der Produktivkraft. Also keineswegs *Entsagen vom Genuß,* sondern Entwickeln von power, von Fähigkeiten zur Produktion und daher sowohl der Fähigkeiten wie der Mittel des Genusses. Die Fähigkeit des Genusses ist Bedingung für denselben, also erstes Mittel desselben, und diese Fähigkeit ist Entwicklung einer individuellen Anlage, Produktivkraft. Die Ersparung von Arbeitszeit gleich Vermehren der freien Zeit, d.h. Zeit für die volle Entwicklung des Individuums, die selbst wieder als die größte Produktivkraft zurückwirkt auf die Produktivkraft der Arbeit. Sie kann vom Standpunkt des unmittelbaren Produktionsprozesses aus betrachtet werden als Produktion von *capital fixe;* dies capital fixe being man himself**. Daß übrigens die unmittelbare Arbeitszeit selbst nicht in dem abstrakten Gegensatz zu der freien Zeit bleiben kann – wie sie vom Standpunkt der bürgerlichen Ökonomie aus erscheint – versteht sich von selbst. Die Arbeit kann nicht Spiel werden, wie Fourier will, dem das große Verdienst

* Teil eines ganzen, der selbst keinen eigenen Nutzwert hat. Es gibt nichts, was der Arbeiter halten kann, um es festzuhalten: das ist mein Produkt, das will ich für mich behalten. 1, 2, XI aus der zitierten anonymen Schrift

** das fixe Kapital ist der Mensch selbst

bleibt die Aufhebung nicht der Distribution, sondern der Produktionsweise selbst in höhre Form als ultimate object ausgesprochen zu haben. Die freie Zeit – die sowohl Mußezeit als Zeit für höhre Tätigkeit ist – hat ihren Besitzer natürlich in ein andres Subjekt verwandelt, und als dies andre Subjekt tritt er dann auch in den unmittelbaren Produktionsprozeß. Es ist dieser zugleich Disziplin, mit Bezug auf den werdenden Menschen betrachtet, wie Ausübung, Experimentalwissenschaft, materiell schöpferische und sich vergegenständlichende Wissenschaft mit Bezug auf den gewordnen Menschen, in dessen Kopf das akkumulierte Wissen der Gesellschaft existiert. Für beide, soweit die Arbeit praktisches Handanlegen erfordert und freie Bewegung, wie in der Agrikultur, zugleich exercise.

Wie uns erst nach und nach das System der bürgerlichen Ökonomie entwickelt, so auch die Negation seiner selbst, die ihr letztes Resultat ist. Wir haben es jetzt noch zu tun mit dem unmittelbaren Produktionsprozeß. Betrachten wir die bürgerliche Gesellschaft im großen und ganzen, so erscheint immer als letztes Resultat des gesellschaftlichen Produktionsprozesses die Gesellschaft selbst, d.h. der Mensch selbst in seinen gesellschaftlichen Beziehungen. Alles, was feste Form hat, wie Produkt etc., erscheint nur als Moment, verschwindendes Moment in dieser Bewegung. Der unmittelbare Produktionsprozeß selbst erscheint hier nur als Moment. Die Bedingungen und Vergegenständlichungen des Prozesses sind selbst gleichmäßig Momente desselben, und als die Subjekte desselben erscheinen nur die Individuen, aber die Individuen in Beziehungen aufeinander, die sie ebenso reproduzieren wie neuproduzieren. Ihr eigner beständiger Bewegungsprozeß, in dem sie sich ebenso sehr erneuern als die Welt des Reichtums, die sie schaffen. [...]

(»Grundrisse ...«, S. 599 f.)

### [Zur] reelen Subsumtion der Arbeit unter das Kapital

Die ursprüngliche Einheit zwischen Arbeiter und Arbeitsbedingungen [...] hat zwei Hauptformen: das asiatische Gemeinwesen (naturwüchsigen Kommunismus) und die kleine Familienagrikultur (womit

* Überfluß

Hausindustrie verbunden) in one or the other form*. Beide Formen sind Kinderformen und gleich wenig geeignet, die Arbeit als *gesellschaftliche* Arbeit und die Produktivkraft der gesellschaftlichen Arbeit zu entwickeln. Daher die Notwendigkeit der Trennung, der Zerreißung, des Gegensatzes zwischen Arbeit und Eigentum (womit zu verstehen Eigentum an den Produktionsbedingungen). Die äußerste Form dieser Zerreißung worin zugleich die producitve forces of social labour most powerfully developed**, ist die des Kapitals. Auf der materiellen Basis, die es schafft, und vermittelst der Revolutionen, die im Prozeß dieser Schöpfung die Arbeiterklasse und the whole society undergoes***, kann erst die ursprüngliche Einheit hergestellt werden.

(Theorien über den Mehrwert, MEW, Bd. 26,3, S. 414f.)

Die freie Arbeit entwickelt sich innerhalb der kapitalistischen Produktion als *gesellschaftliche* Arbeit. Daß sie Eigentümer der Produktionsbedingungen, heißt also, daß diese den vergesellschafteten Arbeitern gehören und diese als solche produzieren, ihre eigne Produktion unter sich als vergesellschaftete subsumieren. Aber die Lohnarbeit und damit die Basis des Kapitals wollen, wie P[roudhon], und zugleich die »Übelstände« aufheben durch Negation einer abgeleiteten Form des Kapitals+, ist schülerhaft.

(Theorien über den Mehrwert, MEW, Bd. 26,3, S. 514)

A. Smith betrachtet die Arbeit psychologisch in bezug auf den Spaß oder Unfreude, die sie dem Individuum macht. Aber außer dieser gemütlichen Beziehung zu seiner Tätigkeit ist sie doch noch etwas andres - erstens für andre, das das bloße Opfer von A B nichts nützen würde; zweitens ein bestimmtes Verhalten seiner selbst zur Sache, die es bearbeitet, und zu seinen eignen Arbeitsanlagen. Sie ist *positive, schaffende Tätigkeit.*

(»Grundrisse ...«, S. 507)

* in der einen oder der anderen Form

** die Produktivkräfte der gesellschaftlichen Arbeit aufs mächtigste entwickelt werden.

*** die ganze Gesellschaft durchmacht

\+ Gemeint war das zinsnehmende Kapital

# C
# ÖKOLOGISCHES PROBLEMBEWUSSTSEIN BEI MARX UND ENGELS

*Marx und Engels erkannten schon relativ früh, daß die kapitalistische Produktion, sowohl in der Industrie als auch in der modernen Landwirtschaft, verheerende Folgen für die natürlichen Voraussetzungen menschlicher Existenz hat. Durch seine Lektüre des bayrischen Agronomen Carl Fraas, der sich in seinem Buch »Klima und Pflanzenwelt in der Zeit« (1847) zur Geschichte beider äußerte, gelangte Marx zu der Einsicht, daß praktisch alle bisherigen Zivilisationen durch ihre Art der Agrikultur zur »Versteppung« beigetragen haben: »Die erste Wirkung der Kultur nützlich, schließlich verödend durch Entholzung etc.« (MEW, Bd. 32, S. 52, Brief an Engels). Die kapitalistische Industrialisierung übertrifft allerdings diese naturzerstörenden Auswirkungen auf Grund ihrer enormen Wachstumsdynamik. Engels verweist in diesem Zusammenhang vor allem auf die Kurzsichtigkeit betriebswirtschaftlicher Nutzenkalkulation, die sich um Wirkung auf »Dritte«, auf die Verschmutzung von Wasser, Luft und Boden wenig kümmert. Ausführlich geht Marx im ersten Band des »Kapital« auf die Folgen industrieller Landwirtschaft ein und bemerkt hinsichtlich der Vereinigten Staaten, daß dort der »Ruin der dauernden Quellen dieser (Boden) Fruchtbarkeit« besonders rasch voranschreite (MEW, Bd. 23, S. 482). Damit nimmt er Beobachtungen vorweg, die K. William Kapp in seiner Arbeit »Volkswirtschaftliche Kosten der Privatwirtschaft« (amerikanisch 1950, dt. 1958) berichtet hat.*

*Auf die besondere Problematik der Wälder verweist Marx in einer Fußnote des dritten Bandes des »Kapital«. »Ganz konservative Agrikulturchemiker« haben bereits festgestellt, daß Wald wegen der langen Wachstumsperioden sich für private Nutzung schlecht eignet. Waldungen seien nur da »zuweilen einigermaßen dem Gesamtinteresse gemäß bewirtschaftet, wo sie nicht Privateigentum, sondern der Staatsverwaltung unterworfen sind«.*

*(MEW, Bd. 25, S. 631) Bei seiner kritischen Beurteilung der modernen Landwirtschaft ist Marx unter dem Eindruck der Agrikulturchemie von Justus Liebig, auf den er wiederholt, z. T. auch kritisch, hinweist.*

*Aus dem Rahmen seiner im übrigen ganz auf nüchterne und objektiv analysierende Aussagen begrenzten Ausführungen fällt der kurze Hinweis auf die Art und Weise, wie »vom Standpunkt einer höhern ökonomischen Gesellschaftsformation«, also von der kapitalistischen Gesellschaft aus, sich die Menschen zur Erde zu verhalten haben, nämlich nicht als »Eigentümer«, sondern nur als »Besitzer« bzw. Nutznießer, die sie »als boni patres familias« »den nachfolgenden Generationen verbessert zu hinterlassen« haben (MEW, Bd. 25, S. 784).*

*Friedrich Engels illustriert die Naturzerstörung durch die zeitgenössische Industrieproduktion am Beispiel der Verschmutzung des Wassers, die Fabriken dazu zwingt, um sauberes Wasser für ihre Dampfmaschinen zu haben, flußaufwärts immer weiter von den Flußmündungen wegzuziehen. Fabriken fliehen daher »von der Stadt aufs Land«, und das geschieht sowohl in der Textilindustrie als auch »in den Bezirken der Metallindustrie« (MEW, Bd. 20, S. 276). Zu den künftig notwendigen Veränderungen müsse daher die Beseitigung der »Scheidung von Stadt und Land« treten und damit, fügt er ironisch hinzu, »der Untergang der großen Städte«, Bismarcks Lieblingswunsch in Erfüllung gehen.*

*Während Engels im »Anti-Dühring« durch seine konkreten Beispiele beeindruckte, kommt er in seiner nachgelassenen Schrift »Dialektik der Natur« auf die strukturell bedingte Kurzsichtigkeit betriebswirtschaftlichen Denkens zu sprechen und betont: »Schmeicheln wir uns indes nicht zu sehr mit unsern menschlichen Siegen über die Natur. Für jeden solchen Sieg rächt sie sich an uns. Jeder hat in erster Linie zwar die Folgen, auf die wir gerechnet, aber in zweiter und dritter Linie hat er ganz andre, unvorhergesehne Wirkungen, die nur zu oft jene ersten Folgen wieder aufheben.« (MEW, Bd. 20, S. 432f.). Auch für diese unbeabsichtigten Folgen, z. B. der Kartoffel-Monokultur in Irland, gibt er schlagende Beispiele. Derartige unerwünschte Folgen werde man zwar auf Grund wissenschaftlicher Fortschritte besser voraussehen können, um aber dann auch entsprechend handeln zu können, sei eine »vollständige Umwälzung unserer bisherigen Produktionsweise« notwendig (MEW, Bd. 20, S. 454).*

*Da sowohl Marx als auch Engels diese revolutionäre Umwälzung der*

*Gesellschaft bereits in naher Zukunft erwarteten, stellten sie auch keine Überlegungen dazu an, wie unter der Beibehaltung der kapitalistischen Marktwirtschaft ökologische Schäden vermieden werden könnten.*

## 36.
## Industrialisierung und Landwirtschaft

In der Sphäre der Agrikultur wirkt die große Industrie insofern am revolutionärsten, als sie das Bollwerk der alten Gesellschaft vernichtet, den »Bauer«, und ihm den Lohnarbeiter unterschiebt. Die sozialen Umwälzungsbedürfnisse und Gegensätze des Landes werden so mit denen der Stadt ausgeglichen. An die Stelle des gewohnheitsfaulsten und irrationellsten Betriebs tritt bewußte, technologische Anwendung der Wissenschaft. Die Zerreißung des ursprünglichen Familienbandes von Agrikultur und Manufaktur, welches die kindlich unentwickelte Gestalt beider umschlang, wird durch die kapitalistische Produktionsweise vollendet. Sie schafft aber zugleich die materiellen Voraussetzungen einer neuen, höheren Synthese, des Vereins von Agrikultur und Industrie, auf Grundlage ihrer gegensätzlich ausgearbeiteten Gestalten. Mit dem stets wachsenden Übergewicht in der städtischen Bevölkerung, die sie in großen Zentren zusammenhäuft, häuft die kapitalistische Produktion einerseits die geschichtliche Bewegungskraft der Gesellschaft, stört sie andrerseits den Stoffwechsel zwischen Mensch und Erde, d.h. die Rückkehr der vom Menschen in der Form von Nahrungs- und Kleidungsmitteln vernutzten Bodenbestandteile zum Boden, also die ewige Naturbedingung dauernder Bodenfruchtbarkeit. Sie zerstört damit zugleich die physische Gesundheit der Stadtarbeiter und das geistige Leben der Landarbeiter. Aber sie zwingt zugleich durch die Zerstörung der bloß naturwüchsig entstandnen Umstände jenes Stoffwechsels, ihn systematisch als regelndes Gesetz der gesellschaftlichen Produktion und in einer der vollen menschlichen Entwicklung adäquaten Form herzustellen. In der Agrikultur wie in der Manufaktur erscheint die kapitalistische Umwandlung des

Produktionsprozesses zugleich als Martyrologie der Produzenten, das Arbeitsmittel als Unterjochungsmittel, Exploitationsmittel und Verarmungsmittel des Arbeiters, die gesellschaftliche Kombination der Arbeitsprozesse als organisierte Unterdrückung seiner individuellen Lebendigkeit, Freiheit und Selbständigkeit. Die Zerstreuung der Landarbeiter über größre Flächen bricht zugleich ihre Widerstandskraft, während Konzentration die der städtischen Arbeiter steigert. Wie in der städtischen Industrie wird in der modernen Agrikultur die gesteigerte Produktivkraft und größre Flüssigmachung der Arbeit erkauft durch Verwüstung und Versiechung der Arbeitskraft selbst. Und jeder Fortschritt der kapitalistischen Agrikultur ist nicht nur ein Fortschritt in der Kunst, den Arbeiter, sondern zugleich in der Kunst, den Boden zu berauben, jeder Fortschritt in Steigerung seiner Fruchtbarkeit für eine gegebne Zeitfrist zugleich ein Fortschritt im Ruin der dauernden Quellen dieser Fruchtbarkeit. Je mehr ein Land, wie die Vereinigten Staaten von Nordamerika z. B., von der großen Industrie als dem Hintergrund seiner Entwicklung ausgeht, desto rascher dieser Zerstörungsprozeß. Die kapitalistische Produktion entwickelt daher nur die Technik und Kombination des gesellschaftlichen Produktionsprozesses, indem sie zugleich die Springquellen alles Reichtums untergräbt: die Erde und den Arbeiter.

Vgl. Liebig, »Die Chemie in ihrer Anwendung auf Agrikultur und Physiologie«, 7. Auflage, 1862, namentlich auch im Ersten Band die »Einleitung in die Naturgesetze des Feldbaus«. Die Entwicklung der negativen Seite der modernen Agrikultur, vom naturwissenschaftlichen Standpunkt, ist eins der unsterblichen Verdienste Liebigs. Auch seine historischen Aperçus über die Geschichte der Agrikultur, obgleich nicht ohne grobe Irrtümer, enthalten Lichtblicke. Zu bedauern bleibt, daß er aufs Gratewohl Äußerungen wagt, wie folgende: »Durch eine weiter getriebne Pulverisierung und häufigeres Pflügen wird der Luftwechsel im Innern poröser Erdteile befördert, und die Oberfläche der Erdteile, auf welche die Luft einwirken soll, vergrößert und erneuert, aber es ist leicht verständlich, daß die Mehrbeträge des Feldes nicht proportionell der auf das Feld verwandten Arbeit sein können, sondern daß sie in einem weit kleineren Verhältnis steigen.« »Dieses Gesetz«, fügt Liebig hinzu, »ist von J. St. Mill zuerst in seinen ›Princ. of Pol. Econ.‹, v. I, p. 17, in folgender Weise ausgesprochen: ›Daß der Ertrag des Bodens caeteris paribus in einem abnehmenden Verhältnis wächst im Vergleich zum Anwachsen der Zahl der beschäftigten Arbeiter‹« (Herr Mill wiederholt sogar das Ricardosche Schulgesetz in falscher Formel, denn da »the decrease of the labourers employed«, die Abnahme der angewandten Arbeiter, in England beständig Schritt hielt mit dem Fortschritt der Agrikultur, fände das für und in England erfundne Gesetz wenigstens in England keine Anwendung), »›ist das allgemeine Gesetz der Landwirtschaft‹, merkwürdig genug, da ihm dessen Grund unbekannt war.« (Liebig, l.c., Bd. I, p. 143 u. Note.) Abgesehn von irriger Deutung des Wortes »Arbeit«, worunter Liebig etwas andres versteht als die politische Ökonomie, ist es jedenfalls »merkwürdig genug«, daß er Herrn J. St. Mill zum ersten Verkünder einer Theorie macht, die James Anderson zur Zeit A. Smiths zuerst veröffentlichte und in verschiedenen Schriften bis in den Anfang des 19. Jahrhunderts hinein wiederholte, die Malthus überhaupt ein Meister des Plagiats (seine ganze Bevölkerungstheorie ist ein schamloses Plagiat), sich 1815 annexierte, die West zur selben Zeit und unabhängig von Anderson entwickelte, die Ricardo 1817 in Zusammenhang mit der allgemeinen Werttheorie brachte und die von da an unter dem Namen Ricardos die Runde der Welt gemacht hat, die 1820 von James Mill (dem Vater J. St. Mills) vulgarisiert und endlich u.a. auch von Herrn J. St. Mill als bereits Gemeinplatz gewordenes Schuldogma wiederholt wird. Es ist unleugbar, daß J. St. Mill seine jedenfalls »merkwürdige« Autorität fast nur ähnlichen Quiproquo verdankt.

(»Das Kapital«, Bd. 1, MEW, Bd. 23, S. 529f.)

## 37.
## Privateigentum und Waldwirtschaft

Ganz konservative Agrikulturchemiker, wie z. B. Johnston, geben zu, daß eine wirklich rationelle Agrikultur überall am Privateigentum unüberwindliche Schranken findet. Dasselbe tun Schriftsteller, welche Verteidiger ex professo des Monopols des Privateigentums am Erdball sind, so z.B. Herr Charles Comte in einem zweibändigen Werk, das die Verteidigung des Privateigentums zum speziellen Zweck hat. »Ein Volk«, sagt er, »kann den aus seiner Natur sich ergebenden Grad des Wohlstands und der Macht nicht erreichen, es sei denn, daß jeder Teil des Bodens, der es ernährt, die Bestimmung erhält, die am meisten mit dem allgemeinen Interesse im Einklang steht. Um seinen Reichtümern eine große Entwicklung zu geben, müßte wenn möglich ein einziger und vor allem aufgeklärter Wille die Verfügung über jedes einzelne Stück seines Gebiets in die Hand nehmen und jedes Stück zur Prosperität aller andren beitragen machen. Aber die Existenz eines solchen Willens ... würde unverträglich sein mit der Teilung des Bodens in Privatgrundstücke ... und mit der, jedem Besitzer gewährleisteten Fähigkeit, über sein Vermögen in fast absoluter Weise zu verfügen.« Johnston, Comte etc. haben bei dem Widerspruch des Eigentums mit einer rationellen Agronomie nur die Notwendigkeit im Auge, den Boden eines Landes als ein Ganzes zu bebauen. Aber die Abhängigkeit der Kultur der besondren Erdprodukte von den Schwankungen der Marktpreise, und der beständige Wechsel dieser Kultur mit diesen Preisschwankungen, der ganze Geist der kapitalistischen Produktion, der auf den unmittelbaren nächsten Geldgewinn gerichtet ist, widerspricht der Agrikultur, die mit den gesamten ständigen Lebensbedingungen der sich verkettenden Menschengenerationen zu wirtschaften hat. Ein schlagendes Beispiel davon sind die Waldungen, die nur zuweilen einigermaßen dem Gesamtinteresse gemäß bewirtschaftet werden, wo sie nicht Privateigentum, sondern der Staatsverwaltung unterworfen sind.

(»Das Kapital«, Bd. 3, MEW, Bd. 25, S. 630–631, Fußnote)

Die lange Produktionszeit (die einen relativ nur geringen Umfang der Arbeitszeit einschließt), daher die Länge ihrer Umschlagsperioden, macht die Waldzucht zu einem ungünstigen Privat- und daher kapitalistischen Betriebszweig, welcher letztre wesentlich Privatbetrieb ist, auch wenn statt des einzelnen Kapitalisten der assoziierte Kapitalist auftritt. Die Entwicklung der Kultur und Industrie überhaupt hat sich von jeher so tätig in der Zerstörung der Waldungen gezeigt, daß dagegen alles, was sie umgekehrt zu deren Erhaltung und Produktion getan hat, eine vollständig verschwindende Größe ist. […]

(»Das Kapital«, Bd. 2, MEW, Bd. 24, S. 246–247)

## 38.
## Folgen des kleinen und des großen Grundeigentums für Mensch und Natur

Das kleine Grundeigentum setzt voraus, daß die bei weitem überwiegende Majorität der Bevölkerung ländlich ist und nicht die gesellschaftliche, sondern die isolierte Arbeit vorherrscht; daß daher der Reichtum und die Entwicklung der Reproduktion, sowohl ihrer materiellen wie geistigen Bedingungen, unter solchen Umständen ausgeschlossen ist, daher auch die Bedingungen einer rationellen Kultur. Auf der anderen Seite reduziert das große Grundeigentum die agrikole Bevölkerung auf ein beständig sinkendes Minimum und setzt ihr eine beständig wachsende, in großen Städten zusammengedrängte Industriebevölkerung entgegen; es erzeugt dadurch Bedingungen, die einen unheilbaren Riß hervorrufen in dem Zusammenhang des gesellschaftlichen und durch die Naturgesetze des Lebens vorgeschriebnen Stoffwechsels, infolge wovon die Bodenkraft verschleudert und diese Verschlenderung durch den Handel weit über die Grenzen des eignen Landes hinausgetragen wird. (Liebig.)

Wenn das kleine Grundeigentum eine halb außerhalb der Gesellschaft stehende Klasse von Barbaren schafft, die alle Roheit primitiver Gesellschaftsformen mit allen Qualen und aller Misere zivilisierter Länder verbindet, so untergräbt das große Grundeigentum die Arbeitskraft in der letzten Region, wohin sich ihre naturwüchsige Energie flüchtet, und wo sie als Reservefonds für die Erneuerung der Lebenskraft der Nationen sich aufspeichert, auf dem Lande selbst. Große Industrie und industriell betriebene große Agrikultur wirken zusammen. Wenn sie sich ursprünglich dadurch scheiden, daß die erste mehr die Arbeitskraft und daher die Naturkraft des Menschen, die letztere mehr direkt die Naturkraft des Bodens verwüstet und ruiniert, so reichen sich später im Fortgang beide die Hand, indem das industrielle System auf dem Land auch die Arbeiter entkräftet und Industrie und Handel ihrerseits der Agrikultur die Mittel zur Erschöpfung des Bodens verschaffen.

(»Das Kapital«, Bd. 3, MEW, Bd. 25, S. 821)

## 39.
## Ein Pionier ökologischen Bewußtseins – Carl Fraas (Karl Nikolaus Fraas, 1810–1875)

Sehr interessant ist von Fraas (1847): »Klima und Pflanzenwelt in der Zeit, eine Geschichte beider«, nämlich zum Nachweis, daß in *historischer* Zeit Klima und Flora wechseln. Er ist vor Darwin Darwinist und läßt die *Arten* selbst in der historischen Zeit entstehn. Aber zugleich Agronom. Er behauptet, daß mit der Kultur – entsprechend ihrem Grad – die von den Bauern sosehr geliebte »Feuchtigkeit« verlorengeht (daher auch die Pflanzen von Süden nach Norden wandern) und endlich Steppenbildung eintritt. Die erste Wirkung der Kultur nützlich, schließlich verödend durch Entholzung etc. Dieser Mann ist ebensosehr grundgelehrter Philolog (er hat *griechische* Bücher geschrieben) als Chemiker, Agronom etc. Das Fazit ist, daß die Kultur – wenn naturwüchsig vorschreitend und nicht *bewußt beherrscht* (dazu kommt er natürlich als Bürger nicht) – Wüsten hinter sich zurückläßt, Persien, Mesopotamien etc., Griechenland. Also auch wieder sozialistische Tendenz unbewußt!

Auch dieser Fraas ist interessant für das Deutschtum. Erst Dr. med., dann Inspektor und Lehrer der Chemie und Technologie. Jetzt Chef des bairischen Veterinärwesens, Universitätsprofessor, Chef der agronomischen Staatsexperimente etc. In seinen letzten Sachen sieht man das hohe Alter, aber immer noch flotter Bursche. Viel sich in Griechenland, Kleinasien, Ägypten herumgetrieben! Auch seine Geschichte der Agrikultur wichtig. Fourier nennt er diesen »frommen und humanistischen Sozialisten«. […]

(Karl Marx, Brief an Friedrich Engels,
25. März 1868, MEW, Bd. 32, S. 52–53)

## 40.
## Verhängnisvolle Antizipation der Zukunft

*Antizipation* der Zukunft – wirkliche Antizipation – findet überhaupt in der Produktion des Reichtums nur statt mit Bezug auf den Arbeiter und die Erde. Bei beiden kann durch vorzeitige Überanstrengung und Erschöpfung, durch Störung des Gleichgewichts zwischen Ausgabe und Einnahme, die Zukunft *realiter* antizipiert und verwüstet werden. Bei beiden geschieht es in der kapitalistischen Produktion. […]

(Karl Marx, Theorien über den Mehrwert, MEW, Bd. 26,3, S. 303)

## 41.
## Das Verhältnis der künftigen Gesellschaftsformation zur Erde (zur Natur)

Vom Standpunkt einer höhern ökonomischen Gesellschaftsformation wird das Privateigentum einzelner Individuen am Erdball ganz so abgeschmackt erscheinen wie das Privateigentum eines Menschen an einem andern Menschen. Selbst eine ganze Gesellschaft, eine Nation, ja alle gleichzeitigen Gesellschaften zusammengenommen, sind nicht Eigentümer der Erde. Sie sind nur ihre Besitzer, ihre Nutznießer, und haben sie als boni patres familias den nachfolgenden Generationen verbessert zu hinterlassen.

(»Das Kapital«, Bd. 3, MEW, Bd. 25, S. 784)

# 42.
# Friedrich Engels: Dampfkraft und Wasserverunreinigung

Indem die große Industrie uns gelehrt hat, die mehr oder weniger überall herstellbare Molekularbewegung in Massenbewegung zu technischen Zwecken zu verwandeln, hat sie die industrielle Produktion in bedeutendem Maße von lokalen Schranken befreit. Die Wasserkraft war lokal, die Dampfkraft ist frei. Wenn die Wasserkraft notwendig ländlich ist, so ist die Dampfkraft keineswegs notwendig städtisch. Es ist ihre kapitalistische Anwendung, die sie vorwiegend in den Städten konzentriert und Fabrikdörfer in Fabrikstädte umschafft. Damit aber untergräbt sie gleichzeitig die Bedingungen ihres eignen Betriebs. Erstes Erfordernis der Dampfmaschine und Haupterfordernis fast aller Betriebszweige der großen Industrie ist verhältnismäßig reines Wasser. Die Fabrikstadt aber verwandelt alles Wasser in stinkende Jauche. Sosehr also die städtische Konzentrierung Grundbedingung der kapitalistischen Produktion ist, sosehr strebt jeder einzelne industrielle Kapitalist stets von den durch sie notwendig erzeugten großen Städten weg und dem ländlichen Betrieb zu. Dieser Prozeß kann in den Bezirken der Textilindustrie von Lancashire und Yorkshire im einzelnen studiert werden; die kapitalistische Großindustrie erzeugt dort stets neue Großstädte dadurch, daß sie fortwährend von der Stadt aufs Land flieht. Ähnlich in den Bezirken der Metallindustrie, wo teilweise andre Ursachen dieselben Wirkungen erzeugen.

Diesen neuen fehlerhaften Kreislauf, diesen sich stets neu erzeugenden Widerspruch der modernen Industrie aufzuheben, vermag wiederum nur die Aufhebung ihres kapitalistischen Charakters. Nur eine Gesellschaft, die ihre Produktivkräfte nach einem einzigen großen Plan harmonisch ineinandergreifen läßt, kann der Industrie erlauben, sich in derjenigen Zerstreuung über das ganze Land anzusiedeln, die ihrer eignen Entwicklung und der Erhaltung resp. Entwicklung der übrigen Elemente der Produktion am angemessensten ist.

Friedrich Engels, Anti-Dühring

Die Aufhebung des Gegensatzes von Stadt und Land ist hiernach nicht nur möglich. Sie ist eine direkte Notwendigkeit der industriellen Produktion selbst geworden, wie sie ebenfalls eine Notwendigkeit der Agrikulturproduktion und obendrein der öffentlichen Gesundheitspflege geworden ist. Nur durch Verschmelzung von Stadt und Land kann die heutige Luft-, Wasser- und Bodenvergiftung beseitigt, nur durch sie die jetzt in den Städten hinsiechenden Massen dahin gebracht werden, daß ihr Dünger zur Erzeugung von Pflanzen verwandt wird, statt zur Erzeugung von Krankheiten.

Die kapitalistische Industrie hat sich bereits relativ unabhängig gemacht von den lokalen Schranken der Produktionsstätten ihrer Rohstoffe. Die Textilindustrie verarbeitet der großen Masse nach importierte Rohstoffe. Spanische Eisenerze werden in England und Deutschland, spanische und südamerikanische Kupfererze werden in England verarbeitet. Jedes Kohlenfeld versieht weit über seine Grenzen hinaus einen jährlich wachsenden industriellen Umkreis mit Brennstoff. An der ganzen europäischen Küste werden Dampfmaschinen mit englischer, stellenweise deutscher und belgischer Kohle getrieben. Die von den Schranken der kapitalistischen Produktion befreite Gesellschaft kann noch viel weitergehn. Indem sie ein Geschlecht von allseitig ausgebildeten Produzenten erzeugt, die die wissenschaftlichen Grundlagen der gesamten industriellen Produktion verstehn und von denen jeder eine ganze Reihe von Produktionszweigen von Anfang bis zu Ende praktisch durchgemacht, schafft sie eine neue Produktivkraft, die die Transportarbeit der aus größerer Entfernung bezognen Roh- oder Brennstoffe überreichlich aufwiegt.

Die Aufhebung der Scheidung von Stadt und Land ist also keine Utopie, auch nach der Seite hin, nach der sie die möglichst gleichmäßige Verteilung der großen Industrie über das ganze Land zur Bedingung hat. Die Zivilisation hat uns freilich in den großen Städten eine Erbschaft hinterlassen, die zu beseitigen viel Zeit und Mühe kosten wird. Aber sie müssen und werden beseitigt werden, mag es auch ein langwieriger Prozeß sein. Welche Geschicke auch dem Deutschen Reich preußischer Nation vorbehalten sein mögen, Bismarck kann mit dem stolzen Bewußtsein in die Grube fahren, daß sein Lieblingswunsch sicher erfüllt wird: der Untergang der großen Städte. [...]

(Friedrich Engels, Anti-Dühring, MEW, Bd. 20, S. 276–277)

## 43.
## Friedrich Engels:
## Naturbeherrschung. Kurzsichtigkeit hinsichtlich der ferneren Auswirkung der Naturbearbeitung bei lediglich betriebswirtschaftlicher Kalkulation

Kurz, das Tier *benutzt* die äußere Natur bloß und bringt Änderungen in ihr einfach durch seine Anwesenheit zustande; der Mensch macht sie durch seine Änderungen seinen Zwecken dienstbar, *beherrscht* sie. Und das ist der letzte, wesentliche Unterschied des Menschen von den übrigen Tieren, und es ist wieder die Arbeit, die diesen Unterschied bewirkt.

Schmeicheln wir uns indes nicht zu sehr mit unsern menschlichen Siegen über die Natur. Für jeden solchen Sieg rächt sie sich an uns. Jeder hat in erster Linie zwar die Folgen, auf die wir gerechnet, aber in zweiter und dritter Linie hat er ganz andre, unvorhergesehene Wirkungen, die nur zu oft jene ersten Folgen wieder aufheben. Die Leute, die in Mesopotamien, Griechenland, Kleinasien und anderswo die Wälder ausrotteten, um urbares Land zu gewinnen, träumten nicht, daß sie damit den Grund zur jetzigen Verödung jener Länder legten, indem sie ihnen mit den Wäldern die Ansammlungszentren und Behälter der Feuchtigkeit entzogen. Die Italiener der Alpen, als sie die am Nordabhang des Gebirgs so sorgsam gehegten Tannenwälder am Südabhang vernutzten, ahnten nicht, daß sie damit der Sennwirtschaft auf ihrem Gebiet die Wurzel abgruben; sie ahnten noch weniger, daß sie dadurch ihren Bergquellen für den größten Teil des Jahrs das Wasser entzogen, damit diese zur Regenzeit um so wütendere Flutströme über die Ebene ergießen könnten. Die Verbreiter der Kartoffel in Europa wußten nicht, daß sie mit den mehligen Knollen zugleich die

Skrofelkrankheit verbreiteten. Und so werden wir bei jedem Schritt daran erinnert, daß wir keineswegs die Natur beherrschen, wie ein Eroberer ein fremdes Volk beherrscht, wie jemand, der außer der Natur steht – sondern daß wir mit Fleisch und Blut und Hirn ihr angehören und mitten in ihr stehn, und daß unsre ganze Herrschaft über sie darin besteht, im Vorzug vor allen andern Geschöpfen ihre Gesetze erkennen und richtig anwenden zu können.

Und in der Tat lernen wir mit jedem Tag ihre Gesetze richtiger verstehn und die näheren und entfernteren Nachwirkungen unsrer Eingriffe in den herkömmlichen Gang der Natur erkennen. Namentlich seit den gewaltigen Fortschritten der Naturwissenschaft in diesem Jahrhundert werden wir mehr und mehr in den Stand gesetzt, auch die entfernteren natürlichen Nachwirkungen wenigstens unsrer gewöhnlichsten Produktionshandlungen kennen und damit beherrschen zu lernen. Je mehr dies aber geschieht, desto mehr werden sich die Menschen wieder als Eins mit der Natur nicht nur fühlen, sondern auch wissen, und je unmöglicher wird jene widersinnige und widernatürliche Vorstellung von einem Gegensatz zwischen Geist und Materie, Mensch und Natur, Seele und Leib, wie sie seit dem Verfall des klassischen Altertums in Europa aufgekommen und im Christentum ihre höchste Ausbildung erhalten hat.

Hat es aber schon die Arbeit von Jahrtausenden erfordert, bis wir einigermaßen lernten, die entferntern *natürlichen* Wirkungen unsrer auf die Produktion gerichteten Handlungen zu berechnen, so war dies noch weit schwieriger in bezug auf die entfernteren *gesellschaftlichen* Wirkungen dieser Handlungen. Wir erwähnten die Kartoffel und in ihrem Gefolge die Ausbreitung der Skrofeln. Aber was sind die Skrofeln gegen die Wirkungen, die die Reduktion der Arbeiter auf Kartoffelnahrung auf die Lebenslage der Volksmassen ganzer Länder hatte, gegen die Hungersnot, die 1847 im Gefolge der Kartoffelkrankheit Irland betraf, eine Million kartoffel- und fast nur kartoffelessender Irländer unter die Erde und zwei Millionen über das Meer warf? Als die Araber den Alkohol destillieren lernten, ließen sie sich nicht im Traume einfallen, daß sie damit eins der Hauptwerkzeuge geschaffen, womit die Ureinwohner des damals noch gar nicht entdeckten Amerikas aus der Welt geschafft werden sollten. Und als dann Kolumbus dies Amerika entdeckte, wußte er nicht, daß er damit die in Europa längst überwundne Sklaverei zu neuem Leben erweckte und die Grundlage zum Negerhandel legte. Die Männer, die im siebzehnten und achtzehnten Jahrhundert an der Herstellung der Dampfmaschine arbeiteten, ahnten nicht, daß sie das Werkzeug fertigstellten, das mehr als jedes andre die Gesellschaftszustände der ganzen Welt revolutionieren und namentlich in Europa durch Konzentrierung des Reichtums auf Seite der Minderzahl, und der Besitzlosigkeit auf Seite der ungeheuren Mehrzahl, zuerst der Bourgeoisie die soziale und politische Herrschaft verschaffen, dann aber einen Klassenkampf zwischen Bourgeoisie und Proletariat erzeugen sollte, der nur mit dem Sturz der Bourgeoisie und der Abschaffung aller Klassengegensätze endigen kann. – Aber auch auf diesem Gebiet lernen wir allmählich, durch lange, oft harte Erfahrung und durch Zusammenstellung und Untersuchung des geschichtlichen Stoffs, uns über die mittelbaren, entfernteren gesellschaftlichen Wirkungen unsrer produktiven Tätigkeit Klarheit zu verschaffen, und damit wird uns die Möglichkeit gegeben, auch diese Wirkungen zu beherrschen und zu regeln.

Um diese Regelung aber durchzuführen, dazu gehört mehr als die bloße Erkenntnis. Dazu gehört eine vollständige Umwälzung unsrer bisherigen Produktionsweise und mit ihr unsrer jetzigen gesamten gesellschaftlichen Ordnung.

Alle bisherigen Produktionsweisen sind nur auf Erzielung des nächsten, unmittelbarsten Nutzeffekts der Arbeit ausgegangen. Die weiteren erst in späterer Zeit eintretenden, durch allmähliche Wiederholung und Anhäufung wirksam werdenden Folgen blieben gänzlich vernachlässigt. Das ursprüngliche gemeinsame Eigentum am Boden entsprach einerseits einem Entwicklungszustand der Menschen, der ihren Gesichtskreis überhaupt auf das Allernächste beschränkte, und setzte andrerseits einen gewissen Überfluß an verfügbarem Boden voraus, der gegenüber den etwaigen schlimmen Folgen dieser waldursprünglichen Wirtschaft einen gewissen Spielraum ließ. Wurde dieser Überschuß von Land erschöpft, so verfiel auch das Gemeineigentum. Alle höheren Formen der Produktion aber sind zur Trennung der Bevölkerung in verschiedne Klassen und damit zum Gegensatz von herrschenden und unterdrückten Klassen vorangegangen;

damit aber wurde das Interesse der herrschenden Klasse das treibende Element der Produktion, soweit diese sich nicht auf den notdürftigsten Lebensunterhalt der Unterdrückten beschränkte. Am vollständigsten ist dies in der jetzt in Westeuropa herrschenden kapitalistischen Produktionsweise durchgeführt. Die einzelnen, Produktion und Austausch beherrschenden Kapitalisten können sich nur um den unmittelbarsten Nutzeffekt ihrer Handlungen kümmern. Ja selbst dieser Nutzeffekt – soweit es sich um den Nutzen des erzeugten oder ausgetauschten Artikels handelt – tritt vollständig in den Hintergrund; der beim Verkauf zu erzielende Profit wird die einzige Triebfeder.

Die Sozialwissenschaft der Bourgeoisie, die klassische politische Ökonomie, beschäftigt sich vorwiegend nur mit den unmittelbar beabsichtigten gesellschaftlichen Wirkungen der auf Produktion und Austausch gerichteten menschlichen Handlungen. Dies entspricht ganz der gesellschaftlichen Organisation, deren theoretischer Ausdruck sie ist. Wo einzelne Kapitalisten um des unmittelbaren Profits willen produzieren und austauschen, können in erster Linie nur die nächsten, unmittelbarsten Resultate in Betracht kommen. Wenn der einzelne Fabrikant oder Kaufmann die fabrizierte oder eingekaufte Ware nur mit dem üblichen Profitchen verkauft, so ist er zufrieden, und es kümmert ihn nicht, was nachher aus der Ware und deren Käufer wird. Ebenso mit den natürlichen Wirkungen derselben Handlungen. Die spanischen Pflanzer in Kuba, die die Wälder an den Abhängen niederbrannten und in der Asche Dünger genug für eine Generation höchst rentabler Kaffeebäume vorfanden – was lag ihnen daran, daß nachher die tropischen Regengüsse die nun schutzlose Dammerde herabschwemmten und nur nackten Fels hinterließen? Gegenüber der Natur wie der Gesellschaft kommt bei der heutigen Produktionsweise vorwiegend nur der erste handgreiflichste Erfolg in Betracht; und dann wundert man sich noch, daß die entfernteren Nachwirkungen der hierauf gerichteten Handlungen ganz andre, meist ganz entgegengesetzte sind, daß die Harmonie von Nachfrage und Angebot in deren polaren Gegensatz umschlägt, wie der Verlauf jedes zehnjährigen industriellen Zyklus ihn vorführt und wie auch Deutschland im »Krach« ein kleines Vorspiel davon erlebt hat; daß das auf eigne Arbeit gegründete Privateigentum sich mit Notwendigkeit fortentwickelt zur Eigentumslosigkeit der Arbeiter, während aller Besitz sich mehr und mehr in den Händen von Nichtarbeitern konzentriert; daß […]*

(Friedrich Engels, Dialektik der Natur, MEW, Bd. 20, S. 452–455)

* Hier bricht das Manuskript ab.

# LITERATURVERZEICHNIS


Theodor W. Adorno, *Negative Dialektik*. In: Th. W. Adorno, *Gesammelte Schriften*. Bd. 6, Frankfurt/M. 1997.

Emil Angehrn, *Sein und Haben. Zum normativen Fundament der Entfremdungskritik*. In: E. Angehrn, Georg Lohmann (Hg.), *Ethik und Marx*. Königstein/Ts. 1996.

Jóhann Páll Arnasson, *Zwischen Natur und Gesellschaft. Studien zu einer kritischen Theorie des Subjekts*. Frankfurt/M. 1996.

Hans-Georg Backhaus, *Materialien zur Rekonstruktion der Marxschen Werttheorie*. In: Gesellschaft, Beiträge zur Marxschen Theorie 1. Frankfurt/M. 1974.

Hans-Georg Backhaus, *Zur Dialektik der Wertform*. In: Alfred Schmidt (Hg.), *Beiträge zur marxistischen Erkenntnistheorie*. Frankfurt/M. 1969, S.128–152.

Hans-Georg Backhaus, *Über den Doppelsinn der Begriffe ›Politische Ökonomie‹ und ›Kritik‹ bei Marx und in der Frankfurter Schule*. In: Stefan Dronuf, Reinhard Pietsch, *Wolfgang Harich zum Gedächtnis. Eine Gedenkschrift*. Bd. 2, München 2000.

Sheila Benhabib, *Norm und Utopia. On the Foundation of Critical Theory*. New York 1986.

Sheila Benhabib, *Normative Voraussetzungen von Marx' Methode und Kritik*. In: E. Angehrn, G. Lohmann, *Ethik und Marx*. Königstein/Ts. 1986.

Antony Cutler, Barry Hindess, Paul Hirst, *Marx's Capital and Capitalism today*. London 1977.

Walter Euchner (Hg.), *Kritik der politischen Ökonomie heute – 100 Jahre ›Kapital‹. Referate und Diskussionen vom Frankfurter Colloquium im Sept. 1967*, Frankfurt/M. 1968.

André Gorz, *Critique of Economic Reason*. London, New York 1989.
Reiner Grundmann, *Marxism and Ecology*. Oxford 1991.
Otto Kallscheuer, *Marxismus und Erkenntnistheorie in Westeuropa. Eine politische Philosophiegeschichte*. Frankfurt/M. 1986.
John Keane, Brian Singer, *A Reply to Postone and Reinicke*. In: Telos 22, Winter 1974/75.
Thomas M. Kemple, *Reading Marx Writing – Melodrama, the Market, and the ›Grundrisse‹*. Stanford 1995.
Georg Lohmann, *Zwei Konzeptionen von Gerechtigkeit in Marx' Kapitalismuskritik*. In: E. Angehrn, G. Lohmann, *Ethik und Marx*. Königstein/Ts. 1996.
Steven Lukes, *Marxism and Morality*. Oxford, New York 1987.
Ernest Mandel, *Entstehung und Entwicklung der ökonomischen Lehre von Karl Marx (1843–1863)*. Frankfurt/M. 1968.
György Markus, *›Anthropologie‹ and Marxismus*. Hamburg 1981.
David McLellan, *Marx's Grundrisse*. London 1973 (Einleitung und Textauswahl).
Antonio Negri, *Marx beyond Marx. Lessons on the ›Grundrisse‹*. South Hadley, Mass. 1984.
Martin Nicolaus, *Introduction in Karl Marx Grundrisse*. Transl. by Nicolaus, London 1973.
Martin Nicolaus, *Proletariat and Middle Class in Marx – Hegelian Choreography and Capitalist Dialectic*. In: Studies in the Left, vol. 7, no. 1, p. 22–49.
Paul Piccone, *Reading the Grundrisse – Beyond Orthodox Marxism*. In: Theory and Society 2, 1975, S. 235–255.
Moishe Postone, *Necessity, Labor and Time. A Reinterpretation of the Marxian Critique of Capitalism*. In: Social Research, vol. 45, no. 4, 1978, S. 739–788.
Moishe Postone, *Time, Labour and Social Domination: A Reinterpretation of Marx' Critical Theory*. Cambridge 1993; deutsche Ausgabe: *Zeit, Arbeit und gesellschaftliche Herrschaft. Eine neue Interpretation der Kritischen Theorie von Marx*. Aus dem Amerikanischen von Manfred Dahlmann, Christoph Seidler u.a., Freiburg 2003.
Helmut Reichelt, *Zur logischen Struktur des Kapitalbegriffs bei Karl Marx*. Freiburg 2001 (Neubearbeitung der Dissertation).

Roman Rosdolsky, *Zur Entstehungsgeschichte des Marxschen »Kapital«. Der Rohentwurf des »Kapital« 1857/58*. Frankfurt/M. 1968.

Isaak I. Rubin, *Dialektik der Kategorien. Debatte in der UdSSR 1927–1929*. Berlin 1975.

Alfred Schmidt, *Der Begriff der Natur in der Lehre von Marx*. Frankfurt/M. 1993.

Winfried Schwarz, *Die Geldform in der 1. und 2. Auflage des »Kapital«. Zur Diskussion um die Historisierung der Wertformanalyse*. In: Internationale Marx-Engels-Forschung. Marxistische Studien, Jahrbuch des IMSF, Frankfurt/M., 12. Jg., 1/1987.

Alfred Sohn-Rethel, *Geistige und körperliche Arbeit*. Frankfurt/M. 1972.

Alfred Sohn-Rethel, *Warenform und Denkform*. Frankfurt/M. 1972.

Michail Tarnowski, Alexander Tschepurenko, *»Grundrisse«. Probleme des zweiten und dritten Bandes des »Kapital« und das Schicksal des »Kapitals im Allgemeinen«*. In: Internationale Marx-Engels-Forschung. Marxistische Studien – Jahrbuch des IMSF, Frankfurt/M. 12. Jg., 1/1987.

Andreas Wildt, *Gerechtigkeit in Marx' »Kapital«*. In: Emil Angehrn, G. Lohmann (Hg.), *Ethik und Marx*, Königstein/Ts. 1986, S.149–173.

Witali S. Wygodsky, *Die ökonomische Theorie von Marx als politische Ökonomie im weiteren Sinne*. In: Internationale Marx-Engels-Forschung. Marxistische Studien – Jahrbuch des IMSF, Frankfurt/M. 12. Jg., 1/1987.

# QUELLENVERZEICHNIS


Friedrich Engels, *Anti-Dühring.* MEW, Bd. 20, Berlin 1971.

Friedrich Engels, *Dialektik der Natur.* MEW, Bd. 20, Berlin 1971.

Karl Marx, *Brief an Friedrich Engels vom 25. 3. 1868.* MEW, Bd. 32, Berlin 1965.

Karl Marx, *Grundrisse der Kritik der politischen Ökonomie.* Berlin 1953 (zuvor Moskau, 2 Bde., 1939–41, auch in MEGA II 1,1 und II 1,2, Berlin 1979).

Karl Marx, *Das Kapital, Bde. 1–3.* MEW, Bde. 23–25, Berlin 1970/71.

Karl Marx, *Resultate des unmittelbaren Produktionsprozesses.* Frankfurt 1969 (zuvor Moskau 1933).

Karl Marx, *Theorien über den Mehrwert.* MEW, Bde. 26,1, 26,2, 26,3, Berlin 1971/67/68, auch in MEGA III-1 bis III-5.

»Man muß sich die Kunden des Aufbau-Verlages als glückliche Menschen vorstellen.«

Süddeutsche Zeitung

**Streifzüge mit Büchern und Autoren:**
Das Kundenmagazin der Aufbau Verlagsgruppe erhalten Sie kostenlos in Ihrer Buchhandlung und als Download unter www.aufbau-verlag.de.

aufbau
VERLAGSGRUPPE

// Von Jesus bis Marx
Klassiker für Eilige

**Robert Misik**
**Marx für Eilige**
Der Kommunismus ist tot, aber Marx ist lebendiger denn je.
»Misik macht Appetit auf eine neue, vergnügliche Lektüre der Marx'schen Schriften, die trotz allem ein geistiges Bergwerk bilden, in dem sich noch so manches literarische, ökonomische und politische Juwel entdecken lässt.« Profil
*176 Seiten, AtV 1945-9*

**Udo Tietz**
**Hegel für Eilige**
Ein riskantes Unterfangen, Hegel dem schnellen Leser vermitteln zu wollen. Sicher hätte der Philosoph darüber den Kopf geschüttelt, doch letztlich wäre es ihm recht gewesen. Bei allen Unwägbarkeiten dieses waghalsigen Unternehmens behält Udo Tietz einen kühlen Kopf und erweist sich als kompetenter Vermittler einer Philosophie, bei der man ohne Leitfaden leicht Gefahr läuft, die Übersicht zu verlieren.
*173 Seiten, AtV 2023-6*

**Daniel Kiecol**
**Haffner für Eilige**
Sebastian Haffner hat die bundesdeutsche Öffentlichkeit über Jahrzehnte mitgeprägt. Der Historiker Daniel Kiecol präsentiert neben den Bestsellern wie »Geschichte eines Deutschen« und »Anmerkungen zu Hitler« auch das bedeutende publizistische Werk. Haffner-Freunde und -Kenner, doch vor allem jene, die seine Werke noch nicht für sich entdeckt haben, werden das Buch mit Gewinn lesen.
*190 Seiten, AtV 1898-3*

**Friedrich Schorlemmer**
**Die Bibel für Eilige**
Die Geschichten erzählen von den Wundern des Lebens und den Schrecken des Todes, von Liebe, Rache und Barmherzigkeit, von Schuld und Gnade.
»Eine unvergleichliche Einführung in die Bibel ... eilige, neugierige, kirchenenttäuschte und suchende Leser bekommen alles, was sie brauchen. Eine fundierte Animation im besten Sinne des Wortes.« Publik-Forum
*264 Seiten, AtV 1920-3*

*Weitere Informationen erhalten Sie unter www.aufbau-verlag.de oder in Ihrer Buchhandlung*

AtV